JN285076

変容するコモンズ
フィールドと理論のはざまから

Commons in Transition

新保輝幸・松本充郎 編
Teruyuki Shinbo & Mitsuo Matsumoto

ナカニシヤ出版

目　　次

序　章　フィールドからコモンズを考える
　　　　　　　　　　　　　　　　　　　　　　　　　　　新保輝幸　7
　　1．オストロムによるコモンズの定式化　8
　　2．我が国における自然資源の過少利用の問題　9
　　3．自然資源の過剰利用と利用競合の問題　11
　　4．フィールドから理論を構想する　12
　　5．フィールドから展望する　13
　　6．フィールドからはじめてフィールドへかえる　16

第1章　サンゴの海の利用の現状と課題──柏島の海から考える
　　　　　　　　　　　　　　　　　　　　　　　　　　　新保輝幸　19
　　1．サンゴの海の保全と持続的利用　20
　　2．「海のコモンズ」論の系譜と漁業入会　22
　　3．柏島の海をめぐる問題　24
　　4．柏島の漁業史からの検討　30
　　5．漁業コモンズの社会関係資本とサンゴの海の保全　35

第2章　沿岸海域の「共」的利用・管理と法
　　　　　　　　　　　　　　　　　　　　　　　　　　　緒方賢一　43
　　1．沿岸海域における海の利用の競合関係　43
　　2．高知県漁業の概況と漁業協同組合の大規模合併　49
　　3．過少利用による共同漁業権の権利内実の空洞化　53
　　4．漁業権行使規則に基づく沿岸海域の利用と管理　57

第3章　流域管理と水産資源の持続的利用──高知県物部川
　　　　　　　　　　　　　　　　　　　　　　　　　　　松本充郎　67
　　1．物部川の歴史と現状　68

2．物部川方式の形成と停滞　72
　　3．物部川方式のコモンズ論への示唆と今後の展望　77

第4章　アユ 持続的資源の非持続的利用
高橋勇夫　83

　　1．内水面の漁業権制度　84
　　2．減りゆくアユ資源とその原因　87
　　3．アユ資源を維持増殖するための対策とその問題点　92
　　4．放流主義がもたらしたアユ資源の衰退　95
　　5．天然アユの復活は可能か？　97

第5章　都市住民との協働による阿蘇草原再生の取り組み
高橋佳孝　103

　　1．草原の文化的価値と生物多様性　104
　　2．危機に瀕する草原の利用と希少種　110
　　3．草原維持・再生に向けての取り組み　114
　　4．協働を支えるコーディネート活動の展開　117
　　5．新たなコモンズ形成への問題提起　118

第6章　三瓶草原の史的展開と過少利用問題
飯國芳明　123

　　1．三瓶草原の変貌と現代的な課題　123
　　2．三瓶草原における入会の形成　127
　　3．草原利用の再編と衰退過程　131
　　4．草原の再評価と再生の動き　135
　　5．草原再生活動の停滞と入会権　137

第7章　低島における地下水の富栄養化問題とサンゴ礁劣化
新保輝幸　143

　　1．与論島のサンゴ礁とその劣化問題　144
　　2．与論島のサンゴ礁の劣化と陸水・海水の富栄養化　147

3．与論島の地下水の富栄養化問題　*149*
 4．与論島の富栄養化物質排出源の検討　*151*
 5．与論島の地下水と「コモンズの悲劇」　*157*
 6．与論島の地下水の富栄養化問題とサンゴ礁劣化問題の今後の展望
　　161

第8章　地下水法の現状と課題
　　　　　　　　　　　　　　　　　　　　　　　松本充郎　*167*
 1．城崎温泉事件にみる「地下水への権利」の法的性格　*168*
 2．地下水利用権の現代的規制――地下水保全条例の合憲性・適法性
　　174
 3．コモンズ論への示唆と今後の課題　*181*

第9章　オープンアクセス・コモンズの数量分析
　　　　　　　　　　　　　　　　　　　　　　　岡村和明　*187*
 1．コモンズの捉え方　*188*
 2．所　有　権　*189*
 3．社会関係資本　*192*
 4．選　　好　*196*
 5．結　　び　*198*

第10章　コモンズの類型と現代的課題
　　　　　　　　　　　　　　　　　　　　　　　飯國芳明　*203*
 1．コモンズ論が見落してきたこと　*203*
 2．資源の改良可能性からみたコモンズの分類　*206*
 3．コモンズの現代的課題　*213*
 4．コモンズ資源管理のための新たな政策・制度　*218*

第11章　海洋自然資源の長期持続的利用のためのコストの理論
　　　　　　　　　　　　　　　　　　　　　　　新保輝幸　*223*
 1．漁業コモンズの社会関係資本の形成はいかになされたか　*223*

2．コモンズ成立に要するコスト（「コモンズのコスト」）の分析　*225*
3．海洋自然資源の特性と最適利用の困難性　*231*
4．漁場の利用形態とコストの関係　*233*
5．漁業テリトリーの形成と資源系の囲い込みコスト　*236*
6．まとめと結論　*240*

第12章　山野河海の持続的利用をめざして
　　　　　　松本充郎・新保輝幸・飯國芳明・高橋佳孝・緒方賢一　*245*

1．サンゴの海の持続的利用をめざして　*246*
2．持続的な草原利用の再生条件　*252*
3．沿岸海域の過少利用の克服に向けて　*261*
4．河川・流域および地下水問題からみた法学的コモンズ論の展望　*266*

終　章　展望：フィールドから理論の見直し・政策提言、
　　　　　　　　　そして法制度へ
　　　　　　　　　　　　　　　　　　松本充郎・飯國芳明　*277*

1．経済学的コモンズ論の展望　*278*
2．法学的コモンズ論の展望　*281*
3．結　　語　*285*

あ と が き　*289*
関連する研究助成　*294*

索　　引　*297*

変容するコモンズ
フィールドと理論のはざまから

序章
フィールドからコモンズを考える

新保輝幸

　ギャレット・ハーディンがサイエンス誌に論文「コモンズの悲劇」（Hardin 1968）を公表してすでに 40 年以上の歳月を閲している。オープン・アクセスの自然資源が過剰利用に陥り、ついには「破滅」に至るというこの論文の重要な指摘は、自然資源が地縁共同体の共的な管理に置かれ、持続的な利用に成功している多くの事例が歴史的・地理的に存在しているという形の反証を提示され、反論された。すなわち、自然資源は必ずしもオープン・アクセス状態にあるとは限らないということである。たとえば先年ノーベル経済学賞を受賞したエリノア・オストロムは、1990 年の著書（Ostrom 1990）で、そのような事例を世界各地に見出している。そう、共的な管理により自然資源を持続的に利用するのは不可能ではない、その程度の叡智は人類も持ち合わせている、そのような希望を抱かせる流れであった。実際、我が国にはコモンズや共的管理に過剰な期待を寄せる論考が散見される。けれども、自然資源の持続的利用を実現するような共的管理を成立させるのは、不可能ではないにしても、おそらくそれほどたやすいことでもない。現に、我が国の伝統的な林野入会の利用や漁業入会はそのような持続的利用の実例の 1 つとして捉えられてきたが、社会・経済条件の変化により、いま大きく変容している。

　本書ではまず、林野草原や河川、沿岸域——すなわち、山野河海——の資源利用が、伝統的に形成されてきた利用秩序や権利関係から逸脱し、資源の最適利用を妨げている実態をフィールドから報告する。そのうえでこのような実態を経済学的に分析するための理論枠組を提示する。最後にいま一度フィールド

に戻り、法学や経済学の視点から望ましい自然資源利用のあり方を展望する。この序章では、そのようなもくろみの見取り図を簡単に示したい。

1．オストロムによるコモンズの定式化

オストロムは、コモンズにおける資源の持続的利用の議論を定式化するために、コモンズを「共同利用の資源」（Common-Pool Resource; 以降、CPR ないしはコモンプール資源）とそれを支える CPR 管理組織（CPR Institution）に明示的に区分し、前者を「潜在的な利用者をその用益から排除するためには多大の費用を要する（しかし不可能ではない）自然あるは人工の資源系」と定義した（Ostrom 1990, p.30）。またその際、ストックとしての資源系（Resource System）とフローとしての資源単位（Resource Unit）の区別についても注意を促し、条件がよければ資源系を損なうことなく資源単位の産出を最大化できるとした。この場合、資源系が何らかの漁場であるとすれば、資源単位とはそこで漁獲される魚介類であると考えればわかりやすいだろう（このような区分は、再生可能資源に関わる議論ではごく一般的なものである）。

さらにオストロムは、漁場において魚介類を漁獲するような資源系から資源単位を取得する過程を占用（Appropriation）、それを行う主体を占用者（Appropriator）と呼ぶ（Ostrom 1990, p.30）。他に、資金調達などの形で「共同利用資源の提供を企画・準備する（arrange）」主体である資源系提供者（Provider）、「実際に建設、修理あるいは長期的に資源系そのものが維持できるような行動をとる」主体である資源系設置・管理者（Producer）などのコモンズに関わるプレイヤーを定義し、両者は同一の主体であることもあれば、異なる主体であることもあるとしている（Ostrom 1990, p.31）。

これ以上のオストロムの議論の詳細は第 10 章の飯國稿に譲るが、このようなセットアップにより、資源の利用者や管理組織が、資源ストックに対する一定の投入——維持・管理などの労働や資本財への投資——を行うことにより資源の持続的な最適利用を実現するという定式化が可能である点には注意を払うべきである。コモンズの定義に関してはさまざまな複雑な議論があるが、本書ではオストロムのこのシンプルな定式化をまず出発点としたい。

2．我が国における自然資源の過少利用の問題

　本書のもう1つの出発点はフィールドである。本書は7名の著者による共同執筆の形をとり、海・川・地下水・草原の別はあるとはいえ、そのうち6名が具体的な自然資源利用の現場をフィールドとしている。鄙(ひな)の視点から見ると、いま日本の山野河海では自然資源をめぐって旧来型の資源利用の仕組みだけでは対応しきれないさまざまな問題が生じている。オストロムやデビッド・フィーニィら（Feeny *et al.* 1990）などのコモンズ研究では、我が国の伝統的な入会林野の利用や漁業入会は、ハーディンの「コモンズの悲劇」の寓話の反例となる持続的利用の実例の1つとして捉えられてきた。しかし、オストロムが成功事例としてこれらの事例を標本箱にピンで止めたときには、すでにその変容や解体が進んでいたのは皮肉なことである。これらの事例では、長年の資源利用の実績が慣習法や実定法のレベルで一定程度認められ、利用者が資源利用に関わるある種の権利を獲得するに至っている。

　しかし21世紀に入り、林野草原や河川、沿岸域の資源利用の実態とそれらの権利関係の齟齬は、すでに覆い隠しようもなくあらわれている。その端的なあらわれは、緒方（第2章：高知県）や高橋（第5章：阿蘇草原）、飯國（第6章：島根県三瓶山(さんべさん)）らの取り上げる資源の過少利用の問題である。

　前節の議論で紹介したハーディンの「コモンズの悲劇」モデルは自然資源の過剰利用問題を定式化したものである。その影響の下、従来のコモンズ研究は自然資源利用を管理し、過剰利用を抑制するものとしてCPR管理組織を捉えることが多かった。しかし、前節のオストロムの定式化にすでに内在することであるが、CPR管理組織は資源ストックからの用益を最大化するために維持・管理などに関わる一定の投入を資源系に対して行う。それは、組織外の人間による利用を排除するための監視や物理的排除に関わる労働かもしれないし、第5、6章で紹介される輪地切(わちき)りや野焼きなどの自然資源維持のための労働かもしれない。あるいは地下水や表流水を利用するための水利施設に対する物的・金銭的な投資かもしれない。ここで重要なのは、そのような投入は資源系から一定の収益を期待してなされるという点である。

単にあるものを取るという形ではなく、何らかの投入、コスト負担が必要な場合、あるいはコモンズの形成と維持に関して参画者が一定の機能を果たさなければならないという場合、資源系からの果実（収益）がそのような投入に見合わないと、当然のことながら過少利用という状況が発生しうる。たとえば、牛を役畜として利用する必要がなくなる、あるいは飼育する場合も輸入飼料を使うことが多くなり、地域の野草資源を利用する必要が薄れ、草原の利用が減少すると、そのような維持・管理に関わる投入も必然的に減少する。そして草原は遷移により失われていく。コモンズの仕組みは、従来、過剰利用を引き起こさないよう長年積み重ねられてきた知恵や経験に基づく部分が大きい。このような過少利用をめぐるフェイズは、従来型のコモンズの仕組みで克服するのは難しいと考えられる。

　これまでのコモンズ論の文脈でいうのならば、過剰利用の心配がなくなるのはもしかしたらおめでたいことかもしれない。しかしここで注意が必要なのは、CPR管理組織の資源利用のための投入により維持されてきた資源の態様、ないしその投入そのものが一種の外部経済を発生していたという事実である[1]。

　たとえば前者のCPR資源自体が外部経済という例であるが、第5、6章で詳説するように、よく管理された草原は、良好な景観がレクリエーション資源として高い価値を持つとともに、絶滅危惧種を含む希少な動植物が棲息しており、CPR利用者以外にも多様な便益、価値を提供している。そして草原の消失はそのような景観の消失、希少生物種の消滅（場合によっては絶滅）に直結する。後者の資源維持活動自体が外部経済を持つ例としては、第2章で取り上げるような、漁業者が沿岸で排他的に漁業を行う場合、密輸や密漁のような海際の犯罪の監視や遭難者の救助、海岸の清掃など、多様な公益的活動を同時に果たしていることが多いというパターンが挙げられる。沿岸漁業が消失すると、このような活動は公的機関が肩代わりする必要が出てくるだろう。

　実際問題として、過疎化や高齢化などにより、日本の農山漁村から、地域の自然資源の利用と管理を担ってきた、CPR管理組織のメンバー（別な言い方をするのならば「コモンズの担い手」）たちはどんどんと減少し、消滅の危地に立つ場合も多いという点を銘記すべきである。また近年、取り上げられることが多くなった里山の問題にしても、一種の過少利用問題としての側面を持つことは

忘れてはならない。

3. 自然資源の過剰利用と利用競合の問題

次に実際のフィールドで起こっている問題として、新保が第1章でサンゴの海の事例、松本・高橋が第3章、4章で河川の事例、新保・松本が第7章、8章で地下水の事例を取り上げる。これらはいずれも、問題の定式化自体は過剰利用の問題の範疇となる。ただ、前二者は、ステークホルダー間の利用競合の問題が含まれており、一筋縄ではいかない。

新保が第1章で取り上げたサンゴの海の事例（ここでは高知県柏島）では、新旧の資源利用者による利用競合の問題がある。すなわち、新たな技術によって成立したスキューバ・ダイビングを中心とするツーリズムがサンゴの海の新たな利用形態として拡大し、伝統的な利用形態である漁業とある種の競合を起こすようになった。のみならず、新たな利用形態であるダイビング利用は過剰利用を回避するような仕組みを持たず、自然環境——サンゴ群集生態系——にも大きな負荷をかけるようになっている。そして、漁業とのコンフリクトは、漁業者側によるダイビングポイントの閉鎖を通して自然環境により負荷をかける方向にダイビング産業を陥らせている。この事例では、伝統的な漁業コモンズの持つ力がサンゴの海の過剰利用に拍車をかけている側面があることは皮肉な点である（詳細は第1章を参照）。

次に、第3章、4章の河川の問題（主に高知県物部川・奈半利川）は、河川および流域の空間・水・水産資源を多様なステークホルダーの間でどのように共同で利用するのかという問題に帰着し、空間・水・水産資源に関する利用競合の問題と見ることができる。フィールドでは、この問題は「天然アユは誰のものか」という問いかけを契機として表面化し、それをめぐって河川における公共性とは何かという問題に直面することになった。

最後に地下水の問題は、オストロムの議論では南カリフォルニアを事例にその量的保全と配分が論じられるが、新保は第7章で南西諸島における低島（鹿児島県与論島）の事例により、農畜産業・生活排水などに由来する富栄養化の問題を取り上げた。富栄養化を汚染と見るかどうかは議論が分かれる場合があ

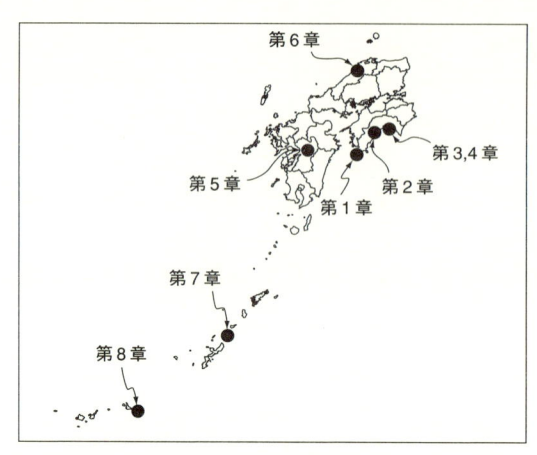

図 序-1　本書で取り上げる主要なフィールドの位置

るが、問題の形式としては汚染ないし水質の劣化と位置づけることができるだろう。この問題を受けて、第8章で松本は、地下水を量・質の両面から保全する道を探るために、沖縄県宮古島市、兵庫県豊岡市、三重県紀伊長島町（現紀北町）における事件の裁判例を検討している。

本書で取り上げる主要なフィールドの位置を図序-1の地図上にプロットした。筆者らがフィールドでどのような実態に出会ったのか、その詳細はぜひ各章をあたってほしい。

4．フィールドから理論を構想する

本書第1章から第8章はいわばフィールド編であり、筆者らはそれぞれのフィールドでいままで見過ごされてきた問題を析出させることができたと思う。第9章から第11章は、経済理論の観点からこれらの問題を分析しようというものである。

第9章では、第8章までが事例研究に基づく定性的な研究であることに鑑み、ここから何らかの政策立案に向かう際に一定の数量分析に基づく政策評価が必要となることを論じ、コモンズの数量分析についてその先行研究を概観したうえで、これからの日本のコモンズ研究における数量分析のあり方を検討してい

る。

　第10章において飯國は、過少利用でありながら、資源が維持できなくなっているという従来のコモンズ論からいえば逆説的な現象に焦点をあてている。オストロムに依拠してコモンズの形成を類型化したうえで、それを踏まえて、CPRの過少利用問題を理論的に分析し、政策的インプリケーションを導いている。

　第11章において新保は、第1章において検討したサンゴの海の利用競合の問題において、地域社会の中で大きな力を持つ漁業者の権威（＝漁業者集団の持つ一種の社会関係資本）を念頭に、その形成の過程を攻究した。そのために、まず自然資源の長期持続的利用のためのコストという考え方を定式化し、（A）資源系の囲い込みコスト、（B）資源系の維持・管理コスト、（C）利用管理組織の形成・維持コストという3つの区分を提起した。これは、オストロムによるコモンズの定式化の中の、資源系への投入という考え方をさらに拡張したものである。歴史的に見て、漁業コモンズは他者を自らの漁場から排除しつつ自らの用益事実を積み重ね、その事実をもって自分たちがその漁場を利用することの正当性を公的な場で主張してきたという経緯がある。これは囲い込みコストを負担する（＝資源を他の利用者から囲い込む）という投資を通して地域社会に社会関係資本を蓄積してきたという側面があることをこの章では論証している。

5．フィールドから展望する

　以上のような議論を踏まえて、本書はこれからの我が国の自然資源の持続的利用の問題についてどのようなことがいえるのだろうか。その点は第12章に展開されている。

　前述の通り、本書第1〜8章の内容は、それぞれのフィールドにおいて、自然資源の「共」的利用がさまざまな問題に直面している実態を明らかにしたものである。「共」だとか「共同」だとかいう言葉には美しい響きがあるが、我が国の旧来型のコモンズが基盤としてきた伝統的な地縁共同体が変容するにつれ、また社会経済条件の変化により資源利用の実態が変化するにつれ、自然資源の

利用の仕組みも見直しを迫られている。状況はあまりよろしくないが、フィールドの問題を冷静に認識し、その背後にある社会・経済条件や法制度との関連をきちんと分析することを通して、か細い隘路であれ、将来への展望を描くことは可能である。詳細は第12章で展開することになるが、その際にポイントとなる点のみ先取りしておこう。

　まず経済学的観点からいうならば、第一に、資源の態様に応じた対応が求められるという点である。たとえばCPRは排除性が弱く競合性が強いという物的性質を持つ。それゆえサンゴ群集生態系などの海洋自然資源に関しては、どのような形で資源を囲い込み、利用を一定の範囲で押さえ込んで過剰利用に陥らないようにするかという点が、対策の1つの柱になるだろう。しかし、飯國らが議論する草原の事例のように過少利用に陥っているCPRの場合、排除性の強弱はあまり問題にならない。草原の事例では、むしろ一定の利用を行って植生の遷移を止め、草原の状態を維持することが必要になる。すなわち過少利用状態の草原維持のためには、一定の労働を投入する必要が出て来る。そのような労働や、あるいは別な形での草原の利用方法をどのように手当てするかという点が対策の鍵を握ることになる。

　関連して、この「投入」の性格について付言する。施策の対象となる場合、フローとストックの区分でいえば、資源ストック形成への投入を重視することが重要である。アユの問題でいえば、放流によって一時的なフローを増やすような対応よりも、産卵場の整備や河川環境の改善により天然アユのストックを大きくしていくような施策が求められる。

　第二に、資源利用再編の視点として、単に旧来の利用者の利便にこだわるよりも、外部経済の最適発揮、国民経済的に見た自然資源の最適利用という視点は最低限保持する必要があるだろう。コモンズが自然資源を維持・管理する場合、しばしばその周辺に外部経済を及ぼしうることは多くの論者が同意してくれると思う。小さな共同体が周りの自然資源を過剰利用に陥らないように上手に使うというのはなるほど美しいことだが、不幸にしてそのような仕組みが潰えたとしても、それにより外部経済の供給がなくなるだとか、あるいは逆に何らかの外部不経済を周辺に及ぼすという状況に陥らない限り、それはその共同体の不幸で片付く問題であり、悲しいことではあっても国民経済的な問題では

ないだろう。それゆえ必然的に、無制限にリソースを投入して自然資源を守れという話にはならないが、通常多くの自然資源の外部経済は未評価であり、政策決定上考慮されていないことが多いので、個別の現場を見ていけば、一定の手間をかけることはある程度正当化されることが期待できる。また逆に、共同体外部の主体が関わる再編においては、単に狭義の資源利用者のみの利益だけでなく、より広い範囲のステークホルダーの利益、言い換えれば公益性や公共性の観点をも考慮すべきであるということも意味している。

　第三に、疲弊した地域社会の現状を考えれば、資源利用再編に投入できるリソースはそれほど大きくないだろうという点である。そのために、問題の周辺に転がっているものは、たとえ過去の遺物と見えようとも、使えるものは徹底的に使い回すという姿勢が必要である。サンゴの海を扱う第１章、11章で旧来の利用者集団である漁業コモンズの持つ社会関係資本について議論している。この社会関係資本は放置すれば消え去ってしまう可能性が高いが、いまの段階ならばサンゴの海における利用秩序の再編に大いに活用可能であろう。この際に注意すべきなのは、協議会など何らかの組織を作ってそれらを押し込めたとしても、適切なインセンティブを付与しない限り、十全に機能することは見込めないという点である。困難は大きいが、漁業者集団が新たな資源利用の仕組みに積極的に関与するようなインセンティブ・システムを設計する必要がある。

　最後に、制度論的観点からのポイントを述べる。制度の面から考えると、資源利用の再編に関わる施策はおおまかに４つの層（レイヤー）に分けることができるだろう。第１層は法律や制度の原理原則の部分の改正を必要とするレベルの対策である。たとえば、地下水の利用形態を見直すにあたって所有権の仕組みを改革するという行き方などがこれにあたる。我が国の所有権制度は個々人の権利の部分が強すぎ、公共性の観念が欠如しているという批判があるが（「ウルトラ私権」の問題）、これを改革しようと思えば、民法などで、他の問題にも波及してしまうような影響の大きい条項を改正する必要があり、実際に行うには高いハードルがある。次の第２層は、国の法律や地方公共団体の条例レベルでの対応である。新たな立法措置を伴うこともあるが、法体系への波及効果は比較的小さく、予算措置さえ可能であれば、第１層に比べてハードルが低い。たとえば、農業政策の中にある環境保全を目指した直接支払制度（環境保

全型農業直接支払）を草原維持に関しても適用するというケースがこれにあたる。法学的に難しい部分があるとはいえ、地方自治体による地下水保全条例の制定もこのレイヤーに含めていいのではないか。第3層は、新たな法律や条例の制定・改正を行わず、いまある法律や条例の解釈・運用を変更することにより、状況を改善するという行き方である。たとえば、これは国交省の地方の出先のレベルで河川の維持流量を増やし、アユの生息環境を改善するなどの対策を念頭に置いている。そして、第4層は実定法や国・地方公共団体が表立ってはあまり関与せず、市民主体で行う対策である。すなわち、相隣関係や地域共同体規制、アソシエーション（自発的結社）の結成などを軸にした地域的公序の形成がこれにあたる。たとえば阿蘇や三瓶におけるNPOの活動、与論島における「ヨロンの海サンゴ礁再生協議会」の活動などはこの範疇に入るだろう。このような区分は目安に過ぎないが、リフォームの対象が法体系の根本（第1層）に近づけば近づくほど、実現へ向けてのハードルは高くなると考えられる。

6．フィールドからはじめてフィールドへかえる

　自然は誰のものか。どうすれば自然環境を持続的に利用できるのか。これらは自然環境問題に向き合う者すべてが共有する問いである。そして、自然環境問題について「自然はみんなのもの」という素朴な直観を刺激する議論がコモンズ論である。多くの研究者は、少なくともその出発点において、コモンズに対して美しい夢を見ているのだと思う。夢という言葉に語弊があるのならば、何らかの理想を投影していると言い換えてもいいだろう。

　たとえば第1章でも触れている通り、「海のコモンズ」論の源流である玉野井芳郎は、沖縄のサンゴ礁のリーフで囲まれた礁池に地域住民が入会って魚や貝、海藻を採り、日常の暮らしの足しにする利用慣行を知り、そこに「コモンズとしての海」を見出した（玉野井 1990, 231-236 頁）。玉野井は、村人による礁池でのおかずとりを専門漁業者による漁業と対置しているのだが、たとえ個々の村人にとってはおかずとりに過ぎなくとも適切な規制がない場合にはいつかは過剰利用に陥り、資源系ないしサンゴ礁生態系が大きなダメージを受ける可能性が高いことは注意する必要がある。現に考古学的証拠は沖縄においても過

去に過剰漁獲で海辺の集落のタンパク源が魚介類から陸域の野生生物に移った事例があることを示している（高宮 2005）。

　自然資源の利用や保全に関わり起こっている問題を解決し、その持続的利用のための現代的な仕組みを構想するためには、まずフィールドの現状から出発してその問題点を系統的に把握し、地に足のついた対応策を積み重ねていくことが肝要であろう。

　本書終章で松本は、この観点からコモンズ論自体をどうつくりかえていくべきか、特に経済理論や制度論の面でフィールドからの問いにどう応答すべきかという点を検討している。ステークホルダーの入り乱れるフィールドの閉塞状況を打開していくためには、制度面からのアプローチが有効な局面があり、松本は法学の岸からフィールドに向かって命がけの跳躍を試みている。

　以上、この序章では本書の骨組みを瞥見した。しかし、実際のフィールドで起こっているさまざまな事象を、この紙数で臨場感をもって概観するのは筆者の手に余る仕事である。第1～8章の事例はそれぞれある程度独立して読めるはずなので、ここまで読まれてきた読者は、ぜひ各章で取り上げるそれぞれの事例の林に分け入ってほしい。

【注】
（1）　外部経済に関する説明は、本書第6章第2節を参照のこと。

【参考・引用文献】
高宮広土（2005）『島の先史学──パラダイスではなかった沖縄の先史時代』ボーダーインク．
玉野井芳郎（1990）「コモンズとしての海」鶴見和子・新崎盛暉編『地域主義からの出発』〈玉野井芳郎著作集　第3巻〉学陽書房，231-238頁（初出：『南島文化研究所所報』27，1985年）．
Feeny, D., F. Berkes, B. J. McCay and J. M. Acheson (1990) "The Tragedy of the Commons: Twenty-Two Years Later," *Human Ecology*, 18(1), pp. 1-19.（田村典江訳「「コモンズの悲劇」──その22年後」『エコソフィア』1，67-87頁，1998年）
Hardin, G. (1968) "The Tragedy of the Commons," *Science*, 162(13), pp. 1243-1248.
Ostrom, E. (1990) *Governing the Commons: The Evolution of Institutions for Collective Action*, Cambridge University Press.

第1章
サンゴの海の利用の現状と課題

柏島の海から考える

新保輝幸

　四国西南端、宿毛湾口に位置する柏島は面積 0.57 km^2、周囲 3.9 km の小島であり、その陸域および周辺海域は足摺宇和海国立公園に含まれている。行政区的には高知県幡多郡大月町に属する。人口は 1950 年には 259 世帯 1346 人を数えたが、1980 年には 262 世帯 848 人に減少し、2010 年 6 月末現在 227 世帯 498 人とピーク時の半分以下（約 37％）に減っている。年齢構成もすでに 60 才以上が 248 人と人口のほぼ半数を占め（19 才以下は 63 人）、いわゆる過疎・高齢化が進んでいる[1]。

　柏島の大きな特徴は周辺海域の生物多様性である。その位置から豊後水道と黒潮の影響をふたつながらにして受け、温帯域にあるにもかかわらず熱帯・亜熱帯域と温帯域の魚類が混生している（神田 1999, 15 頁）。広範囲にわたって造礁サンゴ群集が発達し、その規模はトカラ列島以南と小笠原諸島を除く日本沿岸で一、二のものである。また平田智法らの調査では 143 科 884 種もの魚種の生息が確認され（平田他 1996, 2 頁）、未記載種・日本初記録種として報告が保留されている 42 科 103 種と合わせると 1000 種近い魚種が生息していることになる（平田他 1996, 7 頁）。これは日本で現在確認されている魚類 3800 種余の約 1/4 にあたり、この海域は日本一多様な魚類相を誇っているといっても過言ではない[2]。のみならず資源量も豊富で、後述する通り、この海域は古くからさまざまな漁業を育んできた。また、ピグミーシーホースやフリソデエビ、イナズマヒカリイシモチ、キツネメネジリンボウといった希少な魚類も多く見られる

ことから、近年この海域はダイビングスポットとして有名になり、県内外から多くのダイバーが訪れるようになった。しかしそれに伴い、海中の生物相に悪影響が及んだり、漁民とダイバー・ダイビング業者の間のコンフリクトが発生したりするなどさまざまな問題が生じている。

　本章では、柏島の海の問題を検討することを通して、造礁サンゴ群集生態系の保全の問題と漁業コモンズの関係を考える。

1．サンゴの海の保全と持続的利用

（1）　造礁サンゴ群集生態系の特徴

　造礁サンゴ群集とその関連生態系（以下「サンゴ群集生態系」）は、陸上の熱帯雨林と並ぶ高い生物生産性を持つと同時に、生物多様性の面でも生物種の宝庫と呼ばれる熱帯雨林と並んで地球上で最も高い種多様性を誇っている（野島 2006, 240 頁）。

　造礁サンゴ群集は、一般に熱帯・亜熱帯域の浅海で優越するが、これには理由がある。サンゴは体内に褐虫藻という微細藻類を共生させている。褐虫藻は、サンゴの体内でサンゴの代謝産物である無機窒素やリンなどの栄養塩を利用して光合成を行って有機物を生産し、その一部をサンゴが利用する。一般に熱帯・亜熱帯海域は栄養塩に乏しい貧栄養な環境であり、生物にとって過酷な環境であるが、そのような海域でこそサンゴは優位性を発揮する。有機物の一次生産者として食物連鎖の起点となるとともに、多くの個体がつながって群体を作り非常に複雑な構造を海中に現出させ、多様な生物に生息空間を提供する。このように造礁サンゴ群集は熱帯・亜熱帯沿岸域における生物多様性の基盤となっている（深見 2005, 572 頁）。

（2）　造礁サンゴ群集生態系の劣化問題

　造礁サンゴは熱帯・亜熱帯域の光が多く貧栄養な海域を好むが、これを裏返すとサンゴの弱点が見えてくる。シルト流入などで海水の透明度が下がったり、サンゴの上に直接赤土などが堆積したりすると、光合成に支障が出てサンゴは大きなダメージを被るし、海水の富栄養化もサンゴに大きなストレスを与える

といわれている。サンゴが大きなストレスを受けると褐虫藻が体外に排出され、そのような状態が一定期間続くとサンゴ本体も死に至る。サンゴ礁劣化の原因として高水温による白化現象やオニヒトデの食害が人口に膾炙しているが、土木工事や農畜産業・生活起源の物質の陸域からの流入もまた大きな問題になるのである。その他にも漁業などによる過剰利用、埋立工事、破壊的漁業やサンゴ採集など、世界各地で人間活動に起因するサンゴ群集生態系の劣化が起こり、海域の生物多様性がダメージを受けている。

(3) 資源としての造礁サンゴ群集生態系とコモンズ

　翻ってサンゴ群集生態系の人間社会にとっての意味を考えると、水産資源の涵養や遺伝資源としての価値、学問・教育上の価値のみならず、そこに生息する多様な生物は多くの訪問客を惹きつける。特に近年、我が国においてスキューバ・ダイビングをはじめとする海洋性レジャーが盛んになるにつれて、豊かなサンゴ群集生態系が展開する「サンゴの海」はレクリエーション資源としての重要性を増している。多くのダイバーがサンゴの海を訪れ、それらの地域ではダイビング関連産業が地域にとって大きな地位を占めるようになった。南西諸島や本州・四国・九州の沿岸域には、地域経済をツーリズムに強く依存し、サンゴの海が生活の基盤となっている地域も増えている。しかし、多くのダイバーがサンゴの海を訪れるようになり、ダイビングの頻度が増えるにつれ、地域によっては海中の生態系に無視できない影響が及んでいるのもまた事実である。すなわちツーリズムによる過剰利用ともいえる状況があらわれているのである。

　サンゴの海は、ある意味誰もが自由に利用できるオープン・アクセス資源としての側面を持ち、過剰な利用によって資源が荒廃しやすい。また絶海の無人島でもない限り、利用しなくとも人間活動の影響によって資源が劣化しやすい（第7章参照）。このような資源を持続的に利用していくためには、資源の状態を常にモニタリングし、資源が荒廃しないよう調整を行う社会的な仕組みの存在が望まれる。

　このような自然資源管理の仕組みとして、近年コモンズが注目されている。コモンズ論の多くは、共的な管理によって自然資源の持続的利用を行ってきた

世界各地の「コモンズ」の事例を掘り起こし、それを現代的なものとして再構築することによっていま疲弊が進むさまざまな自然資源の持続的利用をはかれないかという問題意識を持つという点で通底している。我が国に限っても、海洋の沿岸域にこのような共的な利用と管理の事例を見出し、「海のコモンズ」として定式化する議論が行われてきた。次節では、そのような議論の系譜を辿ってみよう。

2．「海のコモンズ」論の系譜と漁業入会

(1)　「海のコモンズ」論

　多辺田政弘によると、地先の海をコモンズとして捉えようと先駆的に唱えたのは玉野井芳郎である（多辺田 1990, i 頁）。晩年の7年間を沖縄に暮らした玉野井は、沖縄方言でイノーと呼ばれるサンゴ礁のリーフで囲まれた礁池に地域住民が入会って魚や貝、海藻を採り、日常の暮らしの足しにする利用慣行を知り、そこに「コモンズとしての海」を見出した（玉野井 1990）。多辺田は、石垣島を事例にとり、琉球王朝時代からリーフの外海が専業漁民に対しても開かれていたのに対し、「イノーは海の畑」として集落に占用され、「自給用食糧の重要な採取の場として、地先住民によって排他的に利用されてきた」と指摘した（多辺田 1990, 245 頁）。2人の議論を受け、中村尚司と鶴見良行らは、我が国のみならず世界各地の事例を集め、「コモンズの海」の議論を展開した（中村・鶴見編 1995）。その詳細には立ち入らないが、「海のコモンズ」論が、我が国においては本土の地先における漁業入会（いりあい）と結びつけて語られてきた点には注意を払う必要がある[(3)]。

(2)　ハーディンの「コモンズの悲劇」への反響と我が国の入会制度

　そもそも元は主に英国の入会の放牧地を指していた Commons という言葉が、世界的に注目を集めるようになったのは、ギャレット・ハーディンが、共同で使用される資源はすべからく過剰に利用されて劣化し、ついには利用できなくなるという「コモンズの悲劇」のモデルを提起してからである。すなわちハーディンのシナリオは次のようなものである。みんなで使える村共有の牧草地に

村人が牛を放牧する状態を考える。各人が利益を求めほんの少しずつ牛を増やしていった場合、追加的な1頭の利益は所有者に帰するが、過放牧の損失は全体で少しずつ負担される。個人の利益と全体の利益が乖離し、個人としては牛をどんどんと増やしていくのが合理的な行動になる。しかし、そのような形で牛を増頭すると、過放牧により不毛の荒れ地になってしまう……。ハーディンはこの寓話を「共有地における自由はすべてのものに破滅をもたらす」と締めくくり、この議論を地球環境全体に拡張して警告を発した（Hardin 1968, p.1243）。

　この論文には序章で述べたオストロムをはじめ多くの反響が寄せられたが、1つの大きな論点は、共同利用の資源はオープン・アクセスとイコールではなく、背後に資源を占有する共同体があり、共同体が利用を規律するため、しばしば持続的利用が可能であり、そのような事例が世界各地に存在するというものであった。ハーディンの22年後にそのような議論をサーベイしたフィーニィらは、このような成功例の1つとして我が国の林野入会や沿岸漁業の漁業権制度の事例を取り上げたのである（Feeny *et al*. 1990, p.7, 10、邦訳80・82頁）。

（3）　我が国における「海のコモンズ」論と一村専用漁場慣行

　浜本幸生によれば、我が国の漁業権制度は、江戸時代に確立した一村専用漁場慣行にその淵源を持つという（浜本1997, 20-22頁）。すなわち「磯は地付き、沖は入会い」といい、船の櫂が海底に届く沿岸部は地元の漁村が独占して利用する漁場（地付き）とするが、それより沖合は自由操業（入会い）が許され独占利用できないという原則の下、一村専用漁場は漁村集落の総意によって定められた漁場の利用方法（漁場の口開け、口留め、輪番など）に従い地元の漁民が利用するという慣行である。浜本は、一村専用漁場は海の入会権そのものであり、その場所は地元の漁村が支配し使用する場所であって、その性質は漁村による漁場の「所持」（不動産の入会い的支配）に他ならないとしている。換言するならば、「一村専用漁場となっている場所は、「漁村の集落民が共有で所有し（ママ）、漁村全体で管理している土地である」（漁村集落の共有地）」のである（浜本1997, 20-22頁）。

　しかし、この一村専用漁場慣行は、1901年に制定された漁業法により整理さ

れ、部落漁民が設立する漁業組合に対し単なる地先水面で漁業を営む権利、一種の営業権を免許する形に移行しており、近代化以前の海面の入会的支配・所有の側面は消失したと考えられている。水産庁が「漁業権は、一定の水面において一定の漁業を一定の期間排他的に営む権利を漁業権者に認めているものであって、水面をあらゆる目的のために排他的、独占的に利用することを漁業権者に認めているものでない」（1993年8月）と通達するゆえんである。

　このように現在の漁業権は、明治以来の漁業法の変遷により、公式には古来の海浜の村落共同体の入会慣行と切れた形になっている。しかし、池田恒男の説のように「営業権を除く入会慣行」（地先権）は、「公序良俗に反しない限り、未だ法的に実効性を有する」という有力な見解も存在する（池田1997, 78頁）。ともあれ、多くの論者にとってこの一村専用漁場慣行が我が国本土における「海のコモンズ」の原イメージとなっていることは押さえておくべきであろう。

3．柏島の海をめぐる問題

（1）　柏島におけるダイビング産業の進展と漁業・住民とのコンフリクト

　柏島でダイビング案内業が商業ベースに乗り、島外の業者が本格的に進出を始めたのは1992年頃のことといわれている。(4) 何度か断続的に立ち上がったダイビング事業者の団体の名簿などを検討するに、柏島のダイビングポイントを利用する業者は、1994年には5業者（うち1軒は島外にショップを構える業者）だったのが、1997年には10業者（同3）、2000年15業者（同3）、2003年20業者（同5）と順調に増加し、2004年1月には22業者（同8）に達していた。しかし2011年10月現在、14業者（同5ないし6）と若干の減少を見ている。年間ダイビング客数についての正確な把握は困難だが、1994年には3 000人程度という推計がある（大月町資料）。客数は最盛期には3万人近くに達し、現在は1万人から1万5000人のレベルで推移しているというのが、多くの関係者の見方である。このように柏島に多くのスキューバ・ダイビング客が集まるようになったが、それにつれてさまざまな問題が起こるようになった。まず問題になったのは漁業者との軋轢である。はじめダイバー達に寛大だった漁業者の間から、漁場付近でダイビングを行うので魚が逃げる、漁船の航路上でダイビ

ングを行うので危険であるなどの声が上がるようになった。また地域住民からも、ゴミや不法駐車、騒音が増加した、島では伝統的に貴重な水を「湯水のように」使うのは許せない、生活空間を半裸でうろつかれると風紀が乱れるなどの苦情が起こった。また自然環境保全の立場からも、ダイビング船がサンゴ群集付近で無秩序にアンカリングを行うので、錨やロープによりサンゴが破壊される、ダイバーの好む希少種を見せるためにその生態に干渉するなどの問題が指摘された[5]（神田 1999, 18頁）。

（2） ダイビング事業者と漁業者の間の利用調整の経緯

　このような声を受け、1995年には大月町が音頭をとって最初のダイビング事業者の団体（「柏島スクーバダイビング事業組合」）が立ち上げられ、漁協との間でダイビングに関するルールを協議する場が設けられることになった。同時に町は、県の助成を受けて、後の浜・竜の浜にダイビング船係留ブイを設置した[6]（ブイの位置は図1-1を参照のこと）。

　これ以前の段階では柏島漁協の漁業権区域の中のかなり広範なポイントでダイビングを行っていた[7]。当時の資料には、幸島、室磯（ママ）、瀬戸の間、蒲葵

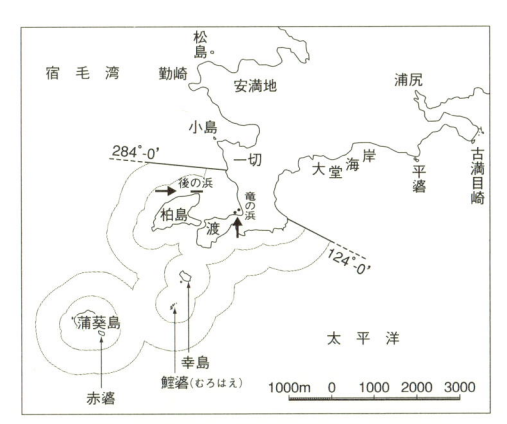

図1-1　柏島周辺海域の共同漁業権（小型定置を除く）の範囲とダイビングポイント

第1種共同漁業権の範囲は、海岸線より沖合400 mの線、第2種は1000 mの線である。隣の地先とは、それぞれ定められた基点から磁針方位124度0分の線と284度0分の線で区切られる。なお、この範囲はあくまでイメージ図であり、正確には『高知県公報』に書かれた文言によって漁業権の範囲は定義される。また、矢印はダイビング船係留のため、後の浜と竜の浜に設置された浮きブイの位置。

種類	内容
共同漁業権（第1種） 第1077号	いせえび漁業、あわび漁業、とこぶし漁業、てんぐさ漁業、ふのり漁業、のり漁業、とさかのり漁業
共同漁業権（第2種） 第2077号	いせえび磯建網漁業、いそうお磯建網漁業、いわし・あじ四そう張網漁業、きびなご刺網漁業、とんごろ刺網漁業、ぼら敷網漁業、かます敷網漁業
共同漁業権（第2種（小型定置））第2606号	赤禿の鼻前　いわし、あじ、さば、その他 ｝小型定置漁業
共同漁業権（第3種（飼付）） 第3128号	幸島沖　ぶり飼付漁業
共同漁業権（第3種（つきいそ）） 第3799号	寺ノ下沖　つきいそ漁業
区画漁業権（第1種（魚類）） 第3038号	兼山神社下地先　魚類小割り式養殖業
区画漁業権（第1種（魚類）） 第3039号	赤むろ崎前地先　魚類小割り式養殖業

表1-1　すくも湾漁協柏島支所が受けている漁業権の種類および内容

2011年11月現在。なお各共同漁業権の各漁業に設定されている「漁業の時期」は省略した。

島、庄屋の浜、前の浜、白浜、大堂周辺、竜の浜、後の浜の名前が見える[8]。協議は、これらのポイントの利用や漁業側へのダイビングの届出制度、ダイビング方法の規制、業者の「地元貢献」問題などについて行われた[9]。1995年には漁協が業者側に後の浜・竜の浜を除くポイントの潜水禁止を申し入れ、ダイビング側の自主規制という形で1996〜97年頃からポイントの閉鎖が機能しだした[10]。以後の協議は主にこれらのポイントの条件付き開放をめぐって行われた。しかし、いくつかのポイントはダイビング業者にとって営業上重要なポイントであったため、その付近での違反潜水があとを絶たず、またダイビング側が統一された意志を持った交渉主体として1つにまとまることができなかったため、漁協側に信頼できる交渉相手としてなかなか認知されなかった。同時に漁協の姿勢も頑なであったため、協議はなかなか進展しなかった。その後、海域が開放されないことに業を煮やした業者の脱退などさまざまな問題でダイビング事業者の団体は機能不全に陥った。何度か仕切り直しがなされたが、一時は柏島内に店舗を構える業者（「大月地区ダイビング業者部会」）と周辺の浦々に店舗を構える業者（「大月潜水部会」）とが、2つに分裂して団体を形成する状態に陥った。その後、町や、2001年に柏島漁協を含む周辺16漁協が合併して誕生したすくも湾漁協の調停などもあり、2007年2月に町内のほとんどの業者が加盟する

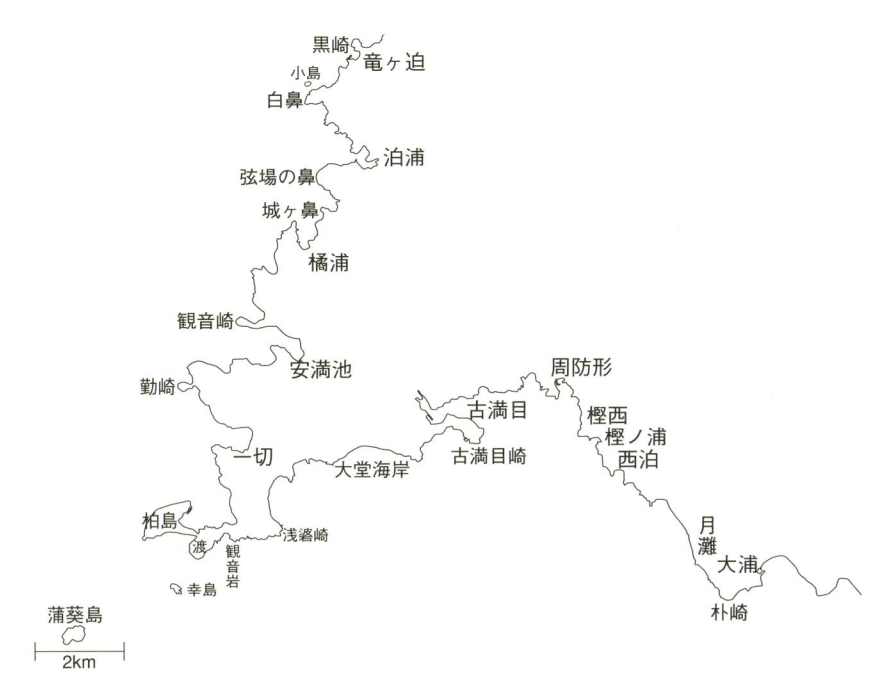

第 1 章　サンゴの海の利用の現状と課題

図 1-2　柏島付近の浦と地名

「すくも湾ダイビング大月地区部会」が旗揚げされた。

　ダイビング業者は柏島の漁業権範囲外の他の浦周辺ポイントでもダイビングを案内するが、現在これらのポイントの重要性が増している。業者のホームページを見ると、一切、安満地、橘浦、樫の浦、古満目、周防形、西泊、大浦までポイントが広がっている。一時は、それらの地先の漁協（ないし支所）とも紛争が起こった。前述のダイビング団体の分裂は、そのような事情と密接に関連している。しかし「すくも湾ダイビング大月地区部会」は、交渉の末、一切、安満地、橘浦の地先の漁協と潜水規則に関して合意し、そのルールに基づいてダイビングを行うようになってきている。

　部会は、柏島でも同様の合意を目指したが、この間の経緯もあり、明文化されたルールの合意やクローズされたポイントの開放にはなかなか至らなかった。しかし関係者の努力が実り、2005 年 9 月に、すくも湾漁協内に関係する支所・漁協（2012 年 3 月現在、柏島、一切、安満地、泊浦、月灘の各支所と橘浦漁協）の理

事を構成メンバーとするダイビング委員会が発足し、この委員会の場でダイビング側との交渉が行われることになった。この間、長い間正式な交渉の場さえなかったことを考えれば、大きな前進であったといえるだろう。このような交渉がうまく運び、柏島周辺海域のダイビングに関するルールが包括的に合意されることは、単に業者の営業上の利益の問題を超え、海洋環境保全の面でも大きな意味を持つ。

（3）　ダイビングによる過剰利用問題とその対応策

　現在柏島で利用できるポイントは、後の浜・竜の浜の2つのみである。竜の浜は初心者向けのポイントであるため、現在、後の浜が最も重要なポイントになっている。そのため連休などの繁忙期には、後の浜の500mの幅の区間に設置された10個のブイに10数隻のダイビング船が連なり、海底には100人を超えるダイバーが入り乱れるという状況が現出する場合もある（写真1-1）。この「ダイビング圧」によりサンゴをはじめとする海洋生態系に悪影響が及ぶ可能性が指摘されている[11]。後の浜へのダイバーの集中はこのポイントのサンゴ群集生態系を大きく疲弊させており、その他のポイントへダイビングを分散させて生態系への負荷を緩和することは喫緊の課題になっている。

　自然環境の持続的利用を考えるならば、沖縄県の座間味村で行われたようにポイントを閉鎖し数年間生態系を休ませることが必要だろう（原田他2007,

写真1-1　限られたポイントに集中するダイビングボート
写真提供：神田優（NPO法人黒潮実感センター）

141-143 頁；谷口 2003）。だがそのようなことを行うためには業者間の合意が必要になる。このような合意は営業上の不利益が最小限になるようポイントの振替などを行うことが前提条件になるため、柏島周辺海域のダイビングポイントの開放と、海域全体の利用を包括的に調整するルールが必要不可欠である。だが一部のダイビング業者の自主ルール破りの行動（違反潜水など）と、ダイビング業者組織の内紛によって培われた柏島の漁業者側の不信はなかなか解消されず、他の地先のような協定締結には至っていない。

　ただ時が経つにつれ、漁業者・ダイビング事業者の世代交代も進むとともに、近年はマグロ養殖業の拡大や宝石サンゴ漁の好景気により、漁業者の置かれた状況も変化し、この間の膠着した状況にも一定の変化が見られる。「すくも湾ダイビング大月地区部会」やその前身である「大月地区ダイビング業者部会」は、この間営業上の理由から柏島周辺のいくつかのポイントの開放を求めてきた。しかし、委員会の場での交渉が始まって以来 5 年以上それは認められてこなかった。しかし 2011 年 5 月より、5～10 月と期間を区切っての条件付き開放あるが、サンゴが非常によく発達しているということで閉鎖前に人気の高かった蒲葵島（びろう）周辺海域のダイビングポイントがついに開放された。閉鎖されている間にオニヒトデによりサンゴ群集がかなり被害を受け、営業上のメリットはそれほど高くなかったとのことであるが、それでもこの間全く進展のなかった両者の交渉に一定の前進があったことは、大きな意味があると考えられる。

（4）　地域社会における漁業者の「権威」

　さて、このような漁業とダイビングの海面利用調整の経緯からは、もう 1 つ漁業者側の発言力の強さが印象づけられる。法的には漁業者が漁業権行使者であることからこれを説明することになるのだろうが、しかし、漁業権は水面を「排他的、独占的に利用すること」を認めているわけでなく、あくまで認可された一定の漁業行為を行う権利にしか過ぎない（浜本 1997, 19 頁）。漁業の妨げになるといって、事前に利用調整を行ったり、事前・事後に損害に対する補償金を請求したりすることは可能であろう。しかし、当然のことではあるが、特定の海域でのダイビングを全面的に禁止する権利があるとは法律の文言からは読みとれない。にもかかわらず、その主張は地域社会で当然のものとして受け

止められ、ダイビング側も自主規制という形でこれを尊重せざるを得なかった。これは、一体なぜなのだろうか。前述の通り、我が国の漁業権制度は、江戸時代に確立した一村専用漁場慣行にその淵源を持つが、1901年漁業法により、部落漁民が設立する漁業組合に対し単なる地先水面で漁業を営む権利、一種の営業権を免許する形に移行しており、近代化以前の海面の入会的支配・所有の側面は消失したと一般には考えられている。その意味で、柏島の漁業者の権威は、ある意味法律や経済的地位を超えて地域社会で力を持っているといえなくもない。しかし、法律に基づく権利を漁業者が持たないとすれば、何が漁業者にこのような力を与えているのであろうか。

4．柏島の漁業史からの検討

（1） 柏島の漁業者集団の消長

　柏島の漁業者集団は近年確実に衰微している。黒岩恒の稿には、1889年の柏島は戸数146（人口729人）で多くは漁業を営み、純粋の漁戸は89であるとの記事が見える（黒岩1889, 379頁）。高知県水産会は、1928年のものとして戸数247（同1189人）、漁業組合員数236人（柏島は一戸一組合員制をとるため、これは漁業者世帯数と見ることができる）という数値を伝える（高知県水産会1930, 163頁）。このように明治以来柏島は漁業中心の集落であったが、高度成長期以降は、各地で見られたように漁業者が減少している。漁業センサスのデータを見ると、ピークの1968年に174あった漁業経営体（ほとんどが専業・兼業の漁家）が、73

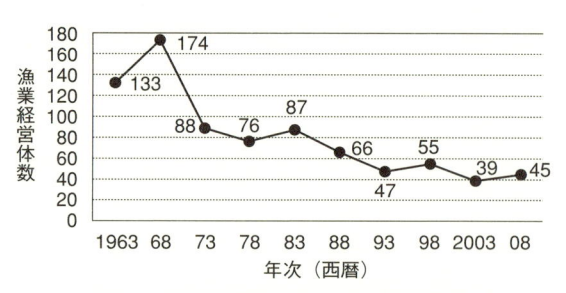

図1-3　近年の柏島の漁業経営体数の推移
出所：『漁業センサス』各年版

年には88とほぼ半減し、98年には55、最低の2003年にはピーク時の1/4、73年に比べても半分の39経営体まで減少している（図1-3）。08年には45と若干持ち直しているが、この40年間で漁業経営体数は1/3～1/4に減少したことになる。また水揚高の目安として柏島漁協の業務報告書に受託販売金額の推移を見ると、柏島漁協時代のデータのある1973年から98年の間に、名目でも463百万円から120百万円に落ち込んでおり、物価上昇率を勘案するとおよそ1/10になっていることになる。

（2） 地域社会における漁業者の「権威」の源泉は何か

　前節で漁業とダイビングの海面利用調整の経緯を検討したが、それは漁業者側の発言力の強さを印象づけるものだった。第3節（4）で述べた通り、当該海域でのダイビングを禁止するという漁業者の申し入れは、法によって規定される権利の範囲を越えて、地域社会で受け入れられ、ダイビング事業者も表立ってはこれを受け入れざるを得なかった。この漁業者の力の源泉はどこにあるのだろうか。

　法社会学者は、これこそが一村専用漁場の流れを汲む長年の入会慣行の権威のあらわれであると解釈するであろう。「法の適用に関する通則法」第3条に、公序良俗に反しない慣習は、法令が定めていない事柄についてならば法律と同じ効力を持つという趣旨のことが定められている。地域社会において法律や経済的地位を超えて大きな力を発揮することもある漁業社の権威は、この慣習による力なのだろうか。しかし、慣習の力というのは一体何であろうか。

（3） 「日本一酷使された漁場」

　古来より柏島は九州からの渡海地として軍事・交通の要衝であり、多くの島民が軍役や海上交通に従事したといわれている。では漁業についてはどうであったか。「宿毛湾は日本一酷使されている漁場である」。この言明が事実の水準で妥当なのかどうか筆者はわからない。しかしこの海域の漁業の歴史を見ると、その意は通ずる。一口でいうならば、この海域の漁業は江戸時代から商品経済に組み込まれ、商品生産を目的とした比較的大規模な漁業が展開されてきた。進んだ漁業技術が取り入れられ、しばしば過剰漁獲に陥り、漁業紛争も頻発し

たのである⁽¹⁴⁾。そして、柏島の漁業もそのような視点から見直すことが可能であろう。

（4）　近世の柏島の漁業

諸文献を見ると、柏島の漁業が本格的に発展を始めたのは、土佐藩家老野中兼山が承応元（1652）年から7年かけて築堤・築港を行ってからであるという⁽¹⁵⁾。それ以前は、水道の潮流が早く漁場に適さなかったらしい。江戸期以前のこの地域の漁業の実態は文献資料が見出せず、多くの論者は「原始時代からつながる採取漁業」的な姿であっただろうと推測する⁽¹⁶⁾。しかしこの兼山の築堤以降、先進地紀州のカツオ漁法や長門国の大敷網（定置網）などが移入され、著しい技術進歩を見た。後者の大敷網に関しては、まず柏島に近接する橘浦に土佐国で初めて導入され、その後隣村の安満地へ伝わり、柏島には慶応元（1865）年に伝わったことがわかっている（岡林 1993, 20-23 頁）。この大敷網に関しては時期は19世紀後半となるが、寛文から延宝時代（17世紀後半）にはすでに紀州漁民がこの地方へ本格的に進出して各地の漁村を根拠地として漁業を行い（居浦漁すえ）、先進的なカツオ漁法・カツオ節製法を伝えたとされる（高知県中土佐町 2001, 56-66 頁）。

野中兼山執政期（寛永8（1631）〜寛文3（1663）年）にはすでに土佐西部全域でカツオ漁・カツオ節の加工が展開した（高知県中土佐町 2001, 52 頁）。兼山は万治3（1660）年に柏島西方の沖ノ島弘瀬浦に対し、土佐藩初の漁業政策ともいえる『弘瀬浦掟』なる法規を布告したが、それを見ると藩の直接の政策として「カツオ漁の沖合漁業や鰹漁の火光利用しての網取り漁業および延縄漁業が展開されることになった」ことがわかる（高知県中土佐町 2001, 50 頁）。この法規は、弘瀬浦に対して布告されたものであるが、この政策自体は土佐藩全体に及んでいたとされている。そして、生産されたカツオ節は土佐藩の重要な産品として大坂市場などに移出されていたのである。兼山期には漁業に厳しい統制が行われたが、兼山失脚後緩和されたため、カツオ節製造に適した土佐沖のカツオを求めて紀州漁民が大挙して来漁した。そしてこの幡多はた地方において、彼らの技術（燻乾法など）が取り入れられ、カツオ節の製法は改良され、その品質は向上し商品価値はさらに高まったのである⁽¹⁷⁾。

第1章　サンゴの海の利用の現状と課題

　さてこのような背景の下、柏島のカツオ漁業はどうであったか。この地域に関しては、浦奉行の巡視の記録（谷真潮『西浦廻見日記』（安永7（1778）年）、『西春西郷浦山分廻見日記』（寛政13（1801）年）、『浦々諸縮書』（弘化年間（1844-47））、山内家所蔵天保文書（天保7, 9, 11（1836, 38, 40）年）、『南路志』（文化6（1809）年）などに当時の漁業関係のデータが残っており、何人かの論者がそれを紹介・検討している。高知県中土佐町は、それらに依拠して、「この方面では、柏島浦を中心にしてカツオ漁が、かなり盛んになった」と評価する[18]（高知県中土佐町2001, 116頁）。

　カツオ漁以外はどうであったか。大月町史編纂委員会が紹介する上記『浦々諸縮書』のデータは、鰹船4隻以外に漁船12隻、網13統があったことを伝える（大月町史編纂委員会1995, 735頁）。それをさかのぼる寛政13（1801）年、同じく『西春西郷浦山分廻見日記』に柏島浦に漁船3隻、諸船25隻、地引4統、鰯網4統、鰹網1統、大廻網1統、エデ網3統、コシ網2統があったとの記事があることを紹介している（大月町史編纂委員会1995, 734頁）。カツオ漁以外にさまざまな網漁が発達していたことがわかる。

　高知県中土佐町は、藩政中期の『土佐州郡志』の柏島の条の記述から、多種多様な魚類を網取りしていたさまを強調している。さらに宝永7（1710）年の幡南地方の浦方調査表を引き、（隣接する浦を含む）「柏島付近には網代が五十七あり、網数四十、漁船六十一隻」という数値を他の地域と比較して「最も網取漁業が発達している」と評価している（高知県中土佐町2001, 77頁）。また同じ文献の市艇船（漁産物を専門に運搬する小型廻船）に注目し（柏島では8隻）、網取漁業の発達と結びつけて、「中小船商人の存在と小漁民的商品経済の展開」を導いている[19]（高知県中土佐町2001, 78頁）。

　このように柏島は江戸期からカツオ漁業や網取漁業、および海運業などで商品経済に強く組み込まれた形の漁業を行ってきた。入会論の視点で見れば、カツオ漁業は沖合で他村・他地域の漁民も入り会って行われる自由漁業である[20]。また網取漁業は、表1-1の現在の柏島の共同漁業権の範囲に多く見られる通り、いわゆる「一村専用漁場」の範囲を中心に行われる漁業であろう。当然その背後では磯を中心とした生業的な採取漁業も行われていたと考えられるが、そのような側面を基層として維持しつつも、柏島の漁業はかなり古い時代から商業

的漁業であった点は銘記すべきである。

(5) 明治以降の柏島の漁業

　明治以降も漁業技術は連綿と発達し、棒受網漁業、大敷(はけ)網漁業、キビナゴ網漁業、火光利用網漁業、ブリ飼付釣漁業の導入や鰹釣漁業の改良などが行われた（大月町史編纂委員会 1995, 746-748 頁）。1928 年の調査数値（マグロ大敷網 5 統、キビナゴ地引網 1 統、イナ敷網 1 統、カマス敷網 1 統、鰹敷網 1 統、棒受網 20 統、キビナゴ刺網 2 統、鱸刺網 2 統、磯建網 2 統、鰹釣 1 隻、鱶突 20 隻、イカ釣 35 隻、下ヶ釣 35 隻）からは鰹釣漁業は縮小しているさまが読みとれるが、その他の多様な釣・網漁業が展開していることがわかる(21)（高知県水産会 1930, 163-164 頁）。

　柏島漁業のダイナミックな変遷は戦後も続く。技術や社会状況の変化により、柏島で有利な漁業は次々と移り変わっていったのである。1960 年代以降、全国的に魚類養殖が盛んになると、ハマチ養殖が開始されるとともに、ハマチ種苗であるモジャコの採取・販売の一大ブームが訪れる。新興産地が増えハマチ魚価が低迷すると、養殖対象はブリ、タイ、イサギ、ネイリ、シマアジなど多様な魚種に切り替わっていく。また 80 年代前半にクロマグロ養殖を日本で初めて事業化したのも柏島である（大月町史編纂委員会 1995, 790-797 頁）。

　さらに 80 年代に遊漁が盛んになり釣客が多く訪れるようになると、漁師の一部に磯渡しや遊漁船の経営を始める者も現れるようになった。90 年代以降発展したダイビング案内業にしても現在はほぼ半数が島内出身者経営であることには注意を払うべきであろう。

(6) 近年の柏島の漁業の動向

　近年、柏島の漁業には 2 つの大きな変化が見られる。マグロ養殖の進展と宝石サンゴ漁の隆盛である。前者については、国際的なマグロ漁業をめぐる環境が悪化するにつれ、この恵まれた立地条件に目をつけた大手漁業会社が周辺海域に多くのマグロ養殖の生け簀を設置しているという状況がある。むろんマグロ養殖には第 1 種区画漁業権が必要である。柏島の場合、すくも湾漁協柏島支所が受けた漁業権に基づき、現地へ進出した漁業会社が漁場使用料を漁協へ払って養殖を行っており、また地元の漁業者を雇用することにより、地域経済に

は大きく貢献している。さらに養殖に必要なマグロ稚魚を周辺の漁業者から高値で買い取るため、多くの漁師が季節になると大挙してマグロ稚魚漁へ出漁する。稚魚乱獲による資源の枯渇を心配する声もあるが、いまのところ漁船漁業にも一定の好影響を与えていると見られる。他方、近年の中国の経済発展により彼らの好む宝石サンゴの国際価格が上昇し、多くの漁師が宝石サンゴ漁に参入しているという状況もある。[22]ワシントン条約への対策もあり規制が強化されつつあるが、こちらもいまのところ柏島の漁業に好景気をもたらしている。

5．漁業コモンズの社会関係資本とサンゴの海の保全

　柏島の漁業の歴史の検討から明らかになったのは、柏島の漁業者が商品経済に組み込まれ経済状況の変化に翻弄されつつも、新しい技術を次々に取り入れ、あるいは開発し、周辺海域の海洋自然資源を最大限に活用して暮らしを立ててきた姿である。このような実態は、第2節で検討した生業的漁業を念頭に置く素朴な「海のコモンズ」論のイメージとは大きく食い違うことに読者も気付かれるだろう。「海のコモンズ」論は無効なのか？

（1）「コモンズの再構築」論
　ハーディン後のコモンズ論は伝統的社会の慣習的な自然資源の利用・管理手法の有効性を明らかにするとともに、そのようなシステムがさまざまな形で崩れていくさまも描き出した。ある事例では集団は共有資源の管理に成功し、別な事例では失敗する。一体その差はどこにあるのか、いかなる形で共有的な自然資源を持続的に管理できるのか。そのような問いをめぐって、たとえば井上真は参加型コモンズ管理ともいえる「協治（＝中央政府、地方自治体、住民、企業、NGO・NPO、地球市民などさまざまな主体（利害関係者）が共同（コラボレーション）して資源管理を行う仕組み）」という概念を提案した（井上 2004, 140 頁）。また、秋道智彌は「生態系の連続性と循環の機能を重視」した「エコ・コモンズを設定して、さまざまなプログラムを実現する」という考え方を提唱した（秋道 2005, 224 頁）。これらに限らず、多くのコモンズ論は伝統的な自然資源管理手法を現代の文脈の中で蘇らせようという志向を持つ。孔子が過去のあらゆ

る精神遺産を規範にまで高め、それを自らの思想として語るのでなく、伝統の創始者としての周公の事績に帰したように、われわれも新たな自然資源の共的管理の構想を伝統の中に見出そうとしている側面がある。その意味でコモンズは未来に向かって新しく再構築すべきものなのである。[23]

（2） 資源利用者を律する「力」と漁業コモンズの社会関係資本

　現在サンゴ群集生態系も経済的利益を直接生む1つの資源となっている。第4節で見た柏島の漁業史からも明らかなように、何が資源なのかは、技術や社会・経済条件、人々の嗜好などが変わるにつれて変化する。[24]それに合わせて自然資源の共的管理の仕組みも常に変えていくことが必要だろう。しかし、これは古くなった仕組みをそのまま捨て去ることを意味しない。たとえば共有や総有、あるいは共的管理にしても、それが成立する前提条件として資源利用者を律するある種の力が前提として必要になる。換言するならば、共同体が持つ所有や利用のルールを侵す者を何らかの形で排除することができなければ、資源の持続的な利用は成功しない。伝統的なコモンズは、そのような「力」を少なくとも過去のある段階には備えていたと考えられる。むろん現代社会においては、そのような力は単なる物理的な暴力ではあり得ない。実定法や慣習「法」に基づく正当性の力であり、あるいはそのような法的な権威の隙間となる部分では、歴史的な営みにより培われた地域社会におけるある種の権威が重要性を持つこともあるであろう。

　その意味で、柏島の漁業者が持つ見えざる力は、柏島の海を占有し一定のルールの下で漁業を営んできた伝統的な漁業入会＝コモンズが育んだ一種の社会関係資本といえるかもしれない。

（3） コモンズの外部経済の最適発揮へ向けて

　コモンズ崩壊のある種のパターンは、社会経済条件の変化によりコモンズ的な資源利用の重要性が後退する、並行して、コモンズの背後にあった共同体が衰退することにより、当該コモンズの存在が歴史上のものとなってしまうというものである。そのような場合、当事者にとってはコモンズの重要性は相対的に低下しているが、逆にコモンズが守ってきた自然資源の湧出する外部経済の

側面においては、（サンゴの海のように）国民経済的に重要性を増しているというケースはままあるであろう。(25)この場合、コモンズの外部経済という側面がまさに注目されるのである。この時にコモンズ的資源利用を律してきた力は、共同体を超えて、ある種の公共性を獲得する。逆にいえば、このような力をどのようにうまく利用し、自然資源を将来にわたって保全していくか、あるいはどうその外部経済の最適供給を実現させるかが問われているといえるだろう。第3節で検討したような、漁業者とダイビング業者が同じテーブルについて海域全体の利用を包括的に調整するルールを作り、サンゴが疲弊しないよう上手に管理しようという議論も、伝統的な共同体と新たな主体が手を携えて、自然資源を共的管理の下で有効活用しようという動きとして見ることができる。ここに新たな形のコモンズ的行き方の萌芽を見出すことはできないだろうか。

＊本稿は、新保他2005を大幅に加筆・改稿したものである。

【注】
（1）　データの出所は、1950年：大島1965, 30頁、1980年・2010年：大月町資料（住民基本台帳ベース）。大島が諸史料により江戸期から1964年までの人口などをまとめた表を見ると、人口のピークはこの1950年頃である。
（2）　日本産魚類の全種の同定について解説した『日本産　魚類検索　全種の同定　第二版』には、2000年8月までに公表された種、および同年11月までに公表された日本初記録種など含め3863種が掲載されている（中坊編2000, xvi頁）。
（3）　秋道2005などを代表格とする人類学的コモンズ論は、東南アジアなどのサンゴの海で多くのコモンズの事例を収集しているが、ここでは深く立ち入らない。
（4）　本節の内容のうち事実関係の部分は、特に断りのない限り関係者へのヒアリング結果、漁協とダイビング業者らの海域利用調整に関する協議資料、大月町資料などに基づいている。
（5）　神田優は学生時代より島に通ううちに島の自然の魅力にとりつかれ、ついには島に定住するようになった魚類生態学者である。1998年に島に移り住むや、柏島の豊かな自然を保全し、それらを通した自然・環境教育や島おこしを目指すフィールド・ミュージアム構想を打ち出し、2002年10月にはNPO法人黒潮実感センターを立ち上げた。
（6）　その後ダイビング船のブイへの係留が徹底されることにより、サンゴ破壊の問題はひとまずやんだと考えられる。
（7）　柏島の漁業者集団（2001年1月に漁協合併があったため、現在すくも湾漁協柏

島支所になっている）が現在有する漁業権の種類は表1-1の通り。うち、最も範囲の広い1種（海岸線から400 m）および2種（海岸線から1000 m）の共同漁業権（小型定置は省略）の範囲を、図1-1に大まかに示した。

(8) 図1-1には示されていない名前もあるが、これらはほぼすべて柏島の第1種、ないし第2種の共同漁業権の範囲内であり、漁礁や好漁場と隣接するものも多い。

(9) 柏島ではダイビング関係の入込客の増加によりさまざまな問題が起こった反面、ダイビング・ブームのピークが去った2005年の段階でも推定で漁業生産に匹敵する額のお金が落ちている。だがそれは基本的にダイビング業者と一部の民宿のみの手に入る構造になっており、その他の住民はデメリットのみを被る形になっている。ダイビング業者には島外出身者が多いこともあり、この点が業者と漁業者・地域住民の感情的対立の遠因にもなっている。町当局は、他地域の事例なども参考にして「ダイビング業者がローテーションで（登録した）漁業者の船を傭船してダイビング・サービスを行う」などのルール案をもって調停に入り、この時期より後しばらくはそのような形で実施された。町によるこのような調停は、たとえば沖縄県恩納村では功を奏したが（原田他2005）、柏島では業者の多くが自前の船を購入するなどしたためルールはなし崩しのうちに崩壊した。「漁業者は客商売を知らない」などの業者側の主張も一理あるが、問題をさらにこじれさせた側面があるのは否定できない。

(10) より正確にいうならば、漁協側はより一般的に「潜水禁止」を申し入れたが、町が公費を投入して後の浜・竜の浜にブイを設置した経緯があり、そこを潜水禁止にするのはあり得ないと漁協側を説得したようである。

(11) 前出神田からのヒアリングによる。たとえばNPO法人黒潮実感センターによる後の浜の調査サイトでの調査によると、水深3 m地点で2001年にサンゴの被度が63％あったが、04年には24％と減少、水深10 m地点でも01年53％が04年27％と減少している。また2003年から04年にかけてこの地方を相次いで襲った連年台風は、サンゴ群集に大きなダメージを与え、上述のサイトも水深3 m地点で被度3％、10 m地点で1％と壊滅的な状態へ陥ったが、これもダイビングによる過剰利用によるサンゴ群集の疲弊と無関係でないと考えられている（ただし、近年かなりの回復を見せている）。

(12) 「法の適用に関する通則法」は、1898年に制定された「法の適用に関する諸事項を規定する法律」である法例（金子宏他編『法律学事典』有斐閣, 2004年）が改正されできた法律である。うち第3条は、議会制定法と慣習法の関係を規定するものであり、法例の時代から同趣旨の条文が存在した。

(13) 1999年10月30日の亀屋猶蔵・元柏島漁協組合長へのヒアリングのノートから。

(14) 柏島近海では、特に宿毛湾入漁協定をめぐる愛媛県と高知県の漁民の紛争が大きな問題になった。たとえば昭和40（1965）年には愛媛側の違反漁船に対する焼き討ち事件なども起こっている。その経緯は、大月町史編纂委員会1995, 761-774頁、愛媛新聞社2000, 293-303頁、金田1979, 1-82頁などに詳しいが、この海域での紛争は江戸時代の藩政期より形を変えて継続していると見ることができ

第1章 サンゴの海の利用の現状と課題

るだろう。この協定自体は昭和 4（1929）年より平成 2（1990）年まで数度の空白期間を挟みつつ継続したが、現在は折り合いがつかず中断し、土予連合海区漁業調整委員会などの場でいまなお断続的に交渉が行われている。

(15) 大月町史編纂委員会によると、工事は（1）島の北および東北の海岸の防波堤、（2）波止場、（3）島の南東端より対岸に向かう大突堤などを築くものであった。大突堤により潮流の勢いをそぐとともに、切戸に白砂を敷いて浅瀬として港内に魚を迂回させるようにし、これにより柏島は県下有数の漁場になったという（大月町史編纂委員会 1995, 289-291 頁）。また、高知県中土佐町 2001, 49-50 頁、中田 1957, 100-103 頁なども参照のこと。

(16) 大月町史編纂委員会 1999, 722 頁。広谷喜十郎も「江戸時代以前の漁業はいわゆる「採取的漁業」であって、まだ「生産的漁業」の段階まで発展していなかった」とする（広谷 1967, 58 頁）。また大月町史編纂委員会は、長宗我部期の長宗我部地検帳に見える水主は「漁業従事者ではなく、廻船又は市艇の船頭」としての性格が強かったのではないかとも指摘する（大月町史編纂委員会 1995, 724 頁）。

(17) 植田 1976, 74-89 頁参照。植田はまた文政 5（1822）年の『諸国鰹節番付表』なる文献を検討し、上位 22 品目のうち 14 品目が土佐産であることを指摘している（植田 1976, 84 頁）。

(18) この時代、すでにカツオ漁は、単に漁船でカツオを釣るのみのものでなく、その背後にカツオ節の加工施設や都市部への流通ルートを有する一大「産業」であったことには注意を払うべきである。

(19) 中田八束も、藩政時代、柏島の「商人自体も市艇を持って大阪、高知、宇和島へと漁獲物を運び盛んに交易が行われた」という点を指摘している（中田 1957, 416 頁）。

(20) 時代は下がるが、平尾道雄は明治 27（1894）年大日本水産会幹事・村田保志の講演から以下のような発言を紹介している。「当県柏島のごときは実に異例なり。同地は鹿児島・山口・香川・愛媛の諸県より来漁するもの多く、同漁場は殆ど他県人にて、本県人はその十分の一に過ぎず、柏島の人之を放置して苦情なきは異例とすべし。されど同地と雖も早晩漁利減じて彼我紛争を生ずるの期あるべく、いまよりその対策を講ぜずんば他日流離の惨あらん」（平尾 1955, 100 頁）。また吉田東伍も、柏島の項に「水産報告云、（中略）四方の漁舟常に輻輳し、肥前・周防・伊予・豊後地方より来漁す、重なる漁獲物は鰮（うるめひらご）、鰹、鯣、鰆、鮏にて、有名なる土佐海の珊瑚採収船も碇泊す」と記している（吉田 1908, 1365 頁）。

(21) 同じく高知県水産会の漁獲高のデータを見ると、1926 年 144 千円から 1930 年の 71 千円と 5 年間でほぼ半減しているが（不況による魚価低迷による）、それでも柏島は周辺の浦々のトップクラスに位置することが読みとれる（高知県水産会 1930, 442-443 頁）。

(22) 高知県の資料によると、柏島におけるサンゴ漁業許可件数は昭和 44（1969）年 34 件（平成 2（1990）年時点も同数）から平成 14（2002）年は 4 件まで落ち込んだが、平成 20（2008）年 5 件→21 年 6 件→22 年 27 件→23 年 33 件と、ここ 4

年、急ピッチで増加している。
(23) 孔子に関するこのような見方は、白川静に拠る（白川 2003, 115-116 頁）。
(24) 熊谷尚夫と篠原三代平が紹介する「資源とは、人間が、社会生活を維持向上させる源泉として働きかけの対象となりうる事物である。（中略）働きかけの方法によっては増大するし、減少もする（中略）。欲望や目的によって変化する」という定義がわかりやすい（熊谷・篠原編 1980, 10 頁）。
(25) このような外部経済の重要性に注意を喚起するために、環境や自然資源の外部経済（ないし非市場価値）を経済評価する研究が近年数多く公刊されている。柏島に関しては、サンゴの海の生物多様性の経済価値を CVM（Contingent Valuation Method；仮想状況評価法）で評価した新保 2007、間接的利用価値としてのレクリエーション価値をゾーントラベルコスト法によって評価した友野 2010 などの研究がある。

【参考・引用文献】

秋道智彌（2005）『コモンズの人類学──文化・歴史・生態』人文書院.
池田恒男（1997）「共同漁業権を有する漁業協同組合が漁業権設定海域でダイビングするダイバーから半強制的に徴収する潜水料の法的根拠の有無」『判例タイムズ』940, 74-80 頁.
井上真（2004）『コモンズの思想を求めて』岩波書店.
植田穂（1976）『改良土佐節の研究──その由来に関する新見解』土佐市立図書館.
愛媛新聞社（2000）『愛媛の漁業と県漁連50年史』愛媛県漁業協同組合連合会.
大島襄二（1965）「高知県柏島の地誌──僻地沿岸漁村の地理的研究」『人文論究』15(3), 19-38 頁.
大月町史編纂委員会（1995）『大月町史』大月町.
岡林正十郎（1993）『高知県定置網漁業史』〈私家版〉岡林みどり.
金田禎之（1979）『漁業紛争の戦後史』成山堂書店.
神田優（1999）「四国西南端の島・柏島の魚類相と水中景観」『くろしお』14, 15-23 頁.
熊谷尚夫・篠原三代平編（1980）『経済学大事典 第二版 1』東洋経済新報社.
黒岩恒（1889）「土佐南部諸島漫遊の所見」『地学雑誌』31, 376-380 頁.
高知県水産会（1930）『高知県漁業経済調査』高知県水産会.
高知県中土佐町（2001）『土佐のカツオ漁業史』高知県中土佐町.
白川静（2003）『孔子伝』中央公論新社（初刊：1972 年）.
新保輝幸（2007）「サンゴの海の生物多様性の経済評価──高知県柏島の海を事例として」『農林業問題研究』43(1), 42-47 頁.
新保輝幸・諸岡慶昇・飯國芳明（2005）「海のコモンズ・山のコモンズ（2）」『海洋と生物』27(6), 579-587 頁.
谷口洋基（2003）「座間味村におけるダイビングポイント閉鎖の効果と反省点──「リーフチェック座間味村」の結果より」『みどりいし』14, 16-19 頁.
多辺田政弘（1990）『コモンズの経済学』学陽書房.

玉野井芳郎（1990）「コモンズとしての海」鶴見和子・新崎盛暉編『地域主義からの出発』〈玉野井芳郎著作集　第3巻〉学陽書房，231-238頁（初出：『南島文化研究所所報』27，1985年）．
友野哲彦（2010）「高知県柏島の海のレクリエーション価値評価」『環境保全と地域経済の数量分析』兵庫県立大学政策科学研究所，82-92頁．
中田八束（1957）『大内町史』高知県幡多郡大内町役場．
中坊徹次編（2000）『日本産　魚類検索　全種の同定　第二版』東海大学出版会．
中村尚司・鶴見良行編（1995）『コモンズの海』学陽書房．
野島哲（2006）「造礁サンゴの個体群生態」菊池泰二編『天草の渚──浅海性ベントスの生態学』東海大学出版会，240-274頁．
浜本幸生（1997）「漁協によるマリン・レジャーの管理・調整の必要とその合理性」浜本幸生・田中克哲『マリン・レジャーと漁業権』漁協経営センター，15-24頁．
原田幸子・婁小波・新保輝幸・石田恭子（2007）「沿岸域のダイビング利用と管理問題──沖縄県座間味村を事例として」新保輝幸『サンゴの海のワイズユースをめざして──海洋環境資源の最適利用と資源管理に関する生物学的・社会科学的研究』（平成16-18年度科研報告書増補改訂版），133-144頁．
原田幸子・婁小波・新保輝幸・工藤貴史（2005）「沿岸域の多面的利用と管理主体のあり方に関する一考察──沖縄県恩納村の取り組みを事例に」『日本沿岸域学会研究討論会2005講演会論集』18，82-87頁．
平尾道雄（1955）『土佐藩漁業経済史』高知市立市民図書館．
平田智法・山川武・岩田明久・真鍋三郎・平松亘・大西信弘（1996）「高知県柏島の魚類相──行動と生態に関する記述を中心として」『高知大学海洋生物教育研究センター研究報告』16，1-177頁．
広谷喜十郎（1967）「幡南地方の漁業経済史研究序説」『土佐史談』117，54-59頁．
深見公雄（2005）「サンゴ礁生態系の物質循環において微生物はどのような役割を果たしているか」『海洋と生物』27(6)，572-578頁．
吉田東伍（1908）『大日本地名辞書第二版』富山房（初版：1901年）．
Feeny, D., F. Berkes, B. J. McCay and J. M. Acheson (1990) "The Tragedy of the Commons: Twenty-Two Years Later," *Human Ecology*, 18 (1), pp.1-19.（田村典江訳「「コモンズの悲劇」──その22年後」『エコソフィア』1, 67-87頁，1998年）
Hardin, G. (1968) "The Tragedy of the Commons," *Science*, 162(13), pp.1243-1248.
Ostrom, E. (1990) *Governing the Commons: The Evolution of Institutions for Collective Action*, Cambridge University Press.

第 2 章
沿岸海域の「共」的利用・管理と法

緒方賢一

　ギャレット・ハーディンの指摘した「コモンズの悲劇」の対象は共有地であったが（Hardin 1968）、沿岸海域もまた、漁業等生産の場、あるいはレジャーの場として人間社会と密接な関係をもち、関係者が多数存在する共通の空間であり、また慣習の存在もあって、コモンズ論の議論の有力な検討対象となっている。[1]

　本章では、沿岸海域の利用と管理について利用競合が起こる場合と逆に利用が過少になる場合について高知県を例にとってその実態を明らかにし、法社会学的な観点から沿岸海域の「共」的利用と管理のあり方について検討する。利用競合が起こる場合においても過少利用に陥っている場合においても、いずれにせよ沿岸海域の適正な利用と管理のためには当該地域の関係者の合意による秩序形成が求められる。

1．沿岸海域における海の利用の競合関係

（1）　沿岸海域利用の二重性
　沿岸海域は伝統的にはその海域を地先の海とする漁村（漁業集落）によって利用、管理されてきた。農山村において集落の後背地の山林や原野等を薪炭草木の採取の場や家畜の放牧地として慣習に基づいて共同利用することを「入会（いりあい）」というが、地先の海の共同利用もまた入会にほかならなかった。陸域の入会が明治以降の近代化の過程で民法上の「入会権」として認められたのと同様

に、海域の入会についても漁業法上の「漁業権」として認められ、現在では「共同漁業権」となっている。共同漁業権の法的性質については学説上の対立があり（第4節（1）で詳述）、また権利の具体的内容も多様性を有しているため、その全体像を容易に示すことはできないが、日本中のほとんどの沿岸海域に共同漁業権が設定され、漁業者が日々権利を行使し漁業を営んでいる。こうした共同漁業権の沿革や入会権的性質、あるいは漁業権とは異なるレベルで存在する漁村民の総有的漁業の実態に注目し、沿岸海域における入会漁業的な利用と管理をコモンズとして捉え、再評価する見解がある（家中2001；三俣他編2008, 37-46頁）。たしかにそのような見解が妥当する地域も存在するし、コモンズとして旧来の入会慣習を再評価することには一定の意義がある。

　沿岸海域には伝統的な入会漁業を引き継ぐ共同漁業権等の漁業権が私権として存在しているが、海域は陸域と異なり私的所有の対象とならず、誰もが自由に利用できる。例えば海釣り等の遊漁は誰でも行うことができるし、また近年では新しい海のレジャー的利用も行われるようになっており、従来とは異なるこれらの海の利用は、旧来のタイトなローカルコモンズとしての漁業入会に含まれないのはもちろんのこと、漁業集落の慣習に従って行われているわけでもない。旧来のコモンズを検討するだけではこうした新しい状況はみえてこないし、対応策を検討することもできない。新たな利用者も存在している空間として沿岸海域を捉えることが必要である。

　こうした問題意識から沿岸海域をコモンズと捉え検討する際、法的観点からみると、誰もが自由にアクセスできる公物としての沿岸海域と、私権としての漁業権が設定されている沿岸海域という2つの面があり、両者が同一空間内に併存するかたちで立ち現れてくる。法的な面での二面性あるいは二重性は、新旧利用者のそれぞれが依って立つ法的根拠となって問題がさらに複雑化する原因にもなっており、現代的な状況として新旧利用者の競合関係の調整という課題が一部沿岸海域にはある。

（2）　漁業的利用とレジャー的利用の競合

　沿岸海域においては、公物としての海の自由使用を前提とし、そこに共同漁業権等の漁業権が設定されているというのが法的外見である。オープン・アク

第 2 章　沿岸海域の「共」的利用・管理と法

セスな空間として沿岸海域を捉え利用するものに、海水浴やサーフィン、海釣り等のマリンレジャー、マリンスポーツ的な利用がある。酸素ボンベを使って海中に潜り、サンゴ、海藻（海草）、魚等の海洋性生物を鑑賞したり写真に撮影したりして楽しむスキューバ・ダイビングもそうした新しい海の利用法の1つである。国内のスキューバ・ダイビング人口は推計で50万人とも100万人以上ともいわれ（須賀 1999, 3頁；海上保安庁救難課 2004, 4頁）、南西諸島のサンゴ礁が多くある島嶼等においてはダイバーが好んで鑑賞する美しい海中景観が新たな観光資源となって地域経済に貢献しているところも多い。しかし、人気のあるダイビングスポットを抱える地域の中には、年間数万人ものダイバーが訪れ漁業の操業区域内でダイビングを行うなどの行為によって地元漁業者とトラブルになっているところもある。

　高知県内で有名なダイビングスポットを抱える地域に幡多郡大月町柏島地区がある。柏島はもともとハマチやマグロの養殖業、イサキ等の一本釣漁、ブリの飼付漁等の漁業が盛んな地区であるが、マリンスポーツ、マリンレジャーブームの流れに乗って1990年代からスキューバ・ダイビングが盛んに行われるようになり、今日では西日本有数のダイビングスポットとして関係者の間では有名な存在となっている。柏島周辺には、ダイビングのガイド、ダイビング用器材のレンタル、ダイビングポイントまでの船での案内等を業とするダイビングサービス業者が数多く存在している。ダイビングが盛んになるに従い、漁業者側から魚が逃げる、漁船の航行の邪魔になるといった苦情がダイバー側に寄せられるようになった。このためダイビング業者側が同業者団体を作り、漁協と交渉しダイビングスポットの位置や利用期間等について取り決めをして、両者間の利用関係の調整が行われるようになったのであるが、ダイビング業者間の利害対立等に起因する同業者団体の分裂、離合集散が絶えないことや、漁協が広域合併したため交渉相手が地元漁協ではなくなったことなどもあって、利用調整がスムーズにいかない状況が続いている。

　ダイビングスポット利用をめぐるダイビング事業者や顧客と漁業者との競合関係から生じる軋轢について、訴訟にまで至った著名なケースとして大瀬崎ダイビングスポット訴訟がある。静岡県沼津市大瀬崎地区では、1980年代からダイビング客が急速に増加し、漁業者とのトラブルが多くなったため、1985年9

月に大瀬崎を利用するダイビング業者13名が大瀬崎潜水利用者会（後に「大瀬崎潜水協会」に改名）を組織し、沼津市水産課と地元自治会代表の立会いの下に、「ダイビングスポット」海域を指定し、それ以外の海域での潜水を禁止するとともに、資源保護および漁業妨害の防止のために各海域での潜水時間を制限することなどを内容とする協定を漁協と結んだ。協定は毎年更新され、協定に基づきダイビングスポットを利用するダイバーは漁協が交付する「潜水整理券」を購入してダイビングを行うこととなっていた。購入費は1日1人当たり340円であり、潜水協会の運営費、地元漁業会（合併前の旧漁協の構成員で構成される地元入会集団）への整理券販売委託費、定置網設置業者への漁業補償、ダイビングスポットを示すブイの設置費、安全対策費および遭難対策費、漁業振興費として、それぞれ配分されていた。

　訴訟はこの潜水整理券を購入してダイビングスポットを利用していた業者が原告となり、整理券の販売による潜水料の徴収は詐欺による不法行為だとして漁協を相手どって起こしたものであった。1審は原告敗訴、2審は原告一部勝訴（不当利得に基づく請求を認容）となり、最高裁判決は破棄差戻しとなって、最終的に差戻し控訴審で原告が敗訴し、確定したものである。上告審（最高裁）で漁協側は、潜水整理券による料金の徴収は、漁業権侵害の受忍料である、または「一村専用漁場」の慣習に基づく「地先権」によるものであると主張したが、最高裁は漁協側の主張について判決で言及せず、不当利得の成立にかかる漁協とダイビング業者の間の合意の有無が問題であり、それについて審理を尽くさせるためとして破棄差戻しの判断を下した。漁協側が主張した地先権と漁業法上の漁業権の異同、あるいは重複の度合いについて判決は何も語らないが、漁業者とダイビング業者の間でなされた合意について一定の拘束力を認め、なにがしかの秩序が当該地域に形成されている実態を裁判所も認めたとはいえる。原告以外の多くのダイビング業者が納得して潜水整理券を購入したのはなぜかといえば、地元漁業者の「我々の海」意識に基づく海の管理者として自覚があったために協定が漁業者の私的な利益追求に終わらなかったことが大きいと思われる。漁業権ないし地先権を根拠として、関係者が合意の上で協定を作り出すことで地域における秩序形成を可能にしうるということを大瀬崎の事例は示している。

第 2 章　沿岸海域の「共」的利用・管理と法

　柏島や大瀬崎のように、旧来の利用者と新規の利用者の競合が起こる場合、沿岸海域においては両者が依拠する法的な基盤が異なっている。一方はオープン・アクセスな海を自由使用していると考え、他方は漁業権に基づいて海を自分たちの漁場と認識している。両者の認識の違いは軋轢を必然的に生じさせるが、これを包摂する実定法の枠組みはなく、新たな自主的な規範作りが必要になる。柏島では、ダイビング事業者団体の離合集散が続いたことや漁協の合併等によって漁協の指導が十分に行きわたらないことなどが要因となって、両当事者間の合意形成ができない状況に陥っている。海の利用秩序が形成されているとはいい難い状況にあり、大瀬崎のような漁業権ないし地先権に基づく合意形成が常になされるわけではないことを示す結果となっている。

　当事者間の合意形成による「地域共同秩序」（池田 2003, 511 頁）をどのようにすれば作り出せるのか。容易に回答は見出し難いが、地域における秩序形成を伴うルールは、当事者同士のみの契約というかたちではなく、地域社会や地方自治体といった第三者が加わったかたち、あるいは第三者が主体となってルールを作ることが有効と思われる。柏島においても地元住民等の業種を超えた有志が集まり「島おこしの会」を作り、島の様々な問題について話し合い問題解決に向け努力している（緒方 2006, 166 頁）。また、「島おこしの会」と NPO 法人黒潮実感センターが中心となって、強制力を伴うものではないが、漁業者も島の住民もダイビング関係者も、島に関わるすべての人が守るべき規範として「里海憲章」を作ろうという動きもみられた。[6]何らかのルールを、漁業者もダイビング業者も含めた地元の総意で示すことができれば、海の利用と管理に関する利用秩序の形成の起点となるのではないか。

（3）　**利用競合の原因**

　沿岸海域において競合が起こった場合の利用調整について、法的に解決できる道筋は容易にみえてこないが、柏島の海の利用競合ないし過剰利用がなぜ起こったのかということも検討しておく必要がある。もちろん、柏島海域に資源としての魅力があり、新たな利用者が当該海域に魅力を感じて参入してきたことによって従来の漁業者の利用と競合したという図式がわかりやすいが、実際に利用競合や過剰利用は生じているのか。

	1960	1975	1980	1985	1990	1995	2000
人口	1321	919	848	750	666	596	570
世帯数	304	263	262	242	240	221	217
1世帯当たり人数	4.3	3.5	3.2	3.1	2.8	2.7	2.6
漁協組合員数	233	220	217	206	188	178	168

表2-1　高知県幡多郡大月町柏島地区の人口、世帯数および柏島漁業協同組合員数の推移
2000年の漁協組合員数は1999年のもの。
出所：柏島漁業協同組合業務報告書および大月町提供資料より作成

　表2-1は柏島集落の戸数、人口および柏島漁業協同組合の組合員数の推移である。1960年から2000年までの40年間に、人口は半分以下に、世帯数および漁業協同組合員数は2/3にまで減少している。さらに柏島漁協は2001年に宿毛市、大月町の16の漁業協同組合が合併して誕生した「すくも湾漁業協同組合」（以下本章では「すくも湾漁協」とする）の柏島支所となり、漁協としては消滅した。柏島がダイビングスポットとして有名になっていくのは1990年代以降であるが、その前に柏島は集落として急激な縮小を経験しており、90年代以降近年にかけては漁業者の減少による漁船の減少、漁協の合併による魚市場の消滅等があり、一方でダイビング事業者が増加しダイバーその他の観光客等が地域にみられるようになって、集落における漁業的色彩がしだいに薄まってきている。

　利用競合というと、新規利用者が旧来の利用者を押しのけるように入ってきて過剰な利用が行われるといったことが想像されがちであるが、柏島の場合、ダイビングが漁業を押しのけるのではなく、漁業の間隙を埋めるようにして参入してきたとみるほうが適切と思われる。柏島にあるダイビング業者には地元出身者と外部からの参入者があるが、地元の業者にはもと漁業、あるいは先代は漁業だったという業者もおり、その意味では漁業者が後退した部分の一部がダイビング業者に入れ替わったともいえる。柏島の海で、漁業者とダイビング事業者（およびダイバー）の間で海域の利用競合が起こっていることは事実であるが、両者の総体としての海の利用が以前と比べ過剰になってきているかといえばそうともいい切れない。最近まで漁協によって制限されたスポットにダイバーが集中し、スポット周辺のサンゴが折られるなどの被害が出ていたようであるが、柏島海域全体にそのような被害が起こっているわけではなく、ダイ

バーによるスポット利用回数を減らしたり、漁業を差し控えてダイビングスポットとする海域を増やしたりすることで過剰利用は防ぎうるものとみられる。

とはいえ、異なる目的を持つ二者が同一の海域を利用するという意味で競合が起こっていることは間違いがない。加えて、減少する一方であった漁業側については近年マグロをはじめとした養殖漁業が脚光を浴び、柏島を含む宿毛湾周辺は養殖漁業に活路を見いだしつつある。今後、養殖漁業が現在以上に隆盛になれば漁業的利用における過剰利用が起こる可能性がある。また、漁業的利用とレジャー的利用の競合がさらに激しくなってダイビングスポット等の過剰利用が起こる可能性もあり、引き続き動向を注視していく必要がある。

柏島の海の利用競合が起こった背景に漁業集落・漁業的利用の弱体化があるとみられるが、もし、柏島地区が純粋に漁業集落的性格で、柏島海域の利用において漁業的利用が支配的であったとすれば、今日のような問題状況は生じたであろうか。柏島地区が漁民の割合が極めて高い純然たる漁業集落であれば、漁業集落の論理による地先の海の利用秩序形成が可能であったと思われ、また、漁業が柏島海域全体を覆っている状況でほかの新規参入の余地がなければ、漁業権そのものに基づく地先の海の利用秩序形成が可能であったと思われる。高知県内にも漁業集落としての色彩が極めて濃い漁業集落はあり、そういう地区においては例えば遊漁船の営業について事実上集落でコントロールするなど、集落規制と漁業権が相俟って地域の海の利用秩序が確立されている地域もある。しかし、現実には多くの漁業集落で漁業的色彩が年々薄まってきており、集落の慣習、あるいは漁業入会の総有的規制による海の利用秩序形成は難しくなっているものとみられる。

2．高知県漁業の概況と漁業協同組合の大規模合併

（1）　高知県漁業の概況

　高知県は北を四国山地、南を太平洋に囲まれた山と海の県である。土佐湾の沖を黒潮が流れるため好漁場が多く、古くから漁業が盛んに行われてきた。全国的にも有名な漁業として、かつては捕鯨があり、現在でも、カツオ一本釣漁やマグロ延縄（はえなわ）漁は全国有数の実績を誇っている。平成20（2008）年の全国の漁

業種類別漁獲量のうち、高知県は沿岸カツオ一本釣漁獲量が6800ｔで全国1位、マグロ延縄漁獲量が1万9500ｔで全国3位となっている。同年の高知県の海面漁業全体の漁獲量は9万7000ｔで、都道府県別で13位となっている。平成20年の漁業種類別漁獲量では、カツオ一本釣、マグロ延縄のほか、定置網1万9300ｔ、中・小型まき網1万5200ｔ、ひき縄釣9100ｔとなっており、また海面養殖業の収穫量は1万6900ｔとなっている。遠洋・近海漁業、沿岸漁業、海面養殖業がバランスのとれたかたちで行われている。

しかしながら、高知県の漁業が非常に厳しい状況にあることもまた事実である。高知県内の漁業従事者数および漁業経営体数の推移を漁業センサスから示すと、1988（昭和63）年から2008（平成20）年までの20年間で従事者数が1万227人から4905人へと半減しており、経営体数も4770経営体から2761経営体へと40％以上減少している。漁業従事者数については、特に、働き盛りであり漁業の中心を担う40〜59才男性の従事者数が4991人から1665人へと大幅に減少している。20年間で中心的な漁業従事者が1/3にまで減ってしまったことになる。漁業における担い手の不足と高齢化が非常に深刻になってきている。従事者数および経営体の減少は当然、漁獲量、生産額に直接影響を及ぼしている。高知県農林水産統計年報によると1988年から2008年までの20年間で、漁業・養殖業の生産量の合計は15万8772ｔから11万2939ｔへと29％減少し、生産額も798億7200万円から487億1600万円へと39％減少している。従事者数の減少の割合ほどは大きくないものの右肩下がりで減少を続けており、早期に回復するという展望もなく今後ますます厳しい状況になっていくものと予想される。

（２）　漁業協同組合の大規模合併

　漁業を取り巻く情勢は厳しさを増し、個別経営体（漁家等）のみならずその連合体である漁業協同組合の財務状況をも悪化させている。漁業協同組合は水産業協同組合法に規定される法人であり、漁村において漁業に必要な物資および生活物資の共同購入を行う購買事業、漁獲物の販売を行う販売事業、必要な資金を組合員に融通する信用事業、共済事業（保険）等を行う、漁業者の拠り所となる経済団体である。また、漁業法上の共同漁業権等の漁業権の免許を受

第 2 章　沿岸海域の「共」的利用・管理と法

ける漁業権管理団体としての性格も併せ持っている。

　漁業を取り巻く情勢が厳しさを増していくなかで、経済団体としての漁協はその規模を拡大することによって経営上の体力強化を図ることを迫られ、合併による規模拡大・広域化が顕著に進んでいる。高知県においても、近年漁協の大規模合併が相次いで行われた。2001 年には県内漁協を 7 漁協にしようという動きの中で、柏島漁協を含む 16 漁協が合併しすくも湾漁協が発足した（先述）が、合併促進の動きはさらに加速し「高知県一漁協推進委員会」が立ち上げられた。[11] 委員会は 2007 年 6 月に「合併及び事業経営計画書」をとりまとめ、最終的に 25 の漁協が合併するかたちで高知県漁業協同組合（以下本章では「高知県漁協」とする）が 2008 年 4 月 1 日に発足した。発足当初の組合員は 6782 名（うち正組合員 4008 名（法人 54 を含む））、総代 100 名、理事 10 名（うち常勤 7 名）、監事 4 名、職員 170 名の体制であった。[12] 設立目的は、効率化、スリム化、規模の利益のメリットを生かす、流通ルートの開拓等である。発足後、その目的に沿ったかたちで、全漁連から直接軽油を仕入れるために軽油引取税に係る「特定業者」の指定を受ける、魚価維持のための市場での入札に参加する、直販所「海の漁心市」（2 店舗）を設置する、県内スーパーとの直接取引を行うなど、次々と事業展開を行った。[13] 第 1 事業年度（2008 年 4 月〜2009 年 3 月）の経常利益は 9200 万円、販売事業売り上げは 79 億円あまりとなった。

　漁業協同組合が合併する際、もっとも問題になるのは漁業権管理団体の側面、すなわち漁業権をどうするかである。共同漁業権は漁業協同組合および漁業協同組合連合会に免許されるが、免許は「関係地区」ごとになされる。関係地区は漁業集落と重なるのが通例で、漁協が集落ごとに設立されていれば 1 つの関係地区に 1 つの漁協があり、集落、関係地区、免許および漁協がぴったり重なるのであるが、漁協が合併する場合に漁業権や関係地区も合併するかどうかという問題が生じる。共同漁業権は歴史的経緯から漁業集落の権利であるという意識が一般に強く、漁協の合併時に漁業権も合併することに対する抵抗が根強い。このため、漁協合併の際、旧漁協ごとに関係地区を残し、共同漁業権について従来通り存置する漁協が多く、漁業協同組合合併促進法および漁業法もそのような手続が可能な法律構成をとっている。合併によって経済団体としての漁協は 1 つになり、規模のメリットを発揮できるようになるが、漁業権管理団

体としての漁協は事実上旧漁協ごとのままに残り、結局のところ旧来の漁業集落ごとに関係地区が残され、共同漁業権が地区ごとに免許されることになる。大規模合併によって誕生したすくも湾漁協、高知県漁協とも、共同漁業権は旧来の関係地区ごとに免許されている。

(3) 漁協合併への参加目的

　高知県漁協は25の漁協が合併して発足した。合併に参加した各漁協の参加理由は、主として合併による規模拡大の経済的効果、漁協の経営上の安定を求めてというところにあるとみられるが、そればかりが理由とはいえない。合併に参加したA漁業協同組合（以下本章では「A漁協」とする）を例にとってみてみる。

　A漁協は2007年8月の臨時総会における議決でいったんは合併案を否決したが、同年12月に再び決議を行い、可決し、2008年4月の高知県漁協発足時からA支所となった。筆者は2009年11、12月にA支所を訪問し、A漁協時の組合長をはじめ関係者に聞き取り調査を行った。元組合長によれば、合併決議が可決された理由は、水揚高の低迷等経営的な要素もさることながら、組合員の減少と高齢化が進み次世代の新規就業も望めないことから、近い将来漁業協同組合としての要件を満たせなくなることが懸念されたことが大きいとのことであった。

　A漁協は1949（昭和24）年の発足当時、正組合員133名、準組合員32名、計165名の組合員がいたが、合併直前には正組合員39名、準組合員54名、計93名にまで減少していた。特に正組合員数の減少が顕著である。表2-2は、支所提供資料および聞き取りから得られた情報をもとに、実際に漁業に従事している組合員の年齢構成を表したものである。2009年の29名のうち65歳以上が23名となっており、A支所で漁業を行っている人の約8割が65歳以上の高齢者である。組合員数が11年間で2/3に減っていること、現在65歳未満の漁業者がわずか5名であることから考えれば、元組合長の懸念は十分理解できる。水産業協同組合法上、漁業協同組合の正組合員であるためには年間90〜120日以上（組合が定款で定める）漁業に従事する必要があり、正組合員が20名（業種別組合では15名）未満になると組合は解散すると規定されており[14]、A漁協は合

年齢	80歳以上	80〜75	75〜70	70〜65	65〜60	60〜50	50〜40	40未満	不詳	計
1998年8月	1	4	9	12	9	4	4	0	0	43
2009年12月	6	7	9	1	0	4	1	0	1	29

表2-2　高知県漁業協同組合A支所（A漁協）において漁業に従事する組合員の年齢構成
出所：高知県漁業協同組合A支所提供資料より作成

併直前の時点で近い将来漁協としての存続が危ぶまれることが確実視される状況にあったのである。

A漁協のような組合員数・年齢構成の漁協は高知県内でそれほど特異な存在ではない。2005年の県一漁協構想の中で合併候補となった42漁協のうち、正組合員数が50名未満の漁協は11、50名以上100名未満の漁協が13あり、過半数の漁協が2桁の組合員数となっている。2005年のA漁協の正組合員数は39名であったが、A漁協より正組合員数の少ない漁協は9あった。高知県漁協の2008年度事業報告書によれば、正組合員数は4008名であり、合併前の1組合当たり平均数は160名であるが、A漁協より規模の小さい漁協も合併しており、A漁協のような理由で合併に参加した漁協も複数存在する模様である。

3．過少利用による共同漁業権の権利内実の空洞化

（1）　共同漁業権の推移

表2-3は、高知県における共同漁業権の免許数の推移である。前節で示した通り、高知県においては漁業協同組合の合併が近年急速に進み、2011年12月現在、県内の海面漁協は22となっているが、関係地区ごとに漁協に免許される共同漁業権に大きな変化はない。特に第1種共同漁業権は、免許数とともに免許の境界についても変化がない。高知県広報によると、第1種共同漁業権について、1993（平成5）年と2003（平成15）年の免許更新時の位置・区域は、漁業権の分割によって増加した部分を除いてすべて同じである。共同漁業権はそもそも漁村の入会集団的な利用を権利として構成したものであるので、漁業集落もしくは漁業入会団体に変化がない限り変化することがないのはある意味で当然のこととも言えるが、例えば漁業者、漁船数の減少や漁法の変化といっ

		1979.3.1	1984.1.1	1989.1.1	1994.1.1	1999.1.1	2004.1.1	2009.1.1
第1種		90	85	87	85	85	91	91
第2種	小型定置を除く	84	85	87	85	85	91	91
	小型定置漁業	149	140	138	129	129	120	120
	小計	233	225	225	214	214	211	211
第3種	地びき・船びき網漁業	42	39	41	40	40	31	31
	飼付漁業	21	33	33	33	33	33	33
	つきいそ漁業	286	309	313	315	314	314	314
	小計	349	381	387	388	387	378	378
計		672	691	699	687	686	680	680

表2-3　共同漁業権の免許数の推移（高知県）

出所：高知県漁業管理課提供資料より作成

漁業権番号	漁業の種類	資格	備考
共第1＊＊＊号	いせえび漁業 あわび漁業 とこぶし漁業 さざえ漁業 てんぐさ漁業 ふのり漁業 あまのり漁業	個人である組合員とその家族であって、Aに住所を有する者	第1種
共第2＊＊＊号	いせえび磯建網漁業 いそうお磯建網漁業	個人である組合員であって、Aに住所を有し、現に漁具を有し、自己により経営する者	第2種
	とびうお漁業 きびなご漁業	個人である組合員であって、Aに住所を有し、自己により経営する者	
共第2＊＊＊号	小型定置漁業	個人である組合員であって、Aに住所を有し、現に漁具を有し、自己により経営する者	
共第2＊＊＊号	小型定置漁業		
共第2＊＊＊号	小型定置漁業		
共第3＊＊＊号	つきいそ漁業	個人である組合員	第3種
共第3＊＊＊号	つきいそ漁業		
共第3＊＊＊号	つきいそ漁業		
共第3＊＊＊号	つきいそ漁業		

表2-4　高知県漁業協同組合A支所の共同漁業権（2008年）

出所：高知県漁業協同組合A支所共同漁業権行使規則（2008年）より作成

た集落における漁業の実体は常に変化しているのであり、その変化をみえなくさせているともいえる。

第2章　沿岸海域の「共」的利用・管理と法

漁業権番号	漁業の種類	資格	備考
共第1＊＊＊号	いせえび漁業 あわび漁業 とこぶし漁業 さざえ漁業 まあなごう漁業 てんぐさ漁業 ふのり漁業 あまのり漁業	個人である組合員とその家族であって、Aに住所を有する者	第1種
共第2＊＊＊号	いせえび磯建網漁業 いそうお磯建網漁業 雑魚ます網漁業	個人である組合員であって、現に漁具を有し、自己により経営する者	第2種
	かます漁業 とびうお漁業 きびなご漁業	個人である組合員であって現に漁具を有し、自己により経営する者	
共第2＊＊＊号	小型定置漁業	個人である組合員であって、現に漁具を有し、自己により経営する者	
共第2＊＊＊号	小型定置漁業		
共第2＊＊＊号	小型定置漁業		
共第2＊＊＊号	小型定置漁業		
共第2＊＊＊号	小型定置漁業		
共第3＊＊＊号	俵もたれつきいそ漁業	個人である組合員であること	第3種
共第3＊＊＊号	つきいそ漁業		

表2-5　A漁業協同組合の共同漁業権（1983年）
出所：A漁業協同組合共同漁業権行使規則（1983年）より作成

（2）　共同漁業権の権利内実の空洞化

　高知県内の共同漁業権の数および境界にはほとんど変化がないが、各共同漁業権の内容はどうか。高知県漁協A支所の共同漁業権を例にとってみてみよう。表2-4にみる通り、A支所の関係地区には第1種共同漁業権1、第2種共同漁業権4、第3種共同漁業権4の計9の共同漁業権が免許されている。
　表2-5は、A漁協時代の共同漁業権（1983年）である。1983年と2008年を比べると、第2種共同漁業権については漁業の種類の減少、第3種共同漁業については漁業の名称の変更と種類の増加等、若干の変化がみられるが、第1種共同漁業権についてはほとんど変化がなく、また、3種の漁業すべての資格についても文言の修正等はあるが内容についてはほとんど変化がない。元組合長

によると、第1種共同漁業の中で指定されている漁業のうちいくつかは、不漁が続き現在では事実上行っていないものもあるという。しかし、近年は行っていないが将来その種の漁業が行われる可能性がある漁業の種類については、リストから外さず残してあるとのことであった。

　高知県漁協A支所（A漁協）の漁業権行使規則は、1983年、2008年とも附則を含め12条からなっており、条文構成はすべて同じである。各条文内の文言も、漁業権番号や漁法、漁期といった部分以外は変化がない。共同漁業権の存続期間は10年であるので、漁業権行使規則も10年ごとに新たなものが作られることになるが、A地区の漁業権行使規則は、少なくとも25年間、変更する機会が何度かあったにもかかわらず、まったくといっていいほど変更されていない。

　漁業権行使規則は関係地区ごとに定めるが、実際には行政庁の指導等があって作成されているため独自の規定というのはもともと少ない。しかし、魚種や資格の具体的な内容については地区の自主決定によるところであり、そこにも変化がないということは何を意味するのか。安易な断定は慎まなければならないが、変化がないということは変える必要がないということを意味し、必要がないのは改訂の際に従前の規則からはみ出る部分がないから、とはいえそうである。現在は行わなくても、将来行われる可能性がある漁業については残してあるとの元組合長の言葉にあるように、権利としていったん掲げられたものをあえて削除する必要はなく、権利を自ら放棄するようなことを普通はしないと考えられる。その結果A地区の行使規則に掲げられている漁業と現実に行われている漁業にはずれがあり、そのずれは現実に行われている漁業の種類のほうが常に少ないといえる。ここに権利内実の空洞化がみえてくる。

　共同漁業権の数、免許の範囲（境界）および行使規則内の権利の具体的内容をみてきたが、少なくとも20年以上にわたって大きな変化がないことが確認できた。一方、漁業・漁村を取り巻く状況は大きく変化し、漁業者の減少および漁業の縮小傾向は顕著である。漁協の広域合併等によりその傾向はみえにくくなってはいるが、権利の外形は従前のまま存続しながら、その具体的内実が減少し、消滅に向かっている。共同漁業権の権利内実の空洞化が高知県の沿岸海域の一部において確実に進行しているのである。

4．漁業権行使規則に基づく沿岸海域の利用と管理

（1） 漁業権の沿革および共同漁業権の性質

　特定の海域あるいは河川流域等において漁業を排他的に営む権利が漁業権であるが、漁業権は1901（明治34）年の漁業法によってはじめて法律上の権利として規定され、1910（明治43）年の漁業法（以下本章では「明治漁業法」とする）によって物権とみなすとされた。共同体による地域資源の共同利用には、森林や牧野等を村落共同体が利用するものもあり、これらについては1896（明治29）年の民法で入会権（263条、294条）として認められたが、沿岸海域の入会的な利用は民法上の入会権とは切り離したかたちで漁業法上に漁業権として規定された。沿岸海域の漁業集落の地先の海の利用については、専用漁業権として漁業集落ごとに作られる漁業組合に免許されたが、その実態は明治以前から続いてきた「磯猟は地附根附次第也」といわれるいわゆる漁業集落による地先の海の入会的利用を近代的な法体系の中に引き写したものであった。[(15)]

　現行漁業法上の共同漁業権は、明治漁業法上の地先水面専用漁業権を引き継いだものであるが、専用漁業権がそのまま今日の共同漁業権になっているわけではない。1949（昭和24）年の現行漁業法の公布時に明治漁業法は廃止された。第2次世界大戦後の民主化の過程で、旧来の非民主的社会関係を含んだ漁業権をそのまま継続することは許されず、明治漁業法によって免許されていた漁業権は債権化して廃止し、現行漁業法による新たな漁業権が漁業協同組合その他に免許された。共同漁業権は専用漁業権の性格を引き継ぐものであったし、両者ともに実質的に漁業集落の地先の海の入会的利用の根拠、というよりは外形となる権利であるが、まったく同じではない。また、実態としての漁業集落の地先の海の入会も、旧来の村落共同体の慣習そのものが今日もまったく姿を変えずに存続しているのではなく、明治漁業法によって漁業権として定義され、さらに現行漁業法によって切り替えられるなどして、その外形の変化を受けた内実として変化しながら存続しているとみることができる。そして現在、漁業協同組合に関係地区ごとの共同漁業権が免許されているのである。[(16)]

　共同漁業権は前述のような経緯をたどって今日の姿になっているのであるが、

その法的性質について社員権説と総有説の対立がある。社員権説は、共同漁業権は沿革的には入会権的な漁場行使の実態に基づいているが入会権をそのまま追認したものではなく、漁業法によって規定され漁業協同組合に免許されるものであるとする。社員権説における各組合員が行使する権利は、漁業協同組合という法人の一員として行使するものであってその権利の性質はいわゆる社員権的権利であるとする（佐藤 1978, 113-114 頁）。一方総有説は、江戸期にできあがっていた共同体総有の入会漁場という形態を明治漁業法上の専用漁業権とし、その性質を今日の共同漁業権が引き継いでいるものとする（我妻 1966, 386-391 頁）。両説について、最高裁 1989（平成元）年判決は「共同漁業権が法人としての漁業協同組合に帰属するのは、法人が物を所有する場合と全く同一であり、組合員の漁業を営む権利は、漁業協同組合という団体の構成員としての地位に基づき、組合の制定する漁業権行使規則の定めるところに従つて行使することのできる権利である」として社員権説をとった。この最高裁判決については法学研究者のみならず実務家等からも強い批判がなされている（浜本 1999）が、判例に変更はない。

　社員権説と総有説の主たる対立点は、共同漁業権が入会権的性質を有するか否かであるが、社員権説も沿革的に共同漁業権が入会権的性質を有し、それが 1962 年漁業法改正までは存続していたとは認めている。最高裁 1989 年判決も「現行漁業法の定める共同漁業権は、明治漁業法の専用漁業権及び特別漁業権を廃止して、従来の定置漁業権の一部とともに第一種ないし第五種の共同漁業権に編成替えされたものであり、沿革的には、入会的権利と解されていた地先専用漁業権ないし慣行専用漁業権にその淵源を有することは疑いのないところ」とし、1962 年改正前の漁業法 8 条は「漁民である組合員全員が「各自漁業を営む権利」を有するものとしていたところから、漁民による漁場管理というにいわゆる組合管理漁業権の本質を法的に表現したもので、組合が管理権限を持ち組合員がそれに従つて漁業を営む関係は陸における入会山野の利用関係と同じであり、組合員たる資格を有する漁民は各自漁業を営む権利を有するが、その行使方法を定款で定め、形式的、機械的にではなく、団体規制下に実質的平等に権利を行使させようとするものであるとの見解を容れる余地があつた」としている。

第2章　沿岸海域の「共」的利用・管理と法

　1962年の漁業法改正は、高度成長期における漁業の経済的地位の相対的低下等の問題への対応を主たる目的にしていた。改正の主要点は、漁業権制度の改正、漁業許可制度の改正、漁業調整機構に関する改正であった。共同漁業権に関しては、漁業権行使規則を導入し、行使規則に定める者にのみ行使する権利を与えることとした。それまでの漁業法8条で「各自漁業を営む権利を有する」としていたものを「漁業権行使規則又は入漁権行使規則で規定する資格に該当する者は（中略）漁業を営む権利を有する」と改めた。1962年改正における漁業権行使規則の創設理由は、政府委員によれば、組合管理漁業権（共同漁業権を含む）の行使方法について、旧8条の規定では各自行使ということで組合の定款の定めにより平等に行使できるものとされていたが、平等の行使では漁民の零細化を招くばかりであるので、「今後なるべく漁業を企業として考えていくというような場合には、そういう形でなくて、行使規則というものを作って、ある程度資格の制限等もする必要があるのじゃないか」ということで行使規則による権利行使の制限に途を開いた。たしかにそれまでの入会権的行使とは異なるかたちの権利行使のあり方を導入しうるとしたものであったが、すべての共同漁業権の入会権的性質を消滅させるということを意図していたわけではない。しかし最高裁は、「各自」の文言を削除し、行使規則による権利行使というかたちに変更し、権利の変更手続を特別決議にしたことなど、規定の一部変更をもって共同漁業権全体の性質が変化したとした。共同漁業権は通常数種類の漁業権が一括して関係地区ごとに免許される。地区の個別の事情によって特定の漁業権の行使者について制限を設けることは当然ありうる。しかし、どのような制限を設けるかを決定するのは関係地区ごとであり、その制限は従来の入会集団と重なる漁協組合員の集団が決定するのである。この意味で、共同漁業権の漁業権行使規則は法形式においても事実においても、入会権的な性質を残存させているといえる。あるいは、漁業権行使の内容を関係地区の自主決定に委ねるという点で、新たな入会的利用を規則として明文化したともいえる。従って、共同漁業権は今日においても入会権的性質を失ってはいないとみるほうが妥当である。

（2） 沿岸海域の利用状況と求められる管理ルール

　ここまで、沿岸海域の利用と管理について、主として高知県を例にとってみてきた。

　まず、例えばスキューバ・ダイビング等のレジャー的な海の利用と従来からの漁業による海の利用が競合するところで、地域共通の資源である海域の「共」的な利用をどのように創出していけるかという課題について検討した。大月町柏島での取り組みは、そうした利害の異なる関係者の「競合」がもたらす軋轢について、「里海憲章」という新たな利用秩序を確立することによって緩和ないし解消を図る試みであるといえる。資源の利用競合に対して立場を超えた「共」的な価値を設定し、そこで醸成される新たな価値観に基づくルール作りを志向するという方向性は、1つの可能性を示している。

　一方、本章でもっとも指摘したかったのは、利用競合や過剰利用ではなく、過少利用の問題である。例として高知県内のA地区を取り上げ、かつては漁業だけでも海を過剰利用していたような地区において、漁業者および漁業的利用の減少が急速に進んでいる現状をみた。A地区のように漁業資源の利用が過少になっているところでは、資源自体の減少もさることながら、むしろ利用者の減少によって利用がされなくなってきていることがその主たる原因とみること

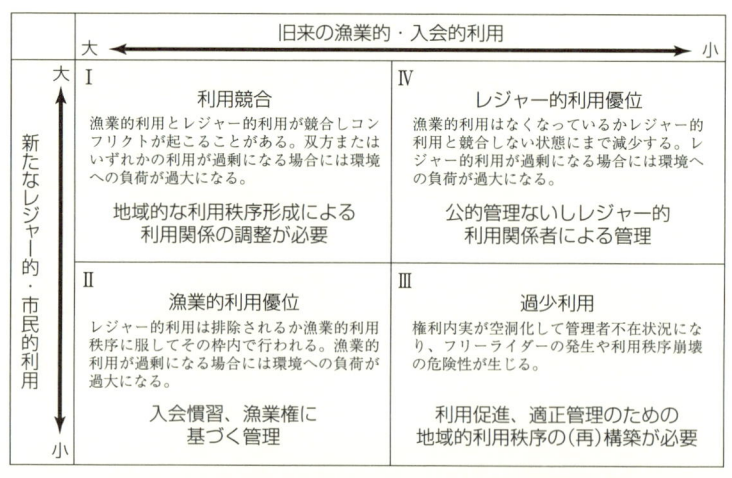

	旧来の漁業的・入会的利用	
	大 ←	→ 小
新たなレジャー的・市民的利用　大↑	**I　利用競合** 漁業的利用とレジャー的利用が競合しコンフリクトが起こることがある。双方またはいずれかの利用が過剰になる場合には環境への負荷が過大になる。 地域的な利用秩序形成による 利用関係の調整が必要	**IV　レジャー的利用優位** 漁業的利用はなくなっているかレジャー的利用と競合しない状態にまで減少する。レジャー的利用が過剰になる場合には環境への負荷が過大になる。 公的管理ないしレジャー的 利用関係者による管理
↓小	**II　漁業的利用優位** レジャー的利用は排除されるか漁業的利用秩序に服してその枠内で行われる。漁業的利用が過剰になる場合には環境への負荷が過大になる。 入会慣習、漁業権に 基づく管理	**III　過少利用** 権利内実が空洞化して管理者不在状況になり、フリーライダーの発生や利用秩序崩壊の危険性が生じる。 利用促進、適正管理のための 地域的利用秩序の(再)構築が必要

図2-1　沿岸海域の現代的利用状況と求められる管理ルール

ができる。そこには従来からそこにある権利だけが残り、権利の内実が空洞化しているのである。

　沿岸海域のコモンズ的利用とそれに対応するルールについてまとめると、図2-1のようになる。ⅡおよびⅣは既存の法律等による利用と管理が可能な領域であり、ⅠおよびⅢが地域における新たな秩序形成のためのルールが求められる領域である。コモンズ論がこれまで主として課題とし、検討してきたのはⅠないしⅡの部分であり、本章においてもⅠの課題については柏島を例に検討した。しかし、高知県の沿岸海域の利用状況全般をみたとき、より検討が必要であり、喫緊の課題となっているのはⅢの部分である。利用者がおらず、権利内実が空洞化し、権利の形骸が桎梏となって利用が進まず、適正な管理が危ぶまれているところである。

　沿岸海域の利用を考える際、効率的で適正な利用を実現するためには一定の管理が必要になる。沿岸海域の海の管理には、漁港等施設の整備、密漁の監視、藻場の育成、魚礁の設置、種苗の放流等、海を漁場として利用するのに必要な管理もあれば、遭難者の救助、海岸の清掃、海中の自然環境の維持といった必ずしも漁業的ではない管理もある。こうした管理は、漁業的であるかないかを問わず、これまでは主として漁業集落の漁民、漁協の組合員が行いそのためのコストも負担してきた（公的負担ももちろんある）。漁業的利用と表裏一体のものとして管理が行われてきたのであるが、利益が上がらなくなって利用が減ったときでも、利用に直結しない管理は依然として必要である。適正管理を維持していくために利用の回復を図ることがまず求められるが、回復しない場合の管理をどうするか、コストをどう負担していくのかという視点からも検討しておく必要がある。

　高知県には、漁業集落や漁船の停泊する港が100強あり、また先述のように共同漁業権の関係地区が91ある。海岸の延長は700km強であるので、およそ7～8kmごとに共同漁業権が設定され、港をもつ漁業集落の漁業者が漁業権に基づき地先の海を利用し、管理している。権利内実の空洞化はA地区以外にも複数の地区ですでに顕在化しつつあり、長期的にはさらに増える可能性が高い。権利内実の空洞化が進み、漁業者がいなくなって漁業権が消滅した場合、フリーライダーの発生等によって利用秩序が崩壊するおそれがある。むろん、

権利内実の空洞化が起こったとしても、ただちにそれが顕在化し現実の問題となることは少ないかもしれない。A漁協のように組合員が減少して組合の存続が難しくなり共同漁業権の免許が危うい状況になった場合にも、大きな漁協に吸収されれば関係地区として共同漁業権の受け手としては存続できるからである。[20] しかし、共同漁業権が関係地区に残されたとしても関係地区の漁業者の数が減少すればやがて関係地区が維持できなくなる。隣の地区と統合することなどによって関係地区を維持し共同漁業権の「空白域」が出現することは避けられるかもしれないが、そこまで空洞化した関係地区にどれほどの管理能力があるかといえば自明のことではないか。現段階でそのような事態を想定するのは時期尚早という見方もあろうが、A地区の現実を看過してはならない。

（3） 漁業権行使規則に基づく沿岸海域の管理可能性

　沿岸海域のコモンズの管理は事実上これまで漁業者が中心となって行ってきたのであるが、漁業者がいなくなった場合に誰が管理できるのか。公的な管理をするにもコスト的にそれが可能であるとは思えない。ボランティアを募るにしても限界があるのは明らかである。何しろ高知県だけでも海岸線は700 kmもある。結局のところ、日常的に沿岸海域を管理しうるのはやはり日常的にそこで生活している人々ということになり、地域の漁業者を中心とした入会集団あるいは漁業集落による管理が現時点では選択肢としてもっとも可能性が高いとみられる。

　漁業集落が主体となって地域におけるルール作りを支援する制度としては、一部地域で実施されている離島漁業再生支援交付金制度がある。[21] 農村における中山間地域直接支払制度と同様、離島の漁業集落において集落協定を結んだ場合に補助金を交付するものである。協定に基づく活動内容は「管理」中心でも「利用」回復を図る取り組みでもよく、地域の実情に合わせたルール作りが可能な仕組みとなっている。しかし現在のところ、2010年度から2014年度までの期間の限定（2期目）、離島地域が対象という限定があり、漁業集落全般で実施可能となっているわけではない。制度を拡充し、漁業集落一般への交付金とすべきとの見解もあるが（鴻巣2011, 7頁）、先行きは不透明である。

　補助金等の公的資金や外部からの支援はあればもちろん管理の適正化に貢献

するであろうが、地域の内部からの動きを促す仕組み作りも必要である。そのためには「管理」と表裏の関係にある「利用」を回復させることが重要である。減少する漁業的利用の回復を図るため、1962年改正時の漁業権行使規則の導入目的とは逆に、漁業的な利用をする人を増やす方向で漁業権行使規則を変更することはできないか。フリーライダーにならぬよう何らかの責務を課す、関係地区住民に限定するなどの条件をつけて、組合員以外から漁業的「利用」と「管理」への参加を促す変更である。A地区の行使規則では組合員の「家族」が行使資格の中に入っているが（表2-4および2-5参照）、これは地域の実情を反映したものである。この事実が教えるように、実態としての行使規則の内容は必ずしも法律の意図するところだけを規定しているのではなく、関係地区の自主決定にその内容が委ねられている。現実には法律等による制約がかかっており、また行政庁の指導もあるため、自主決定できる部分は必ずしも多くはないが、漁業権行使のありようという限定された範囲内でも、権利行使資格や権利行使の仕方の制約方法等によって地域の実情に応じた沿岸海域の管理のあり方を示すことができるのではないか。単に利用者を増やすだけで過少傾向を食い止めることは難しいだろうが、しかしまず関係者を数的に増やすことが起点となるのではないか。過少利用化を回避し利用を促進するために、関係地区ごとに地域の自主決定によって作られる漁業権行使規則を役立てる方策を検討すべきである。利用者が減少し権利内実が空洞化しつつある地域においてこそ「コモンズ」としての「共」的利用と管理が必要であり、地域における新たな秩序形成が求められているのである。

【注】
(1) 本章で検討対象とする沿岸海域は漁業協同組合や漁業集落による利用・管理が行われる、あるいは伝統的入会漁業が行われる範囲であり、基本的には第1種、第2種共同漁業権の設定海域である。共同漁業権の具体的な範囲については第1章の図1-1（25頁）を参照されたい。
(2) 緒方2006。新保他2005、新保2010。柏島におけるダイビング事業者と漁業者間のダイビングスポットを巡る一連の動きについては、本書第1章を参照されたい。
(3) 1審は静岡地方裁判所沼津支部判決1995年9月22日（判例集未登載）、控訴審は東京高等裁判所判決1996年10月28日（『判例タイムズ』925, 264頁）、上

告審は最高裁判所 2000 年 4 月 21 日（判例集未登載）、差戻控訴審は東京高等裁判所判決 2000 年 11 月 30 日（判例集未登載）。池田 2001 に最高裁判決および上告理由、池田 2002 に差戻控訴審判決、第 1 審判決が紹介されている。控訴審判決については池田 1997 に事案の概要と判旨および評釈がある。訴訟全体にわたるコメントとして池田 2003 がある。

（4） 浜本 1996, 71-82 頁。「地先権」は、江戸期に成立した一村専用漁場の入会慣習が現代にまで引き継がれたもので、慣習上の権利として漁業集落の入会的利用を認めようというもの。

（5） 池田 2003, 511 頁。池田は、漁業権と地先権および潜水協会の協定について、「一村専用漁場慣習ないし地先権と漁業法上の漁業権は、地元の総意としての協定の存在とその実施に媒介されて地域共同秩序＝地域的公序として未分化に被告である漁協に一体化され、アウトサイダーである原告・X の請求に対して合力してぶつかり合った」とし、この問題の核心を的確に捉えている。

（6） 神田 2006 参照。「里海」は里山に対応する、人とのつながりの中で持続的に利用されてきた身近な海——沿岸海域のことを指す。このほか、特定非営利活動法人黒潮実感センターウェブサイトも参照。http://www.orquesta.org/kuroshio/（最終閲覧：2011 年 12 月）。

（7） 農林水産省「平成 20 年漁業・養殖業生産統計」（平成 21 年 4 月 30 日公表、5 月 1 日訂正）によれば、カツオ一本釣全体（遠洋・近海・沿岸合計）では 2 万 5900 t で全国 2 位（1 位は宮崎県 3 万 800 t）。全国合計は 11 万 5600 t。マグロ延縄漁（遠洋・近海・沿岸合計）は宮城県が 4 万 300 t で 1 位、全国合計は 16 万 7000 t となっている。ただしカツオ・マグロ類には遠洋まき網漁もあり、こちらのほうが漁獲高は大きい。マグロ類の漁獲量は合計 2 万 2700 t で全国 3 位（全国計は 21 万 6900 t、1 位は静岡県で 3 万 100 t）、カツオ類は合計 3 万 3700 t で全国 4 位（全国計は 33 万 1500 t、1 位は静岡県で 8 万 2700 t）となっている。

（8） 全国合計は 436 万 7500 t。内水面漁業を含めた漁業・養殖業の生産量全体は 558 万 8000 t となっている。

（9） 農林水産省中国四国農政局高知農政事務所「平成 20 年高知県の海面漁業・養殖業生産量（概数）」（平成 21 年 4 月 30 日公表）。

（10） 昭和 23 年法律 242 号。

（11） 下記高知県水産振興部ウェブサイト「高知県 1 漁協構想について」参照。http://www.pref.kochi.lg.jp/~kaiyou/contents/ken1gyokyou/ken1top.htm（最終閲覧：2011 年 12 月）。

（12） 高知県漁業協同組合「業務報告書（平成 20 年度）」。

（13） 筆者は 2009（平成 21）年 11 月に、高知県漁協本所（高知市）において、組合長および専務理事から県漁協の概況について聞き取り調査をすることができた。聞き取りのほか、高知県海洋部『かつお通信』第 33 号（平成 19 年 10 月 31 日号）参照。

（14） 水産業協同組合法 18 条（組合員たる資格）および 68 条（解散事由）。

（15） 漁業法（明治 43 年法律 58 号）5 條。専用漁業権には慣行専用漁業権（5 條 1

項）と地先水面専用漁業権（5 條 2 項）があった。地先水面専用漁業権は漁業組合にのみ免許された。
(16) 　原 1977, 240 頁。地先水面専用漁業は村が支配、進退した漁場の漁業で、漁村維持の目的のために地元漁業組合にのみ免許された。
(17) 　「総会決議無効確認請求事件」（最高裁判所 1989 年 7 月 13 日判決・『最高裁判所民事判例集』43(7), 866 頁）。
(18) 　漁業基本対策史料刊行委員会編 1966, 116 頁以下。立法当時の議会での議論が残されている。当時の参議院農林水産委員会で政府委員が説明した改正案の提案理由に基づく。第 41 回国会参議院農林水産委員会会議録（昭和 38（1963）年 8 月 28 日）。
(19) 　もちろんすべての共同漁業権がそうである、といっているわけではない。漁業権行使規則を導入した際に「社員権」的行使のあり方を徹底させたところがあれば、そこでは従来の入会慣行的な漁業権行使は残っていないとみるべきであろう。
(20) 　吸収合併等がなされる場合に、関係地区を統合し漁業権を統合することが条件とされる可能性があり、その場合には吸収される側に選択の余地はなく、結果的に他地区の漁民が入ってくることを回避できないといったことが起こりうる。しかし、そうだとしても漁業権が消滅することは回避できるのである。2009 年の聞き取り（前掲注 13 参照）では、県下最大の漁協である高知県漁協は漁業権の統合等は考えてはいないとのことであった。
(21) 　水産庁「離島漁業再生支援交付金（第 2 期）について」参照。http://www.jfa.maff.go.jp/j/kikaku/ritou/index.html（最終閲覧：2011 年 12 月）。対象地域は離島振興法で指定された離島および沖縄・奄美・小笠原各特措法の対象地域のうち、航路時間でおおむね 30 分以上離れているなどの条件下にある離島である。航路時間で概ね 30 分未満等の離島についても、地理的・経済的・社会的な不利性等が高いとして都道府県知事が客観的なデータにより認めた場合には「特認離島」として対象離島となる。

【参考・引用文献】

家中茂（2001）「石垣島白保のイノー」井上真・宮内泰介編『コモンズの社会学』新曜社，120-141 頁.
池田恒男（1997）「共同漁業権を有する漁業協同組合が漁業権設定海域でダイビングするダイバーから半強制的に徴収する潜水料の法的根拠の有無」『判例タイムズ』940, 74-80 頁.
───（2001, 2002, 2003）「共同漁業権を有する漁業協同組合が漁業権設定海域で潜水を楽しむダイバーから徴収する潜水料の法的根拠の有無」『東京都立大学法学会雑誌』42(1), 393-407 頁，42(2), 251-264 頁，43(2), 503-515 頁.
緒方賢一（2006）「柏島における海の地域共通資源の管理について」『コモンズにおける資源管理ルールの再構築』（平成 15 年 - 平成 17 年度科学研究費補助金（基盤研究（B）（2））研究報告書　研究代表：吉岡祥充），146-167 頁.
海上保安庁救難課監修（2004）『レジャー・スキューバ・ダイビング』西山堂.

神田優（2006）「持続可能な里海づくりに向けた黒潮実感センターの取り組み」『コモンズにおける資源管理ルールの再構築』（平成 15 年 – 17 年度科学研究費補助金（基盤研究（B）（2））研究報告書　研究代表・吉岡祥充），90-109 頁.
漁業基本対策史料刊行委員会編（1966）『漁業基本対策史料　3』水産庁.
鴻巣正（2011）「集落協定を基盤とした漁村振興の課題」『農中総研　調査と情報』23, 6-7 頁.
佐藤隆夫（1978）『日本漁業の法律問題』勁草書房.
新保輝幸（2010）「海のコモンズの現代的可能性」『高知論叢』97, 35-62 頁.
新保輝幸・諸岡慶昇・飯國芳明（2005）「森のコモンズ・海のコモンズ（2）」『海洋と生物』27(6), 579-587 頁.
須賀潮美（1999）『ダイビングの世界』岩波書店.
浜本幸生（1996）「海の利用と「地先権」の主張」浜本幸生監修・著『海の「守り人」論』れんが書房新社, 71-82 頁.
─── （1999）『共同漁業権論』まな出版企画.
原暉三（1977）『日本漁業権制度史論』〈復刻版〉国書刊行会.
三俣学・森本早苗・室田武編（2008）『コモンズ研究のフロンティア』東京大学出版会.
我妻栄（1966）「昭和四一年大阪府泉大津漁協の補償金配分をめぐる訴訟事件に関する鑑定書」浜本幸生監修・著『海の「守り人」論』れんが書房新社, 385-403 頁.
Hardin, G. (1968) "The Tragedy of the Commons," *Science*, 162(13), pp. 1243-1248.

第3章
流域管理と水産資源の持続的利用
高知県物部川

松本充郎

　河川と流域の利用・管理について考える際には、水資源の利用・洪水対策・環境への配慮が常に問題になる（河川法1条）。では、河川と流域の環境とは、具体的には何を指すと考えるべきなのだろうか。

　そもそも、生物は、自らを取り巻く環境のうち、その生物の生活にとって意味のあるものだけを選択的に認識し、世界を構成するものである。また、人間が複雑な生態系の全体像を理解し、一度壊された生態系を復元するのは極めて困難である。そこで、人間にとって良好な環境を維持・回復するためには、それぞれの地域で人間にとって重要な生物を指標生物として選択し、指標生物にとって住みやすい環境の維持に努めるのが妥当である。

　この点、北東日本におけるサケ・南西日本におけるアユは、かつてどこにでもいたありふれた魚であり、川から海・海から川へと回遊し、上流の森林が健全で水がきれいな川に生息する。高知県において、江戸時代以降に網・鵜飼・火振り漁等の様々なアユ漁の手法が確立され、アユは現在も食文化の重要な位置を占める。そこで、西日本では、人間の目から見て重要な生物であるアユを生態系のシンボルと考えると、環境配慮の対象をイメージしやすくなる。[1]

　近年、日本全国の河川でアユやサケは激減している。高知県物部川（ものべ）は、下流での渇水や河口閉塞・中下流での濁水等様々な問題を抱え、アユの減少傾向が特に顕著な河川である。同時に、つい数年前までは天然アユを復活させるための「物部川方式」によって国に知られる河川であった。

本章では、「物部川方式」の生みの親である物部川の歴史と現状を紐解き（第1節）、物部川方式の形成と停滞の過程を記述し（第2節）、コモンズ論への示唆と物部川における水資源の利用とアユの持続的利用に向けた展望を探る（第3節）。

1. 物部川の歴史と現状

（1） 近世から第2次世界大戦終了までの歴史

物部川は、その水源を四国山地の白髪山に発し、別府峡谷等の峡谷群を西南方向に貫流し、香長平野を南に流れて太平洋に注ぐ一級河川である。幹線流路は71 km、流域面積は508 km²であるが、山地が470 km²、平野部分はわずか38 km²で、流域内人口は約4万人にすぎない。

また、流域の年間降雨量は平野部でも2400 mmを超える。元来、物部川は、四国山地から土佐湾に一気に流れ込む急流であり、旧山田堰周辺より下流は氾濫のたびに河道が変わる荒れ川であった（国土交通省・高知県 2010, 13頁）。また、通常時の流心河床（河川の中心部分の位置）が低いために分水が困難で、両岸の河岸台地には荒地や畑地が多く、流域の生産力は必ずしも高くなかった。

江戸時代初期には、土佐藩の財政は度重なる戦乱で困窮していたため、土佐藩の野中兼山は、物部川流域において大規模な新田開発を行うことにより藩財政の強化を図った。しかし、物部川両岸の台地の灌漑を行うためには、水位のかさ上げと流路の固定が必要であった。そこで、約26年をかけて1664年に山田堰は完成し、ここから中井川・上井川・舟入川・父養寺井川に導水され、用水路網が整った。

さらに、これらの水路は交通インフラとしても重要であった。特に、舟入川は、物部川上流からの材木を舟筏により運搬する重要な役割を担っていた（荻 2001, 204-207頁；川中 2008）。

明治時代までに、物部川流域には山田堰を含めて8つの堰が建設された[2]。また、灌漑事業と平行して、香長平野の洪水対策として流路が変更され、物部川の主流は香長平野の東端に移動され、旧流は締め切られた。野中兼山の土木工事によって平野主要部の利水対策は一段落したが、その後、物部川の天井川化

が進行し、1700年前後と18世紀半ば以降から洪水が頻発し、この傾向は明治・大正・昭和初期に至るまで続いた[3]（建設省高知工事事務所1987）。

（2）　戦後の物部川の構造変化

　第2次大戦後、物部川の河川としての構造は大きく変化する。1945年水害等の災害を契機として1946年物部川工事事務所が開設され、物部川は、1947年3月に旧河川法上の一級河川としての指定を受けた[4]。1948年からは物部川総合開発事業が開始され、吉野ダム（1953年）・永瀬ダム（1957年）・杉田ダム（1959年）が、その後、仙頭発電所（1957年）・川口発電所（1957年）・五王堂発電所（1960年）が相次いで建設された。総合開発事業と同時に、物部川土地改良計画が策定され、一時は排水に不安を抱く下流地区住民が反対したが、放水路の完成により住民の不安は一応取り除かれた。

　そして、1954年9月の台風12号、1963年8月の台風9号による災害が引き金となって、流域に存在した8堰のうち下流6堰が災害復旧工事により統合され1967年には下流統合堰が竣工し、上流の山田堰が父養寺井堰と統合され1973年には物部川合同堰が竣工した。

　この結果、従来流域内に多数存在した魚類が天然遡上できる可能性のある区間は河口から杉田ダムまでの14km程度となっている[5]。さらに、杉田ダムより上流には物部川漁協が稚魚を放流しているが、永瀬ダムと吉野ダムの間には水のない区間もでき、魚類が生息できる区間が非常に短くなった。

　なお、1964年には現行河川法が制定され、1967年、物部川は改めて一級河川に指定された（建設省高知工事事務所1987）。

（3）　近年の環境変化――アユの激減とその要因
1）　環境変化

　高知県の河川では、この30年間アユの漁獲量が減少している。特に、ここ15年ほどの不漁傾向は著しい。物部川流域も例外ではなく、近年はアユの漁獲量が激減している。その背景として、濁水の継続・河川の水位の低下・海水温の上昇・冷水病の蔓延が指摘されているが、ここでは主に濁水の継続・河川の水位の低下について述べる。

2) 濁水の継続

　上流域では、1993年に発生した約500 ha に及ぶ大規模な山火事の影響によって山肌が露出し、中小の降雨でも表土の流出が見られ、濁水が発生するようになった。さらに、2004年以降濁水の継続が再び深刻になった（国土交通省・高知県 2010, 63頁）。

　この現象は次のように分析されている。白髪山や、三嶺(みうね(さんれい))などの物部川上流部は険しい山々が連なり、その上流・中流沿いには「仏像構造線」と呼ばれる断層が北東－南西方向に走り、その周辺の破砕された部分が崩壊しやすい（国土交通省・高知県 2010, 14頁）。この三嶺が2004年・2005年夏の大雨によって大崩壊し、100万 m^2 を超える土砂が上韮生(かみにろう)渓谷に流れ込んだ。

　このほか、濁水発生の原因には、大規模な造成事業・治山林道工事・しろかき・林業の衰退・シカの食害等がある。しろかきは、春先のアユの遡上に影響を与えるため、2004年以降、物部川漁協は農業排水を別の水路に流すなどの工夫を行ってきた。濁水の影響は、農業用水の給水口のフィルターの目詰まりや海の漁業にも影響を与えている（川中 2008, 57-58頁）。また、上流域では、林業の衰退・シカの食害等により森林の荒廃が進み、土壌流出が起きやすくなっている（高知県 2008, 5頁）。

　さらに、濁水継続の原因の1つとして、上流のダムの存在が指摘されている。大雨によって生じた濁水がダムの貯水池に流れ込み、そこから貯留されながら徐々に放水される。ダムの下流では濁水が1ヵ月継続するが、上流の山の崩壊が起きると問題はより深刻になる。高知県は、2005年に「濁水対策検討会」を設け、そのなかで対策の必要性を認めている（川中 2008, 57-58頁；高知県 2008）。

　大雨と上流の山の崩壊によって、濁水とアユ等の水生生物の生息場所や産卵場所が破壊される。(6)濁水はアユの食料である藻類の生育を妨げると同時にストレスを与え、ストレスはアユの免疫力を低下させ、アユは冷水病（細菌性の疾病）にかかりやすくなる（川中 2008, 58頁；高橋・東 2006, 179頁；本書3章, 90頁）。

　2004年8月の濁水は下流で1ヵ月に及び、せっかく遡上したアユに壊滅的な打撃を与えた。上流の森林の表土保全については、「仏像構造線」周辺の崩れやすい地質が原因の1つだけに困難は予想される。また、濁水を早期に排出

第3章　流域管理と水産資源の持続的利用

する手段としては、貯水池対策が検討されている（国土交通省・高知県 2010, 63 頁）。

3）　河川の水位の低下

現在、ダムとダムの間やダムと堰の間には水のない区間があり、1994 年以降、深淵の観測点では河川の低水流量の不足が顕著化・慢性化し、瀬切れや河口閉塞の発生が頻繁に観察されている。また、農家からは、農業用水の取水が困難になったとの声もある。しかし、香美市物部町大栃では過去約 30 年間で降雨量はさほど変化しておらず、ダムの放流量にも大きな変化はない（川中 2005）。

それでは、河川の水位の低下はなぜ起きているのだろうか。これに対しては、取水量の増加・還流量の減少・地下水位の低下・伏流水の減少・河床の低下・取水時期の変化等の可能性が考えられる。

まず、取水量については、次のように分析できる。現在の流域の水利権者は、発電用 5 件（9 割弱。高知県企業局・住友共同電力株式会社等）、灌漑用 6 件（本川は 5 件で 1 割強。山田堰井筋土地改良区連合・物部川土地改良区連合等）で、水道用等の取水はほとんどない。[7]

近年、農業の経営は次のように変化している。かつて、高知県では米の二期作が農業生産の主力であったが、1961 年をピークに減少に転じ、1970 年から生産調整が始まり二期作は激減した（1996 年以降、二期作は完全になくなった）。近年、早場米の生産が始まり、現在は、流域自治体の水稲収穫量の 85％が早場米である（2006 年度農林水産統計）。

これに対して、戦後徐々に野菜（キウリ・ナス・ピーマン・トマト）のビニールハウス栽培の比重が高まった。1952 年には南国市で初めて農業用ビニールが導入され、1969 年には野菜の施設園芸栽培が市の農業生産額の 50％を超えた。作付けの変化が地表水の取水量に与えた影響は不明だが、地下水の利用は増えている模様である（川中 2008, 56 頁；南国市編 1982）。

仮に、地表水の取水量が一定とすると、次の点が影響したことが考えられる。第一に、統合堰・合同堰は上流で統合された。このことは取水点が上流に移ったことを意味し、取水した水を還流させない限り、取水量が一定でも堰より下流の部分では河川の流量は減少する。第二に、農業用水の取水が困難になった

との観察があるが、その原因として、上流にダムが建設されたことにより、土砂の供給量が減少したことに加え水流による掘削のために河床が低下したことが考えられる。

　第三に、水の少ない冬場の園芸栽培の普及や早場米のための早春の取水など、取水時期の変化が指摘できる。第四に、取水された水の河川への還流量の減少・地下水位の低下・伏流水の減少によって河川の流量が減った可能性もある（一般論として、高橋 2009, 79 頁は、砂利の隙間が大量の砂や土砂で目詰まりすることによる伏流水の減少を指摘する）。しかし、井戸の枯渇は報告されておらず、水文学的データもない（国土交通省・高知県 2010, 54 頁）。

　このように、上流域のダム建設・山林火災等による山林の荒廃・土地利用形態の変化等と、河川環境の変化の因果関係は一定程度分析されているが、濁水・水位低下・アユの減少の原因を科学的データによってより明確に裏付け、因果関係を踏まえた対策をとることが求められる（川中 2005）。

　以上のような環境変化に対応するため、物部川では「物部川方式」と呼ばれる水ガバナンスの手法を形成してきた。物部川方式には、次の2つの特徴があった（川中 2008, 61-69 頁）。

　1つ目は、アユの生態をある程度自然科学的に把握したうえで、放流に頼るのではなく産卵場整備・禁漁期間の前倒し等により天然アユを増やすという方向性である（ハード面）。2つ目は、物部川漁協・「物部川21世紀の森と水の会」（以下「森と水の会」）等の地域的な団体と高知県庁内の「物部川の明日を考えるチーム」など、住民・地域の団体・行政が協働することによる流域保全活動である（ソフト面）。

　「物部川方式」のいずれ面も、物部川漁協を中心とする流域住民の活動から始まったことから、まず、物部川漁協を中心とした流域社会による環境変化への対応について述べ、次に法制度的対応について述べる。

2．物部川方式の形成と停滞

（1）　物部川漁協・「森と水の会」・「物部川の明日を考えるチーム」

　現在の物部川漁協の活動の方向性は、成立史抜きには語れない。高知県内で

は、例外はあるものの、1950年以降に内水面漁業協同組合が相次いで設立された。

1950年には、物部川では物部川漁業協同組合が設立され、1954年には漁協は県との間で永瀬ダム建設に伴う漁業補償契約を妥結した[8]。さらに、1956年には、ダム建設や砂利採取に伴う補償・農薬等による被害対策・種苗特別採捕許可等の補償交渉に共同で当たるために、高知県内水面漁業協同組合連合会が設立された。

杉田ダム建設に際して、物部川漁協は永瀬ダム建設時の補償は杉田ダム建設の補償を含まないと考えたが、県は両方を含むとした。そこで、1957年には、県下の漁協が抗議集会を開き、1959年には杉田ダムについても、別途、補償契約を妥結した（谷口他1989, 中井1973）。

さらに、水産庁が漁業法127条の「増殖義務」を「放流義務」と解したため、県内の内水面漁協もダム建設に伴う補償金を原資として琵琶湖産のアユ（「湖産アユ」）の放流を進めた[9]。放流された湖産アユは一時天然アユの減少を補ったが、海水温の上昇や湖産アユがもたらした冷水病の影響等により漁獲高は激減していると指摘される（高橋・東2006, 178-180頁）。

物部川漁協は、1992年から「川と人のふれあい推進事業」を通じ、流域市町村の支援を得て流域連携に乗り出した。また、1994年ごろから冷水病の影響で放流の行き詰まりが顕著になり、1995年には「放流だけに頼っていては、アユを守れないという結論に達した」。さらに、放流の費用は非常に高い[10]。

そこで、産卵場の造成・親アユと卵の保護区の設定・農業排水バイパスの設置（濁水を河川に直接流さないため）・調査活動による施策の効果の検証に力を注ぎ、一時は、親アユの数を確保するために禁漁期を前倒ししていた（川中2008, 53頁）。

2000年ごろから、流域共通の目標として「豊かな水と森づくり」という言葉が使われるようになった。2001年には、漁協を中心に、上流の森林組合・土地改良区・農業協同組合・民間電力会社等の山・川・海に関わる流域住民が「森と水の会」を結成した。「森と水の会」は、地域の産業団体が作った自発的結社といえよう。

さらに、2002年11月の「第3回ものべ川の水を考えるシンポジウム」にお

ける物部川漁業の組合長(当時)の発言に触発され、橋本大二郎知事は、法制度や行政組織の縦割りを克服するべく高知県企画調整課に「物部川の明日を考えるチーム」を設置した(川竹2002。後述)。

物部川漁協は、放流の行き詰まりに直面した際に、立場の違いを乗り越えるために、流域全体の共通利益を「森と水」という言葉で表現し、環境保護のための住民団体を作った。また、漁協としては、矢作川・天竜川と並ぶ天然アユ派漁協の代表であった。しかし、「物部川方式」という言葉が現れた2008年には、物部川漁協の組合長が交代し、漁協としての運動は鳴りをひそめることになった(物部川漁協は2010年12月に「森と水の会」を退会)。

(2) 法的背景と対応
1) 日本国憲法・国家賠償・損失補償

戦後、流域管理に関わる法的背景は大きく変化した。1946年には日本国憲法が制定・公布され、17条において国の賠償責任が規定され、29条1項において財産権の不可侵性、29条3項において正当な損失補償の下でのみ財産権の収用が可能である旨が規定された。憲法17条・29条3項の趣旨を具体化するために、国家賠償法が制定され(1947年)、土地収用法が改正された(1951年)。これらの法が制定されたことにより、流域管理において国家賠償訴訟や水利権・漁業権等の財産権、さらには水没補償・漁業補償等の損失補償が法的な重要性を増すことになった[11](松本2008, 78頁)。

2) 漁業関連法制の改革

内水面漁業との関係では、次の点に留意すべきである。GHQの民主化政策の影響を強く受けて、明治漁業法を源流とする水産業協同組合法が制定され(1948年)、漁業法が改正され(1949年)、水産資源保護法が制定された(1951年)。

内水面漁業協同組合は、第5種共同漁業権の主体として漁場管理者・増殖義務者と位置づけられた(漁業法14条6項・127条)。漁業権は物権とみなされ(漁業法23条1項)、漁業権の管理者である内水面漁協は、開発行為等によって第5種共同漁業権が侵害される場面では漁業補償交渉の当事者になり、増殖活

動を行う場面では増殖義務の履行主体となる。

　増殖義務の具体的内容として、水産庁が「放流」を義務化したため、河川は内水面漁協の私的な釣堀のように使われるようになった（私物化された）。その結果、「アユは放流を行う漁協のもの」「アユのいる川は漁協のもの」と考える漁協が増えた（松本 2008, 78-79 頁）。

　これに対して、水産資源保護法は、放流について規定すると同時に（20条・31条）、さく河魚類の通路となっている水面にある工作物や通路の管理について定める。工作物や通路が遡上を妨げる場合には、農林水産大臣または都道府県知事は、工作物の所有者・管理者に対して、遡上を妨げないように管理するよう命じなければならない（22条1項・2項。本書第4章を参照）。

3） 河 川 法

　1997年改正後の河川法において、従前の工事実施基本計画は河川整備基本方針（16条。以下「方針」）と河川整備計画（16条の2。以下「計画」）の2つの段階に分割された。(12)

　物部川の方針・計画において、次の2点が注目される(13)。第一に、高知河川国道事務所は「有識者の意見を聞き」「関係住民の意見を反映させるために必要な措置」（16条の2第3項・第4項）として流域委員会という形式にかかわらず、流域の住民の活動を尊重することを表明していた。

　第二に、河川法は「流水の正常な機能の維持」や「河川環境の整備と保全」等、河川法の目的を踏まえて正常流量を設定することを義務付ける。物部川では、流水の正常な機能を維持するために必要な流量（16条・同法施行令10条の2第2項ニ。「正常流量」）が策定されていなかった。しかし、方針が2007年に、計画が2010年に策定され、河川法改正後13年にして計画の中で初めて策定された。(14)

　特筆すべきことは、アユが生態系の代表として選択され、産卵に必要な流速・水深から目標とする流量が計算され、杉田地点において灌漑期には最大 17 m³/s、非灌漑期には 10 m³/s とされ、永瀬ダムによる補給を効率的に行い、渇水時の魚道の確保に努めることが明記されたことである（国土交通省 2007；国土交通省・高知県 2010, 74, 97, 137頁）。

もっとも、河川管理者は、この数値は段階的に実現するべきであるという（国土交通省・高知県 2010, 97 頁）。また、産卵ひとつとっても多様な環境で行われており、アユの産卵に適した流速・水深があると考えるのは無理があるし、魚道の具体的な改善策には触れていない（高橋 2009, 14, 55-58 頁）。さらに、流水占用許可は、水収支の計算に基づいて行われるが、水収支計算では農業用水の還流と取水点の変更が維持流量に与える影響は勘案されない（三好 2007, 97 頁；河川法研究会 2006, 146 頁）。

　これらの問題が残っており変化のスピードには不満が残るものの、河川管理者が流域住民の意見を踏まえて生態系の代表を具体的に選択し、代表に対する配慮として維持流量が設定されたことは、一歩前進である。

4）　高知県の役割――総合調整型から作用法利用型へ

　都道府県は、河川法上、国が直接管理する区間（直轄区間）以外の管理者である（9条2項）。同時に、水質汚濁防止法上、公共用水域・地下水の水質の汚濁を防止するため、特定施設を持つ工場および特定事業場の排水規制を行い（2条2項・12条）、環境省が設定した環境基準における健康項目・環境項目をより厳しくする権限を持つ（3条3項。「上乗せ条例」）。

　これらの権限を背景に、高知県は、1989年2月には河川法等の関連条例および水質汚濁防止法3条3項の「上乗せ条例」として、高知県清流保全条例を制定した。その後、1991年3月に清流保全基本方針を策定し、個々の河川の清流保全計画を検討しつつあったが、物部川は後回しであった。

　1991年12月から2007年12月まで橋本大二郎が県知事を務めた。物部川漁協の働きかけを受け、橋本大二郎知事は、様々な法律・行政組織の縦割りを克服し総合調整を行うため、2003年4月には企画調整課に「物部川の明日を考えるチーム」を作った。

　2004年春には、天然アユが大挙して遡上したが（推定300万尾といわれる）、同年夏以降の大雨の影響で濁水問題が起きた（高橋・東 2006, 192-195 頁）。2005年10月には、「ダムの管理者である高知県が主体となって、「物部川濁水対策検討会」を設置した。濁水長期化の原因や対策について意見を交わす場として、県や国、河川工学や魚類の専門家、物部川漁協の関係者ら17人が集ま」り、高

知県土木部河川課は、濁水の原因としてダムの関与を認めた。

また、2006年3月には、県は清流保全基本方針を大幅に改正し、物部川について清流保全計画の策定を進めた。さらに、「物部川の明日を考えるチーム」の調整機能を補うため、関連部署の課長の連絡調整会議が開かれ、2006年12月には農業用水の夜間取水カットが行われた（川中 2008, 67-68頁）。

その後、2007年12月には、尾﨑正直が県知事に就任し、2008年7月には物部川について清流保全計画を策定し、2009年4月には計画を具体的に推進する機関として「物部川清流保全推進協議会」を設置した。しかし、2010年3月に「物部川の明日を考えるチーム」は解散した。

3．物部川方式のコモンズ論への示唆と今後の展望

以上のような事実を踏まえると、「物部川方式」のコモンズ論における意義は何なのだろうか。また、物部川方式は、河川と流域のガバナンスの構想として成功しているのだろうか。さらに、今後、物部川流域において、どのような展望を持てるのだろうか。

第一の問いへの答えは、「河川と流域の公共性とは何か」という問題について再検討を迫ったということであろう。すなわち、舟運が衰退し、流域の土地や水資源が高度に利用されるに従い、水利権（や漁業権）が排他的な性格を持つという信念が強まった（松本近刊, 453-454頁）。また、ダムが建設されることによって、アユやサケなどの天然の水産資源の自然な再生産が困難になり、漁業補償を原資とした放流が行われるようになった。これによって、漁協による河川の釣堀化＝私物化が促進された。物部川もその例外ではなかった。

しかし、物部川漁協や地域の住民団体の「天然アユ」・「森と水」への回帰は、次の点を再び意識させることになった。河川と流域環境、そして、一部である水や天然アユは、万人によって持続的に利用されるべきだ。しかし、「天然アユは自然には戻ってこない」（労力と費用がかかる）。

そこで、天然アユの再生産を持続させるため、漁協は「ダムとの共存」という苦渋の選択をしながら、率先して親アユ保護のための禁漁期間の前倒し・産卵場の造成等を行った。県は「物部川の明日を考えるチーム」を作って、これ

を後押しし、2004年春には物部川で天然アユが大量に遡上した。

　しかし、同年夏の大雨により、土砂がダムに流れ込み、濁水が継続することによって、天然アユはほとんど成育できなくなってしまった。現在に至るまで濁水の長期化・アユの減少という問題は継続している。さらに、漁協は2008年ごろから放流重視に逆戻りし、現在、流域全体の共通利益の追求は一段落してしまった。

　あたかもこれと呼応するように、尾﨑正直知事は「物部川の明日を考えるチーム」を廃止し、その代わり物部川濁水対策検討会による現状把握・清流保全条例の執行に力を注ぐようになった（第2節（2）4）および国土交通省・高知県2010, 59-65頁。濁水対策に取り組んでいること自体は前向きに評価したい）。

　第二の問い対しては、「成功しているとはいえない」といわざるをえない。濁水が発生して以降、再びアユの減少に歯止めがかからなくなり、物部川での運動に「物部川方式」という名前がつけられ、他の流域が物部川方式に倣い始めたころには、物部川漁協も普通の漁協に逆戻りした。

　ここからいえることは、「労力を持続させるためには目に見える成果が必要だ」ということである。もし、最終目標である天然アユの漁獲量を増やすことが困難な場合は、中間的な目標として孵化したアユの数・天然遡上量に注目し（高橋2009, 126頁）、我慢強く成果を検証し続けることが必要である。[16]

　また、目に見える成果を出すためには、地域社会の運動と国や地方公共団体の制度的な対応の両方が持続することが必要である。地域社会の運動と制度的な対応が持続するためには、共通利益の追求が不可欠である。

　上流の土壌保全には森林組合・国有林・県有林の管理者の協力が、ダムの長期濁水対策にはダムの管理者である高知県企業局・住友共同電力の協力がそれぞれ欠かせない。アユの遡上期の農業排水の濁水対策には、農業部門（土地改良区・JA・個別の農家等）の排水対策が必要である。そして、漁協によるアユの放流は漁協にとっても割高である。物部川漁協は、一河川・一漁協というメリットを生かし、「森と水の会」に復帰し、流域の森と水という地域の共通利益に立ち返らなければならない。[17]

　同時に、国や地方自治体の制度的な後ろ盾が持続することも必要である。すでに見たように、河川と流域のガバナンスには様々な法律や組織が関わるため、

既存の法令の活用と物部川流域の問題の総合調整が必要である。その機能を担うのは、国や市町村であってもよいが、規模・権限の観点からは主に高知県である。部署としては、「物部川の明日を考えるチーム」を再び作る必要はなく、清流保全推進協議会（および作業部会）・物部川濁水対策検討会ないしその他の組織でもよい。

　方針で定められた正常流量の早期実現への協力（河川法16条および同法施行令10条の2）、3つの県営ダムの適正な運用・魚道の改善命令（水産資源保護法22条2項）、農業用排水路の管理規定の認可（土地改良法57条の2第1項）等、県が行使できるがまだ使われていない権限は数多くある。また、ダムの排水は、水質汚濁防止法の規制対象になっていないが、清流保全条例の中に規制対象として追加すること（横出し条例）も必要なのではないか。[19]高知県知事は、行政のリーダーとして「物部川方式」の進むべき方向性を示さなければならない。

　正確に現状を認識し、地域社会も国や地方自治体も、既存の制度から引き出せるものを突き詰める。その上で、新しい取り組みも視野に入れ、できることから1つずつ対応し、地道に成果の検証を進め、この作業を繰り返す。これが、遠回りなようで王道である。[20]

【注】
(1) 高橋2009, 147-149頁。アユの一生は、おおむね次のように記述できる。晩秋になると、小砂利の多い河口近くで産卵が行われる。生まれたばかりの仔魚は川を下り、冬の間は仔魚・稚魚として海で動物プランクトンを食べて過ごす。春になり河川の水温が上がると、瀬や淵が交互に現れる水質が良く流量の多い河川を遡上し、その上中流部で珪藻・藍藻等の藻類を食べて生活する。高知県の河川では、ダムや堰によって河川が寸断されているため下流域で生活することが多い。晩秋になると、親アユは秋の長雨によって下流に流され、砂利の多い河口近くで次の世代を産む。そのほとんどが1年程度で一生を終える（松本2006, 325-327頁も参照）。
(2) 堰や水路が築造された際に物部川流域の水利慣行が形成されたが、法的には下流統合堰および物部川合同堰が建設された際に、許可水利権に切り替えられている。
(3) 山田堰等の管理権は、明治維新後、村落に移された。しかし、1880年以降、管理権限は村落を構成員とする山田堰組合連合会（後の山田堰土工組合）に移された。他方、堤防の管理権限は、当初、関係町村に移され、洪水の影響を受けやす

い町村によって組織された物部川水害予防組合等に移された。しかし、1929 年には堤防の管理が県費支弁とされ、同組合は解散した（建設省高知工事務所 1987, 136-137 頁；山田堰記録保存調査委員会編 1984, 219-225 頁）。
（4） 当初計画における基本高水流量・計画高水流量は、大正 9（1920）年 7 月洪水等を対象に策定された。昭和 18（1943）年、内務省神戸土木出張所（当時）は、主に下流右岸の海軍の飛行場（現高知龍馬空港）を防御するために改修案を作成し、神母木地点（河口から 9.4 km、現在の永瀬ダムと深渕の間）における基本高水流量を 5400 m^3/s とした（着工に至らず敗戦）。第 2 次大戦後も基本高水流量・計画高水流量は再検討されたが改定されなかった。以後、物部川の基本高水流量は、基準点深渕において 5400 m^3/s とし、ダム地点における雨量・流量確率 1/50 で永瀬ダムにより 660 m^3/s を調節し、河道から 4740 m^3/s 排水することとした。1997 年の河川法改正後の方針において 1972 年 7 月、1993 年 7 月、2005 年 9 月の洪水を対象に数値が検討され、基準地点深渕において 5400 m^3/s とされた。また、環境に配慮しつつ河道掘削を行うことにより河道からの排水を 4900 m^3/s とし、永瀬ダムで 500 m^3/s を調節することとされた。
（5） この間にある深渕の床止め・統合堰・合同堰の魚道は十分機能してないと指摘される（高橋 2009, 14 頁）。
（6） アユは最下流の瀬に存在する砂利の層に産卵することから、河床に存在する岩石の間隙が砂礫ではなく泥で埋まるとアユの産卵が困難になる。
（7） 四国の他の主要河川より、発電用水・灌漑用水としての利用が多く、水道用水としての利用が少ない（国土交通省・高知県 2010, 54 頁）。
（8） 物部川のように一河川に一漁協とは限らず、四万十川・吉野川のように一河川に複数の漁協が存在する場合もある。
（9） 芝村は、(明治漁業法時代の内水面漁業権と放流の関係について)「放流は、漁業者にとっては、地先専用漁業権を要求、保持する正当化の根拠となり、農林省にとっては、法の矛盾を解消する技術的手段であり、河川開発者〔松本付記：発電水利権者〕にとっては環境を金でまかなう好都合な解決策」であり、それが機能する限りは一種のマジックであったと評価する（芝村 2003）。
（10） 高橋 2006, 183, 188 頁。人工種苗 1 尾あたり 40 円とし、1 尾 10 g・年間の総放流量 55 t とすると、1 年で 2 億 2000 万円かかる。
（11） 物部川水系の一級河川後川放水路から園芸農家の投棄・放置した古ビニールが海中に流出したことによって地先の漁場が荒廃し漁業障害が起きた。その損害について、浜改田漁協および同組合員が、南国市・国・県を相手取って国家賠償訴訟を提起し、原告らの請求は一部認容された（高知地方裁判所 1974 年 5 月 23 日判決・下級裁判所民事判例集第 25 巻 5-8 号 459 頁、高知古ビニール事件）。背景には、園芸施設農業の普及がある（本章 1（3）3））。
（12） なお、河川法 16 条の 2 第 3 項が流域委員会の法的根拠である。物部川には流域委員会はない。
（13） 物部川において、下流域において右岸側（高知空港側）の土地が計画高水位より低く、河口閉塞が起きているときには通常の水位でも排水が難しくなることか

ら、治水は非常に重要な問題である（国土交通省・高知県 2010, 3, 38 頁）。しかし、本章では、コモンズ論において明示的に議論されてない治水の論点を外している。
(14)　河川法上、河川の流量（渇水流量）から正常流量を控除し、既存の流水占用のための必要水量を控除し、残量が新たに取水を開始する量を充足できるかどうかが判断される（河川法研究会 2006, 146 頁）。取水量には発電用水利権と農業水利権が含まれ、短期的には農業水利権のみが見直されている。
(15)　国の直轄区間は海から 10.48 km の地点までの物部川本川の下流部分であり、それ以外は県が管理する（国土交通省・高知県 2010, 91 頁）。
(16)　奈半利川ではここでいう「目に見える成果」が現れている（本書第 4 章, 図 4 − 6）。
(17)　「森と水の会」と「アクアリプルネットワーク」は物部川清流保全推進協議会において粘り強く活動を続けている（高知県 2011）。
(18)　国は、水利権更新の際、取水点・取水時期・放流時期の変更が第三者・維持流量に与える影響を勘案し、使用可能な水量を決定する等の対応が可能である（本章第 3 節（2）3）を参照）。
(19)　水質汚濁防止法において、規制対象項目の横出しは可能だが（29 条。大塚 2010, 355 頁）、地方自治法 2 条 13 項の趣旨から対象施設の追加も可能である（北村 2009, 36 頁）。
(20)　「人手を加えて回復させた天然アユは誰のものか」という問いを突き詰めると、資源の稀少性の程度・資源に対する権原の有無・配分原理が問題となる。通常の内水面漁協は種苗放流によって稀少性を緩和し、流域空間の囲い込み（私物化）によって権原問題と配分問題に答えようとした。これに対して、「環境漁協」は、「森と水」という流域全体の共通利益を手掛かりとして環境ガバナンスを改善することにより天然アユの稀少性を緩和しようとしてきた。しかし、権原問題と配分原理については、既存の漁業権制度に寄りかかっている。本稿は「環境漁協」を支持するが、権原問題と配分原理については今後の課題である。

【参考・引用文献】

大塚直（2010）『環境法　第 3 版』有斐閣.
大森正之（2000）「内水面漁業制度の確立過程と流域環境・漁業資源制度」『明治大学政経論集』69(1), 51-68 頁.
荻慎一郎（2001）「第 6 章　近世社会の中の土佐」荻慎一郎他『高知県の歴史』山川出版社, 203-244 頁.
河川法研究会（2006）『逐条解説　河川法解説』, 大成出版.
川竹大輔（2002）「物部川の明日を考える組織づくり（14 年 12 月 9 日）」『特別職知事秘書のページ』(http://homepage3.nifty.com/kawatake/hisyo/iitai-14-12-9.html, 川竹氏は橋本大二郎氏が知事時代に特別職の身分で知事秘書を務めた. 最終閲覧：2012 年 2 月 14 日).
川中麻衣（2005）「河川再生手段の検討――高知県物部川における流域保全活動を事

例として」高知大学人文社会科学研究科修士論文.
――――（2008）「川と流域のガバナンス（2）――物部川方式を考える」蔵治光一郎編『水をめぐるガバナンス』東信堂，49-72頁.
北村喜宣（2009）『自治体環境行政法　第5版』第一法規.
建設省高知工事事務所（1987）『高知工事事務所四十年史』建設弘済会.
高知県（2008）「物部川清流保全計画」（http://www.pref.kochi.lg.jp/uploaded/life/61233_180215_misc.pdf　最終閲覧：2012年1月6日）.
高知県（2011）「平成23年度物部川清流保全推進協議会総会　議事録」（http://www.pref.kochi.lg.jp/uploaded/attachment/56796.pdf　最終閲覧：2012年1月8日）.
国土交通省河川局（2007）「物部川水系河川整備基本方針」（http://www.skr.mlit.go.jp/kochi/river/monobeseibikeikaku/pdffiles/kihonhoushin.pdf　最終閲覧：2012年1月6日）.
国土交通省四国地方整備局・高知県（2010）「物部川水系河川整備計画」（http://www.skr.mlit.go.jp/kochi/river/monobeseibikeikaku/pdffiles/plan_100402/all.pdf　最終閲覧：2012年1月6日）.
芝村龍太（2003）「川の権利をめぐって」矢作川漁協100年史編集委員会『環境漁協宣言』風媒社.
高橋勇夫（2009）『天然アユが育つ川』築地書館.
高橋勇夫・東健作（2006）『ここまでわかったアユの本』築地書館.
谷口順彦・依光良三・西島敏隆・松浦秀俊（1989）『土佐のアユ――資源問題を考える』高知県内水面漁業協同組合連合会.
中井昭（1973）『高知県漁業発達史（戦後編）』高知県漁業協同組合連合会.
南国市史編纂委員会編（1982）『南国市史』南国市.
松本充郎（2005）「物部川」青の革命と水のガバナンス編『流域委員会研究』〈Blue Revolution Publication, No.4〉121-131頁.
――――（2006）「自然環境問題における公共性」井上達夫編『公共性の法哲学』ナカニシヤ出版，309-329頁.
――――（2008）「川と流域のガバナンスと法制度（3）」蔵治光一郎編『水をめぐるガバナンス』東信堂，73-98頁.
――――（2012）「河川法」北村喜宣他編『行政法用語辞典』法学書院，449-454頁.
三好規正（2007）『流域管理の法政策――健全な水循環と統合的流域管理の実現に向けて』慈学社出版.
山田堰記録保存調査委員会編（1984）『山田堰』土佐山田町.

第 4 章
アユ 持続的資源の非持続的利用

高橋勇夫

　アユの分布域は日本列島から朝鮮半島、中国沿岸に及ぶが、その中心は日本列島にある。秋、下流部の産卵場でふ化したアユの仔魚はすぐに海に流下し、3〜6ヵ月間沿岸域でプランクトンを食べて成長する。春になると川に遡上し、餌となる藻類がよく生育する中流域で夏を過ごす。秋には川を下り、下流の瀬で産卵し、1年という短い一生を終える。

　日本人にはなじみの深い魚で、万葉の時代から夏の風物詩として季節感を運び、その爽やかな香りから香魚とも呼ばれてきた。しかし、商品として流通する量は少なく、かつてのアユ漁は生活に密着した「おかずとり」であった。近年では釣りの対象として人気が高く、釣り人口（年間延べ遊漁者数）はピーク時（1990年代初頭）には670万人に達していた。ところが、1990年代後半からアユの漁獲量が急激に減少し始めた（図4-1）。原因は特定できていないが、私たち日本人が古くから親しみ、食料としてきたアユが失われていくことは看過できることではないし、どこにでもいたアユがこれほどまでに急激に減少した背景には、私たちの生活様式が目に見えないところで環境を悪化させていることを示唆しているように思える。

　本章では、アユが減少した過程を概観し、減りゆく資源を保全するために当事者である漁協や水産行政がどのように対応し、そしてその対策や制度がどのように機能したのかを検証する。さらに今後の展望として最近の天然アユを取り戻す活動を紹介しておきたい。

図4-1　アユ漁獲量の経年変化
出所：漁業・養殖業生産統計年報

1．内水面の漁業権制度

(1)　漁業権の変遷

　河川漁業権の起源は川の入会権に求めることができる。川の入会権は1902年の漁業法制定にともなって地先専用漁業権として整理された。さらに戦後になって、経済民主化政策の一環として漁業制度が改革され、1949年に新しい漁業法が成立、公布された。この戦後の制度改革において、内水面では当初「国営増殖方式」が検討されていた。内水面は水産資源が乏しいために専業者が少なく遊漁者が多いという認識から、国が既存の漁業権を買い上げるとともに、採捕者からの遊漁料を財源として魚族の増殖を国みずからが行うというものであった。しかし、内水面漁業者から猛烈な反対があり、最終的には漁業権者（漁業協同組合。以下「漁協」）に増殖義務を課す代わりに、漁業権（第5種共同漁業権。河川、湖沼等の内水面において漁業を営む権利）を認めることになったといういきさつがある。漁協が水産資源の増殖と漁場の自治的な管理を行うことで内水面の資源価値を高める見返りとして、漁業権を与えたのである。このような法整備を受けて、全国各地の河川に多数の漁協が設立された。[1]

(2)　現行制度の抱える問題点

　現行の漁業権制度に関しては、1970年代初頭に法律学者の川村泰啓によっ

てそこに内包されている問題点が指摘されている（川村1973, 121-127頁）。その1つは、たとえばダムを建設する際に、本来は水産資源の復元のために支払われたはずの補償金が組合員によって分配されるという事態が起きたことである。これについては、「水産資源の増殖事業という公的機能を漁業権（採捕権）という私的権利の担い手（漁協）に担わせるという矛盾に端を発し、組合員の私的採捕権について固有な補償価値を持つ法益であるかのような錯覚を抱かせたことにある」と指摘している。

2つ目は、組合員による漁場の私物化である。「公共用内水面で採捕活動をする採捕者の間に漁業権者と遊漁者という差別を導入した結果として、公共用内水面における採捕資格平等の原則が破られる胚芽を内包していた」と川村は指摘した。すなわち、組合員の持つ採捕権は漁業権の行使権であり、一般遊漁者の採捕権は前者から派生する二次的権利（遊漁権）という採捕権の階層化がなされ、さらに組合員の「俺たちが放流したんだ」という意識が「魚は俺たちのもの」という漁場の私物化につながったとしている。このような漁場（河川）の私物化は、川村の指摘から40年近くたった現在でも散見され、A川では環境学習のために川に入ろうとした小学生（学級）を漁協幹部が排除したという事例がある。

（3）　いびつな解釈をされた「増殖義務」

内水面の第5種共同漁業権の特徴は、漁業権者である漁協に増殖義務を課し、自治的に内水面漁業の管理にあたらせたことにある。水産の分野で「増殖」とは、資源が減少してきた場合にこれを回復したり、より積極的に増大維持するための手段や技法とされ、大別すると①漁業管理（禁漁区や禁漁期により乱獲を防ぐ対策）、②生息環境の改善（産卵場の整備、隠れ場の造成など）、③種苗の移植・放流となる。このように増殖には様々な方法があり、河川の実情にあわせてこれを組み合わせて資源の増殖を図ることが望ましい。

しかし、河川の漁協が行っている増殖は種苗放流のみといっても過言ではなく、天然資源の増殖に有効な対策はほとんど行われていない。1つ例をあげると、島根県の神戸川漁協では、1987年にアユの種苗生産施設を建設している。同漁協が種苗施設を建設した理由は、神戸川の漁場面積190万m^2に必要と算

定された生息数400万尾を生産し放流するためとされている。当時の放流数は40～50万尾でしかなく、種苗生産施設を建設しなければ、必要量に対応できないと考えたわけであるが、この計算に天然遡上アユはまったく含まれていない。このことは、当時、漁協自体に天然遡上に期待する、あるいはそれを維持しなければならないという考えは希薄であったことを想像させる。

このように「増殖」が「放流」と著しく限定的に解釈されるようになった一因は、1963年1月30日の水産庁漁政部長通達において「増殖とは人工ふ化放流、稚魚または親魚の放流、産卵床造成等の積極的人為的手段により、採捕の目的を持って水産動植物の数や重量を増加せしめる行為」であると定義され、「禁漁区・禁漁期の設定などの消極的な資源管理は増殖とは認めず」とされたことにある。[3]このことで、天然の水産資源を維持管理する事業はその価値が認められにくくなり、増殖義務＝放流義務といういびつな考え方が漁協や釣り人の間にも浸透していった。川の釣り堀化が始まったのである。

ではなぜ、水産行政は公共用水面における増殖事業という公的機能を漁協に担わせておきながら、具体的な増殖策として放流という偏った方法しか示さなかったのか。この理由として、漁協に課した増殖努力が実践されたことを短期的にかつ客観的に評価するための指標として放流が一番分かりやすかったことが指摘されている。[4]また、水産庁漁政部長通達が出た1963年当時には、自然繁殖を促進して資源を持続的に利用するという発想そのものが水産行政の中には乏しかったのかもしれない。というのは、愛知県の矢作川や石川県の手取川では、アユの産卵場となる下流部に漁業権が免許されていない（現在漁協の要望で設定される見込みはある）。そのため、これらの川では産卵場整備、産卵保護のための禁漁といったアユの自然繁殖を促すような対策は、漁協がやりたくても事実上できないのである。このことは当時の水産行政が自然繁殖をさほど重要視していなかったことを窺わせる。

さらに付け加えるならば、漁協が行った放流が「増殖（言葉通り魚を増やすこと）」に実際に寄与しているかどうかが十分に検証されてこなかったことも、放流という偏った対策から脱却できなかった一因となったと考えられる。漁業法128条では、第5種共同漁業権の免許を受けたものが水産動植物の増殖を怠っていると認めるときは、知事は内水面漁場管理委員会の意見を聞いて、増殖

計画を定め、その計画に従って増殖するように命令することができるが、実際には「水産資源が増えているかどうか」はあまり問題にされず、放流という努力をした過程だけが評価の対象となっている。つまり、知事（漁場管理委員会）から指示された「義務放流量」を満足していれば、実際には資源を維持・増殖できていなくても、特には問題にされてこなかったのである。このことで資源保全対策の多様化、技術的進歩が大きく立ち遅れたことを指摘しておきたい。

1990年代後半になって、全国的にアユの不漁が目立ち始めた。これまで絶対的な増殖策と思われてきた種苗放流が限定的な増殖効果しか持たないことが次第に明らかになってきたのである。

2．減りゆくアユ資源とその原因

アユの漁獲量は1991年の1万8093tをピークに減少に転じ、15年後の2005年には半分以下の7149tとなった（図4-1）。不漁の原因として、河川の荒廃（水質悪化、河川形態の単純化、流量の減少や変動パターンの人為的な変化など）、気候変動（海水温の上昇など）、冷水病の蔓延、カワウの食害といったことがあげられている。ただ、主な原因は川あるいは地域によって異なり、たとえば、清流といわれる四万十川（高知県）でアユが激減している一方で、開発し尽くされた感のある矢作川（愛知県）で近年豊漁となっているなど、多くの人がアユ減少の原因とする河川の荒廃についても、それですべてを説明することはできない。ここではまず、アユが減少した原因とされるものをいくつか概観してみる。

（1）河川の環境悪化

高度経済成長期以降のダム建設や河川改修、水質汚濁によって川は変貌してきた。ダムを例にとれば、河川環境の変化は、建設直後から起きる生息場所の分断、流水の減少、濁水の長期化など悪影響であることが誰の目にも分かりやすいものばかりでなく、川底の粗粒化、川原の消失のように建設から30年、40年と経てゆっくりと二次的な変化を生み、生き物を生きづらくしているものもある。アユの産卵場は小石底であることが必須条件だが、ダムができて30

写真4-1 上流のダムで土砂が止められるために下流部まで川底の
石が粗粒化した川（高知県奈半利川）
撮影：執筆者

年以上経過した河川では、土砂がダムによって堰き止められることで下流では河床表面から小石がなくなってしまう（粗粒化。写真4-1）。産卵場を失ったアユはもはや次世代を残すことすらままならない。そして天然アユは急速に減っていくのである。

ダムの建設は1950年代以降に急増した（図4-2）。電源開発促進法（1952年）、水資源開発促進法（1961年）などの戦後の河川開発関連法制の整備を受けて、大型ダムが急ピッチで建設されるようになったのである。興味深いことに、アユの漁獲量が減少に転じた1990年代初頭（図4-1）は、ダムが日本の河川に急増した1950～60年代からちょうど30～40年後にあたる。その頃にアユの生息がいよいよ厳しくなる「閾値」に達した川が多くなってきたというのは考えすぎだろうか。

（2） 海水温の上昇と早生まれのアユの選択的死亡

高知県では、アユの子は10月から1月にかけてふ化する。このうち早生まれのアユが翌年の春になってもほとんど帰ってこない（遡上しない）という現象が1990年代後半から観察されるようになった。秋にふ化したアユの仔魚を調べてみると、その数が多いのは11月生まれなのに対し、翌年の春になって

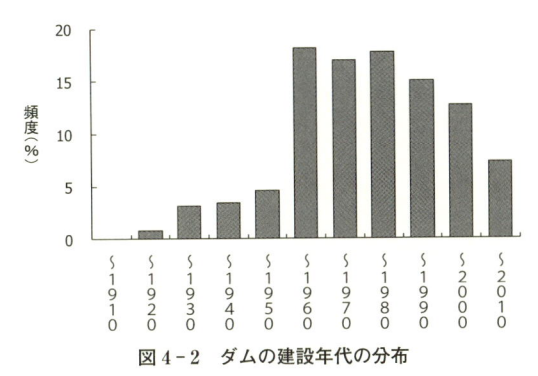

第 4 章　アユ 持続的資源の非持続的利用

図 4-2　ダムの建設年代の分布
注：無作為に抽出した 259 個のダムから算定。

　川に遡上してきたアユのふ化日を調べると、12 月生まれが大半で、11 月以前にふ化した「早生まれ」のアユは少ないのである。つまり、早生まれは海にいる間に大部分が死亡したということになる。
　この原因については、はっきりしたことはまだ分からないが、筆者は近年の海水温の上昇が早生まれのアユの死亡率を高めていると考えている。というのも、アユの仔魚は 20 ℃以上の高水温で死にやすいことが分かっている。土佐湾周辺の秋（アユの産卵期）の海水温は 1980 年代以降上昇を続けており、特に 1994 年頃からその傾向がはっきりしてきた。海や河口域で採集したアユの稚魚（海に出て生き残ったアユ）のふ化日を調べてみると、ちょうどこの頃から、ふ化のピーク時期に遅れ――早生まれの選択的な死亡によって起きる――が出始めたのである。数的に多い 11 月生まれが減耗してしまうのは、アユ資源を保全するうえで非常に厳しい状況といわざるを得ない。
　海水温の上昇（温暖化）が主な原因であるという考え方が正しければ、資源の減少を食い止めるのはかなり難しい作業になるが、アユがこのまま黙って死んでいくとも思えない。おそらく、「産卵期の遅れ」、「海で生活する時間の短縮」といったやり方で、温暖化に対応すると予想される。むしろ現実的な問題は、私たち人間がこういったアユの生活史の変化（環境変化に対する適応）を理解し、それに対応できるかということである。様々な形で漁獲制限をかけなければ、今後天然のアユ資源を維持するのは難しい。漁協との勉強会などで現在アユに起きている現象を説明すると、たしかに多くの関係者が理解を示してく

れる。しかし、産卵期を中心に漁獲規制を強化しなければならないという話をすると、「どうせ子が帰ってこないなら、獲ったらいいじゃないか」という刹那的な意見が出るのも、残念ながら事実である。そして、そういった意見が出る川では保護対策は進まない。

（3） 冷水病の蔓延

　アユの冷水病は細菌による疾病で、貧血や唇の付け根のただれ・出血、体表の穴あきなどの症状が見られる。もともと日本にはない病気だったのだが、1990年代後半に全国の河川に広がった。冷水病に感染した琵琶湖産のアユを規制もしないままに放流用に使い続けたことが蔓延を助長したと考えられている。この病気は時として大量死を起こすこともあるが、最近ではそういう事例は少なくなった。しかし、死なないまでも発症したアユは活性が低下するため、釣りにくくなり、結果として漁獲量の減少を招いている。

　甚大な漁業被害をもたらす病気ではあるが、菌そのものの病原性は弱い。健康な魚であれば発病することは少なく、水温の急変や濁りなどでストレスを受けたときに発病する。病原性はたいして強くもない冷水病菌がしばしば甚大な被害をもたらす背景には、日本の川の荒廃があると考えられている。水量の減少や水質汚濁など、今の川にはアユのストレス（冷水病の引き金）となるものがあまりにも多いため、冷水病の蔓延を助長しているというものである。それらは川を開発する際に環境対策を怠ってきたツケであり、冷水病は「アユがいなくなる」という分かりやすい形でそれを見せてくれているように思える。

（4） カワウによる食害

　カワウは本州以南の水辺に普通に生息する魚食性の野鳥である。生息環境の悪化にともない1970年代には3000羽まで減少していたが、80年代以降増加に転じ、生息域も拡大している。アユに代表される内水面漁業のカワウによる被害は、90年代に入って顕在化し、2006年における推定被害額は73億円に上る。銃による駆除などの被害対策も積極的に行われてきたが、被害は減らず、カワウの個体数も減少していない。

　在来種であるカワウの漁業被害がここまで深刻になった背景には、河川環境

写真 4-2　放流直後のアユの群れ
このように密集群を作ることが多く、捕食されやすい。
撮影：執筆者

や内水面漁業の形態の変化があると考えられている。たとえば、高度経済成長期以降の河川の改修は、自然の河岸を消失させ、魚の隠れ場所を奪ってしまった。そのため、カワウは索餌が容易になり、捕食圧を高める方向に働いている。一方で、魚が食い尽くされて少なくなれば、カワウの個体数も落ち着くはずであるが、漁協が毎年大量の種苗放流を行っているので、少なくなったカワウの「餌」が定期的に補充されることになる。安定した餌条件はカワウの繁殖成功率を高め、さらなる個体数の増加につながっている。

　通常、カワウはその場でもっとも捕食しやすい魚を餌として利用している。アユのように遊泳力の大きな魚は、他に捕食されやすい魚がいれば、被食率が低下することも分かっている。一方で、放流直後のアユのように大きな群れ（写真 4-2）を作るようなケースでは、アユは選択的に摂餌される危険性が高い。つまり、カワウによる放流アユの食害は、アユを放流することで助長されるという皮肉な結果になっており、種苗放流によって漁場を維持している水域ほど深刻な被害が出ているのである。

3. アユ資源を維持増殖するための対策とその問題点

　アユ資源の減少に歯止めを掛けるために、これまでに様々な対策が行われてきたが、必ずしも実効があったとはいえない。つぎにこれまでの対策とその問題点を概観する。

（1）種苗放流の隆盛とその破綻

　第5種共同漁業権に課せられた増殖義務を果たすために、全国の河川で種苗放流が活発に行われており、近年（2003年）では全国で2億尾近いアユが放流されている。放流技術の進歩もめざましく、1990年頃にはすでに安定した放流効果が得られるようになっていた。その当時、「アユの放流は10倍になって返ってくる」といわれるほど放流の効果は高かったのである。

　ところが近年の放流効果の著しい低下（生息場の環境悪化、冷水病発生などによる生残率の低下が原因とみられている）は漁獲量の減少と遊漁者の減少を招き、漁協の経営を厳しいものにしている。資金不足から放流量は減少し、さらなる漁獲量の減少へと負の連鎖が始まった。解散や休業に追い込まれる漁協も増えている。高知県でもアユの種苗放流が盛んに行われていて、放流量はこの20年間ほぼ直線的に増加した。ところが漁獲量はこの間減り続けている（図4-3）。同じようなことが全国各地から報告されるようになっている。これらの事例はアユの放流が必ずしも有効な増殖策ではないことを示している。

　別の観点からも同じことを指摘できる。四万十川（高知県）でアユ資源のすべてを放流で賄うとしたら、9億円近い費用が毎年必要になる（漁場面積と適正な収容密度から計算した）。これは不可能としかいいようがない。実際、四万十川全体の放流費用はその1/10以下でしかない。また、各地の河川で漁場面積を測量し、同様な計算をしてみると、程度に差はあっても四万十川での試算と同様、漁協の経営規模ではすべてを放流で賄うことはできないことがはっきりとしてきた。このように冷静に計算してみると、種苗放流だけでアユを増殖することは無謀ともいえるのである。

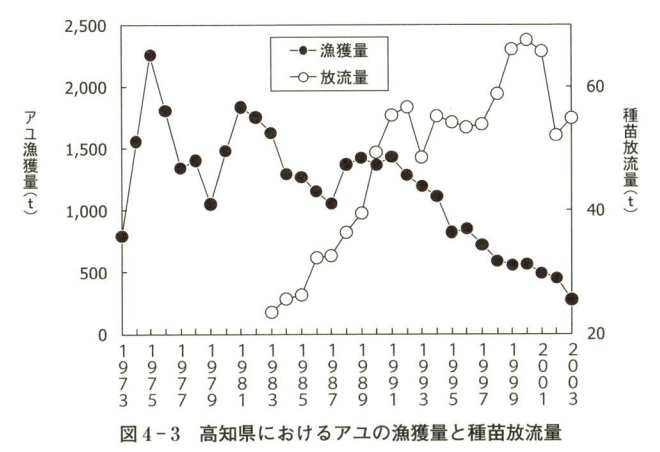

第4章　アユ 持続的資源の非持続的利用

図4-3　高知県におけるアユの漁獲量と種苗放流量
出所：漁獲量は農林水産統計年報に、放流量は高知県海洋局資料によった

（2）　天然アユの回遊路を確保するための魚道整備

　河川に多数の堰堤、ダム、落差工などが建設されてきた。これら構造物はアユのような回遊魚が移動する際の障害となり、時として天然資源の再生産に大きなダメージを与えてしまう。1951年に公布された水産資源保護法では、回遊魚の自由な移動を確保するために、こういった工作物に対して種々の制限、禁止事項を定めている。

　しかし、堰の管理者である水利組合、国交省などにこの法律のことを聞いてみると、担当者が知っていたケースはこれまでほとんどなかった。また、いわば被害者である漁協への聞き取りでもこのことは同様であった。こういった魚道設置（回遊路の確保）に対する認識の低さが根底にあるためか、日本の魚道は構造の悪さが昔から指摘されているのに、あまり改善されていない。たとえば西日本の河川では古典的な「導壁式魚道」が多くの川でいまだに見られるが、このタイプは1828（文政11）年にスコットランドで建設されたという記録があるほど古く、遡上効率は著しく悪い。また、上り口が堤体よりも下流に突出していて、魚が上り口を見つけにくいという欠点を持つ魚道は我が国では著しく数が多い。この欠点についても戦後間もない時期から指摘されているが、近年まで改善は進まなかった（数は少なくなったが、最近でも建設され続けている）。1991年に当時の建設省が「魚がのぼりやすい川づくり推進事業」を多摩川など

のモデル河川で展開して以降、少しずつ効果的な魚道が見られるようになったものの、このモデル事業は、裏を返せば我が国の河川が「魚の上れない川」になっていたことを示しているのである。

　このように、アユなどの回遊魚の自由な移動を守るための制度は存在したにもかかわらず、その具体化である魚道の性能は悪いものが多い。そこには魚道の重要性に対する意識レベルの低さとそれゆえの技術レベルの低さを見出すことができる。そしてここにも増殖＝放流という図式の弊害が垣間見られ、被害者である漁協自身が「アユが回遊できなくても放流によって資源は維持されるのであるから、さほどの問題はない」と安易に考えていたことが事態をより深刻なものにしたと考えられるのである。

（3）　天然アユを増やすための産卵場整備

　第5種共同漁業権の増殖義務を果たすための具体的な方法として、種苗放流と並んで産卵場造成が認められている。筆者は現在、各地の漁協や行政から依頼を受けて産卵場造成の技術指導を行っており、その件数は年々増えている。アユの再生産を促進する産卵場の整備に目が向き始めたこと自体は望ましいことであるが、技術指導がなければ産卵場造成さえまともにはできないというのが現実である。実際、漁協が単独で産卵場を整備した結果、かえって産卵環境を悪くした事例は少なくない。

　産卵場造成が「積極的な増殖」と認められているにもかかわらず、あまり積極的には取り組まれてこなかったのは、どのように産卵場を造成すればよいかというノウハウが示されなかった[6]、あるいはそれを指導する技術者がいなかったためである。そしてその背景には、増殖の主体はあくまで放流であり、産卵場造成のような天然資源を積極的に増やすことの重要性が十分には認識されていなかったことがあると考えられる。

（4）　アユ資源を守るための漁獲規制

　天然アユ資源の保全には産卵する親魚を保護することが有効であることは論をまたない。産卵が順調であれば、翌年の遡上が増えるというのは分かりやすい話で、「増殖」の担い手である漁協関係者から否定されることは少ない。と

ころが、そのような資源保護のための規制を実際に行おうとしてもなかなかうまくいかないことが多い。

　B川の上流部を主な漁場としている組合員は、「産卵前の落ち鮎（産卵期のアユで漁場は下流域に形成される）を獲るのが資源に一番大きなダメージを与える」と主張する。一方、下流の漁業者は「上流のヤツらは、夏の間好きなだけ獲っておいて（夏場アユの主漁場は上中流に形成される）、落ち鮎は獲るなというのは身勝手な言い分だ。わしらは何も獲るなと言うのか」と言う。お互いに一理ある意見ではあるが、上下の対立が生まれ、深刻な問題となったこともある。このような上流と下流の対立だけでなく、組合員の得意とする漁法によっても資源保護に対する考え方は異なってくる。たとえば、網漁の組合員は落ち鮎に対する漁獲の比重が釣りの組合員よりも大きい傾向があり、産卵の保護に対して反対に回りがちである。

　漁協が天然アユ資源を保全しようとするときに問題となるのは、一本の河川であっても、このように地域や個人によって利害が異なることである。そして、こういった対立が生まれると、資源保護の有効な手立てが講じられにくい。アユの資源水準が低下した現在では、アユの再生産能力を超える乱獲が起きやすく、資源の減少に歯止めをかけることができなくなってしまう。前述のとおり、法律学者の川村泰啓は第5種共同漁業権に関して、水産資源の増殖事業という公的機能を漁業権（採捕権）という私的権利の担い手（漁協）に担わせるという矛盾を内包していることを指摘している（川村 1973, 122 頁）。上記のような問題を採捕者の団体である漁協自身で調整することは困難で、川村の指摘が現実化した事例といえる。

4．放流主義がもたらしたアユ資源の衰退

　ここまで見てきたように、種苗放流という増殖システムの効果は限定的であるにもかかわらず、それに偏重したことで今日のアユ資源の減少を招いてしまっている。それのみならず放流に偏重したことで、そこから派生的にいろいろな問題も生じている。たとえば、アユに大きな被害を及ぼしている冷水病は、冷水病菌を保菌していることが分かっていながら琵琶湖産の稚アユを放流し続

けたために蔓延した。それは、種苗の一大供給源である琵琶湖産の稚アユを放流しなければ放流種苗が不足し、知事（内水面漁場管理委員会）から指示された量の種苗を放流するという「増殖義務」を漁協が果たすことができなかったことが一因となっている。増殖義務＝放流義務というという縛りが速やかな防疫を阻み、最悪の事態を招いたといえる。カワウの食害は、種苗放流がそれを助長していることは先に述べた。河川の荒廃にしても、魚類の生息環境を保全するような対策が増殖努力として認められていたならば、そのことが河川の荒廃を抑止したであろうことは想像に難くない。

　また、「自分たちの金をかけて放流した」という意識は、「回収しなければ損だ」という考え方を生み、川の釣り堀化を助長し、天然アユの再生産を保全することの必要性は漁協や釣り人の意識から次第に希薄になっていった。このことによって、たとえば海水温の上昇によってアユ資源がダメージを受けているため保護対策が必要ということが分かっても、なかなかそれを実行できずにいる。「魚がいなければ放流すればいい」という意見が優先されるためである。さらには、「俺たちが放流している」という思いが組合員の漁場の私物化を進めた一因となったことは先の川村の指摘のとおりである。

　このように、第5種共同漁業権の「増殖義務」を「放流義務」と限定的に解釈し、それを推し進めることでアユという資源を維持しようとしたときから、言い換えると持続的な生物資源を非持続的な増殖システムに乗せたときから今日のアユ資源の衰退は始まっていたのである。

　ところで、このように放流による増殖が破綻した過程を見てくると、1つの疑問が浮かぶのである。それは、なぜ、ここまで放流依存体質を強めてしまったのか、なぜ、水産行政は総合的な増殖を推進することができなかったのだろうか、ということである。このことについては、高度経済成長の中で進められる河川開発に対して、微々たる経済効果しかない水産側から異論をとなえることは事実上できなかったことが指摘されている。河川の開発と自然環境の保全は二律背反の関係にあると考えられ、実際そのように扱われて来た歴史がある。2つの政策が二律背反の関係にある場合、両者のメリットとデメリットをすべて考慮したうえで意志決定されるべきであるが、これまでの経済優先の視点では開発に比べ自然環境を保全することの重要性は、十分には評価されてこなか

った。自然環境という経済評価しにくいものの価値を正当に評価できないままに切り捨ててきたともいえる。その結果、開発による生息環境の悪化を防止するよりも、手っ取り早くかつ確実に漁場を形成することができた種苗放流が選択されたのである。ただ、この選択は、「アユが生息すること自体が困難なほどに河川環境が疲弊してしまわない限り」という条件付きであることが指摘されていた。そのことが事実であることに気がついたのは、アユが生息することが困難なほどに多くの川が疲弊した後であった。

5．天然アユの復活は可能か？

　河川の荒廃にともなう生態系サービスの低下が顕在化すると同時に、市民が川を自分たちの共有財産として意識し始めた今、環境との調和を図る施策はもはや避けて通れなくなっている。環境修復、自然との共生といったことはたやすい作業ではないが、私たちが生存していくためにも取り組まなければならない課題であることは多くの人々に理解され始めた。その第一歩として、身近な資源である天然アユを増やすことに取り組むことは、「共生」への具体策を見つけるためにも意味がある。ただ、これまで放流に頼りすぎたこともあって、天然アユを増やすための技術や制度の整備が立ち後れている。天然アユを復活させることはもう無理だという悲観的な意見も少なくない。天然アユを復活させることは果たして可能なのか？　本章の最後に、高知県奈半利川での取り組みとその成果を紹介し、天然アユ復活の可能性について考えてみたい。

（1）　奈半利川での天然アユの復活の試み
　奈半利川は電源開発が積極的に行われた河川で、中上流に昭和30年代に3つのダムが建設された。河川水は発電のために高度に利用されており、ダムの貯水池や減水区が流程60 kmの大部分を占め、川本来の水量を保っているのは源流部のみとなっている。最下流の長山発電所から河口までの約7 kmの間は流量は多いものの、発電のために水位は1日の中で最大60 cmも変動（発電使用水量が1日の中で0〜40 m³/s変動することにともなう）する。そのため、急な水位低下時に逃げ遅れたアユやウグイが水のなくなった河原で死亡したり、産

み付けられたアユ卵が干出するといった事故もしばしば起きている。また、大雨の際にダム湖に流入した濁水が貯留されるため、ダムの下流では1ヵ月以上も濁水が続くことが毎年のようにあり、これまで大きな漁業被害を出してきた。住民と川とをつないでいたきれいな水やアユが失われたことで、住民の川離れも急速に進みつつある。

　このように奈半利川は、天然アユが正常に生息するには厳しい環境にあり、実際に資源量は大きく減少していた。これに対して、奈半利川淡水漁協では漁業被害の補償金などを原資に大量の種苗放流[7]を行ってきたが、全国的な例にもれず、その成果は乏しく、訪れる釣り人もほとんどいない状態になっていた。

　筆者は2003年から奈半利川におけるアユ減少の理由と対策を検討するために、アユの生態調査を奈半利川淡水漁協、電源開発株式会社と共同で始めた。まず分かってきたことは、アユの産卵場が著しく劣化（ダムによる河床の粗粒化。写真4-1）していたことであった。アユの産卵に不可欠な浮き石（礫間に空隙がある状態）の小砂利底は消失しており、これが奈半利川から天然アユが減少した要因の1つとなっていた。対策として産卵場の造成を始めた。河床にはアユの産卵に好適な小砂利が少ないため、プラントでふるいにかけた砂利（産卵に好適な粒径を選択）をダンプで運び、産卵場に投入した。この工事は本来は漁協の増殖行為として行われるべきものであるが、産卵環境悪化の原因がダムにあることがはっきりとしたため、ダムを利用している電力会社と漁協が協力して行っている（電力会社は主に上記の工事部分を担当）。さらに、アユの産卵期間中は産卵しやすいように発電量の調整によって河川の水位をできるだけ一定に保つという対策（発電効率はかなり低下する）も取られている（図4-4）。産卵場を作る際には毎年、電力会社の職員数十人がボランティアで参加し、仕上げの均し作業（これは機械ではできない）などを漁協と共同で行っている。

　産卵場造成と並行して、産卵に必要な親魚数21万尾（川の収容力から必要な親魚数を算定した）を確保するために、夏場から秋の産卵期にかけていくつかの漁獲規制（投網の禁漁区設定、産卵保護期間の延長、産卵保護区域の設定など。これらはいずれも「増殖」とは認められない対策である）を漁協が自主的に設けた。この対策の効果はめざましく、規制を開始した2006年には目標の親魚数21万尾（10月時点）にまったく届かない5.5万尾であったものが、3年後の2009年

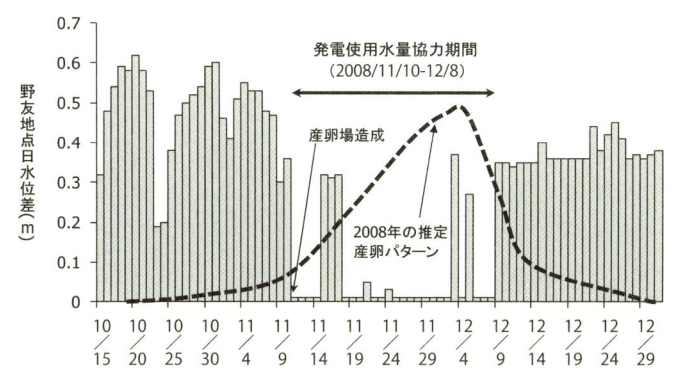

第 4 章　アユ 持続的資源の非持続的利用

図 4-4　奈半利川における日水位差とアユの産卵パターン（2008年）
アユ産卵盛期には発電量を調整し水位の日周変動を押さえる協力運用が行われている。アユの産卵はその期間中にピークを迎えた（水位データは高知県河川課から提供を受けた）。

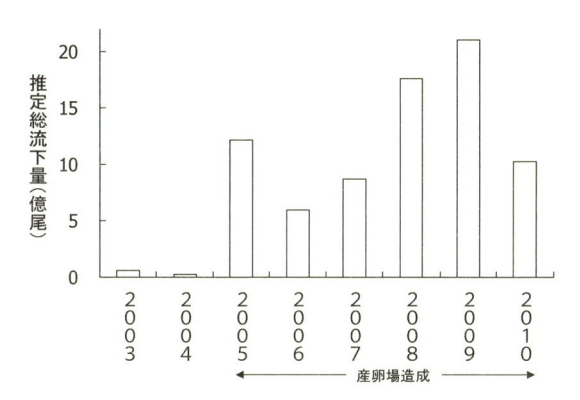

図 4-5　奈半利川におけるアユ仔魚のふ化量の経年変化
産卵場造成を実施して以降急増した。

には 42 万尾にまで増加した。

　このような対策の効果は、ふ化する仔魚の数で検証しており、産卵場を造成し始めて以降、ふ化量は数十倍レベルで増えた（図 4-5）。しかし、対策を始めた当初の 2006～08 年、ふ化量の飛躍的な増加の割には翌年の遡上量は増えなかった（図 4-6）。アユがふ化する時期と海で仔魚が生き残りやすい時期のミスマッチが起きていたためであった。その後、産卵場を造成する時期を遅らせることで産卵期を幾分遅めにコントロールするなどの対策を追加し、2009 年

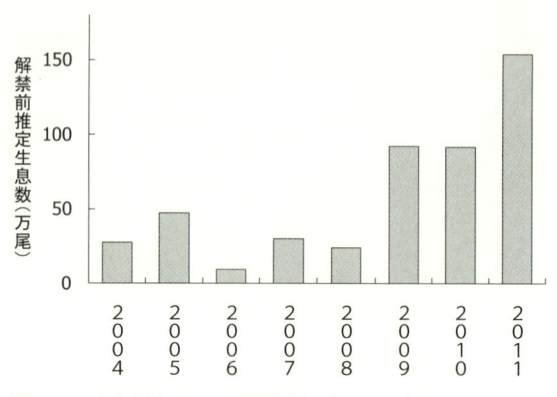

図4-6 奈半利川における解禁直前のアユの生息量の経年変化

以降は比較的安定した遡上量が得られるようになった（図4-6）。特に2010年は高知県下のほとんどの河川で天然遡上が少なかったなかで、奈半利川で天然遡上が多かったことは対策の効果が大きいと考えられた。これまで種苗放流一辺倒であった漁協の組合員らが天然アユが増えてきたことを実感できたことで、放流だけに頼らない増殖策——産卵場造成のみならず、資源量のモニタリング、壊れた魚道の応急修理など——も始めるといった波及効果も見えてきた。[8]

調査を始めて9年、対策の効果を実感できるような結果が得られ始めて3年しか経っておらず、まだ効果を十分に検証できたわけではない。ただ、科学的なデータを元に対策を講じることで、天然アユを増やすことの可能性は感じられるようになってきた。漁協だけでなく、漁協と敵対しがちだった電力会社も協力して対策を実行できたことにも、今後に向けて意味があると考えている。

（2） 天然アユを増やすうえでの今日的課題

天然アユ資源の保全は流域の環境保全と深く関わる。それゆえに漁協単独で対応することには限界があり、市民や行政等の協力が得られなければ、資源の維持は難しくなっている。ここで問題となるのは、地域によって程度の差はあれ、住民と漁協あるいは住民と川の関わりが稀薄になっていて、天然アユ資源の保全はもとより河川の環境保全についても理解や協力が得られにくい状態となっていることである。漁協が地域から乖離した存在となった原因として、前

述した漁協によるアユや川の私物化があったこと、本来は漁場回復に使うべき漁業補償金を組合員で分配したことなどを指摘できる。他方、住民の川に対する関心が稀薄になった理由としては、自らの生業や生活の場面において直接的な関わりがなくなったことなどがあげられている。高知県の物部川では農業用水を取水することで、本川の水がほとんど干上がってしまうという深刻な事態がしばしば起きている。また、代掻き時期（アユの遡上期）には田んぼからの濁水で本川が濁るということも起きている。このような問題について、漁協は以前から関係機関（農業団体、国、県、市町村）に協力を要請してきたが、調整は進んでいない。その理由の1つは、水を使っている農業団体が水の供給源である物部川本川の環境に無関心となっていることをあげることができる。

　疲弊した川で天然アユを復活させることは、技術的には可能であっても、そのことに多くの人たちが関心を寄せ、協力しなければ、実現は難しい。ただ、展望がないわけではない。愛知県の矢作川では、漁協が川の環境を良くし天然アユを復活させる取り組みを始めたことで、行政や市民だけでなく、敵対しがちな水利組合や電力会社の協力が得られるようになっている。兵庫県の武庫川では、漁協や行政が市民グループに協力する形で天然アユをシンボルとした環境保全活動が始まっている。このような新しい取り組みの中から川や天然アユを持続的に利用するコモンズが再構築されることを期待したい。

【注】
（1）　なかにはダム建設などを契機に漁業補償交渉の窓口として設立されたケースもある。
（2）　1951年3月7日水産庁長官通達において補償金の使途を漁場復元費にあてるよう指示。
（3）　高知県内水面漁連元役員への聞き取り調査によると、この通達以前の1950年代、漁協の仕事は種苗放流ではなく「漁場管理」であると認識されていたようである。
（4）　漁業法129条において遊漁料の設定が漁協の増殖費に対して妥当なことを求めている。
（5）　実際高知県ではこの20年の間に産卵のピークは半月以上遅くなった。
（6）　手引書が作られてはいたが、内容は総論的で、現場で利用できるようなものではない。
（7）　奈半利川の魚梁瀬ダム（もっとも上流にあるダム）から下流の河川を管轄する。

（8）破損した隔壁をH鋼を使って応急修理したり、河原にある礫を利用した魚道（斜路）を設置したりした。これらはその後の調査で効果が確認できた。ただし、水産資源保護法ではこういった魚道の維持管理は漁協ではなく堰堤の管理者に義務づけている。

【参考・引用文献】
石田力三（1988）『アユその生態と釣り――アユのすべてがわかる本』つり人社.
大森正之（2000）「内水面漁業協同組合の環境保全機能に関する文献研究」『内水面漁業協同組合の環境保全機能――環境経済学および環境社会学からの接近』明治大学, 3-38頁.
金田禎之（1997）『実用漁業法詳解　増補十訂版』成山堂書店.
―――（2003）『新編　漁業法のここが知りたい』成山堂書店.
川村泰啓（1973）「内水面漁業の今日的課題」『ジュリスト』542, 121-128頁.
神戸川漁業協同組合史編纂委員会編（2010）『創立60周年記念神戸川漁業協同組合史』神戸川漁業協同組合.
熊本一規（2000）『公共事業はどこが間違っているのか？』まな出版企画.
芝村龍太（2003）「川の権利をめぐって」矢作川漁協100年史編集委員会『環境漁協宣言――矢作川漁協100年史』矢作川漁業協同組合, 53-114頁.
―――（2003）「川との距離」矢作川漁協100年史編集委員会『環境漁協宣言――矢作川漁協100年史』矢作川漁業協同組合, 201-256頁.
―――（2010）「河川漁業の業とその帰結」古川彰・高橋勇夫編『アユを育てる川仕事』築地書館, 37-47頁.
高橋勇夫（2009）『天然アユが育つ川』築地書館.
―――（2010）「天然アユを増やす意味」古川彰・高橋勇夫編『アユを育てる川仕事』築地書館, 2-7頁.
―――（2010）「産卵場造成の実際」古川彰・高橋勇夫編『アユを育てる川仕事』築地書館, 116-123頁.
高橋勇夫・東健作（2006）『ここまでわかったアユの本』築地書館.
田中英樹（2010）「カワウの餌魚種選好性――飼育実験から」『日本水産学会誌』76(4), 711頁.
土佐野治重（2002）「アユの種苗放流と冷水病被害について――シンポジューム魚病研究の現状と展望」『魚病研究』34(4), 214頁.
丸山隆（2005）「内水面における遊漁の諸問題」日本水産学会増殖懇話会編『遊漁問題を問う』恒星社厚生閣, 133-147頁.
宮内泰介（2001）「コモンズの社会学」鳥越皓之編『自然環境と環境文化』〈講座環境社会学　第3巻〉有斐閣, 25-46頁.
山本麻希（2010）「カワウの生態と被害病序について」古川彰・高橋勇夫編『アユを育てる川仕事』築地書館, 198-206頁.
依光良三（1989）「漁業組合の歩みと漁場管理」谷口順彦他『土佐のアユ――資源問題を考える』高知県内水面漁業センター, 121-154頁.

第5章
都市住民との協働による阿蘇草原再生の取り組み

高橋佳孝

　広大で優美な阿蘇の草原は、古くから野焼き、採草、放牧など人々の営み（写真5-1）により1000年以上もの永きにわたって維持されてきた、まさしく文化的遺産といえるものであり、我が国を代表する風景の1つとして多くの人々を魅了してやまない。日本一の規模を誇るサクラソウ群落、阿蘇にしか生育していないハナシノブ、絶滅危惧植物であるヒゴタイ（写真5-2左）、キスミレなど、四季折々にかれんな草花が咲き誇る。このような豊富な草原性植物に支えられて、多くの種類の鳥類や蝶類（写真5-2右）が生息している。

　また、年間3000mmもの降雨量がある阿蘇は、多量の雨水を地下に蓄え、1500以上もの遊水池や6本の一級河川の源流域となっている。実は、水文循環からみると草原は森林に劣らず地下水の涵養力が高く、阿蘇の草原は九州の水供給に重要な役割を果たしている。

　農畜産業の基盤だけにとどまらず、これらの多様な生態系サービスを提供してくれる阿蘇の草原が今、危機に瀕している。地元農家の後継者不足に高齢化が重なり、もはや阿蘇で暮らす人々の手だけで草原を守ることは難しくなってきた。とりわけ、草原維持に欠かせない野焼き・輪地切り（防火帯づくり）は、多くの人手を要する危険と隣り合わせの作業であるため、その困難性から中止する所も少なくない。

　先人の知恵によって守り継がれてきた豊かな自然を、将来の世代につなぐためには、多くの人たちの連携・協力が欠かせない。そのためには、さまざまな恵みを受けている国民に、阿蘇草原の価値ときびしい現状を伝えて、草原保全

写真5-1　阿蘇の雄大な草原景観は人々の営みが創り上げたもの

上左：火に強いイネ科草本を残し、灌木を除去する野焼き（写真提供：阿蘇グリーンストック）
上右：単なる野草も採草されることで価値がうまれる（写真提供：大滝典雄）
下：放牧による採食と排泄のサイクルが牧歌的景観を創り出す

写真5-2　阿蘇の草原を代表するヒゴタイ（左）とオオルリシジミ（右）
写真提供：大滝典雄（左）　井上欣勇（右）

への参加を促さなくてはならない。

1．草原の文化的価値と生物多様性

（1）　人間の営みが創った文化遺産

　阿蘇の草原は、面積が2万3000 haと我が国最大の草原域を誇っている。平安時代に編纂された「延喜式」（901～923年）のなかに、肥後の国に二重馬牧と浪良馬牧があったと記されており、これにちなんで「千年の草原」と呼ばれる

ようになった（大滝1997；高橋2009）。しかし、最近の土壌中のプラントオパール（イネ科植物が体内で作り出すケイ酸体で、結晶となって残る）や花粉、微粒炭（植生に火が入ったことを示す土壌中の微細な炭のこと）の分析結果から、約3万年前からササ属が優勢な植生が広がり、外輪山の東側では少なくとも約1万3000年前から現在までススキ草原が優占していること（宮縁・杉山2006）、また、外輪山の西山麓では約7300年前にネザサを含むメダケ属やススキが優勢な植生へと変化したことが明らかにされている（宮縁・杉山2008；湯本2010）。その頃から縄文時代にかけては、おそらく狩猟目的のために火で焼かれ、草原環境が維持されていたのではないかと想像されている（湯本2010）。

　阿蘇の草原植生は、気候などの自然条件が制限要因となって成立しているわけではない。この地域の気温や降水量から判断すると、手つかずの自然のままだと森林へ遷移しているはずである。それが草原にとどまっているのは、火山活動（阿蘇草原再生協議会2007）や透水性の良い地質の影響（早川1981）とともに、野焼き、放牧、採草などによって森林への遷移が妨げられ（写真5-1）、自然と人為がうまく調和しながら、草原が維持されてきたからである（山内・高橋2002；高橋2009）。このような、人為的攪乱を受けながら、自然の再生力の範囲内で持続的に維持されてきた草原（草地）を「半自然草原（草地）」と呼んでいる。

　古代・中世までは猟場や馬牧に利用され、中世から近代は草肥の供給を中心に、戦前は茅葺き屋根の材料や軍馬の生産地であったり、戦後は農耕用牛馬、現在は肉用牛の飼料採草地であったりと、草原の役割は時代のニーズに応じて変化してきた（大滝1997；湯本2010）。人々を魅了する広大な草原は、1万年以上もの歴史を通じて、人と牛馬、自然との調和によって造形されてきた人文景観、文化景観といってよいだろう。また、カルデラ地形と一体になった草原景観は、世界に誇れる自然的、歴史的遺産でもある。世界的にも、これほど長期にわたって同じ場所で草の恵みを受けて、固有の文化を発展させたという例は、ほかに類をみないようだ。

　春になると野焼き後の末黒野にキスミレが咲き乱れ、初夏には真っ赤なツクシマツモト、秋にはヒゴタイが瑠璃色の花球をなびかせるのも阿蘇の草原ならではの風物詩である。ここには阿蘇に特有の貴重な植物をはじめとする豊富な

草原性植物が生育し、その植物に支えられて生きている動物にも、ほかの地域とは異なる大きな特徴があり、生物多様性の面からも保全・再生する価値が極めて高い。すなわち、阿蘇の希少な動植物たちは、阿蘇の生活域に固有の歴史的価値をもち、阿蘇の草原は特徴的な地域植生としてとくに保護上重要であると考えられている（環境庁自然保護局阿蘇くじゅう国立公園管理事務所1993）。

（2）　生業の場、生活の場としての草原

　阿蘇地域は火山灰に覆われ、また、高冷地であるため、もともと農業に適した地域ではなかった。このため、農耕地の地力を高める目的で草を刈って緑肥（刈敷）として、さらに緑肥よりも濃厚な肥料源である厩肥を牛舎で生産し、田畑に投入するなどの努力が払われてきた（図5-1；国安1998）。また、農作業の動力源である牛馬のための飼料や敷料、茅葺き屋根の材料としても利用され、草原は生業や生活を支えるのに不可欠な存在であった。だからこそ阿蘇地域の人々は集落ごとに定められた「入会地(いりあい)」と呼ばれる原野（草原）を共同で利用してきたのである。

　ところが、戦後の農業の機械化や化学肥料の普及などによって、水田耕作や畑作と密接に結びついていた草の循環システム（図5-1）は崩壊した。その後は畜産振興策に沿った肉用牛生産地帯として、畜産農家を中心に組織された牧野組合によって入会牧野（半自然草原）が利用・管理されてきた。この過程で、酪農振興を背景に、傾斜15度以下の比較的平坦な場所に大規模な人工草地が造成され、景観は一変した。かつての野草を活用した農耕連鎖（図5-1）は途絶え、化石燃料依存と機械化による集約的畜産へとシフトしていき、これが結果的には未利用牧野の発生と荒廃化を招いた部分も少なくない。

　草原（人工草地含む）の利用方式は採草と放牧の2つが基本である。この利用方式の違いに対応して、植生のタイプは、採草地の長草型草原（ススキ草原、ススキ-ネザサ草原）と放牧地にみられる短草型草原（シバ草原、ネザサ草原）に大別できる。草原の植物たちの多くは、前年秋までに地下部に蓄積した栄養分を夏の間に地上部に転流させて光合成を行い、その後地下部に転流させるというサイクルで生きている。したがって、用途や時期を選べば、収穫に伴うダメージは最小限に抑えることができ（大窪2002）、このことが火山灰のように地力

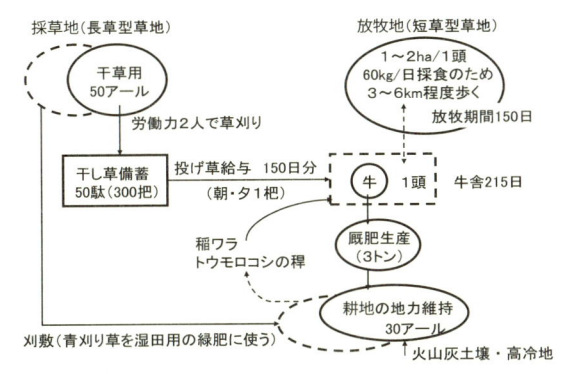

図5-1 耕・草・畜の連携を基軸とした1955年頃の阿蘇地方の農耕維持の原型

この他に、各集落には屋根葺き用の茅を採取する「茅野」があった。また、面積の小さな牧野では秋期の放牧を禁じるなど、牧野の利用管理形態は地域や集落によって異なった。
出所：国安1998より作成

の低い場所にススキやネザサの草原を安定させる要因の1つと考えられている。

（3） 多様な環境と生物の宝庫

　阿蘇に分布している植物の数は約1600といわれ、これは熊本県内分布種の約70％にあたる。このうち、草原には600種以上の植物が存在しており、阿蘇だけにみられる植物は13種にのぼる。そのなかには、キスミレ、ヒゴタイ（写真5-2左）、ツクシマツモト、ヤツシロソウなど、九州が大陸と陸続きであった氷河期に南下してきた大陸系植物が多く（大窪2002；高橋2009）、また、森林と草原の両方の自然環境に恵まれていることから、たくさんの種類の鳥類や蝶類がみられる（熊本県希少野生動植物検討委員会編1998）。そのなかには、オオウラギンヒョウモン、オオルリシジミ（写真5-2右）、ゴマシジミ、ダイコクコガネなど絶滅危惧種に指定されている昆虫もみられる。

　野焼き（火入れ）は、枯れ草を取り除いて丈の短い植物が早春に十分な光を浴びる条件を整え、また、土壌に活性炭を供給することを通じて、温暖化のストレスに耐え草の下で生き延びてきた寒冷な時代の植物たちに、清らかな生活場所を提供してきた（鷲谷2011）。今日にいたるまで、何とか野焼きが続けられたことにより、ほかの地域では絶滅してしまった草原性の植物やそれらに依存する昆虫が生きながらえることができたのである。

また、人々による草の利用は、晩春〜夏が放牧、夏〜初秋に朝草刈り（この間、放牧が禁じられている地域もあった）、初秋〜晩秋には干草刈り（写真5-1上右）、茅刈りなど、多様な形態であったため、一見すると単純にみえる草原のなかにもモザイク状の植生がみられた。とくに、草刈り場（採草地）では、優占種であるススキやネザサが刈り取られて勢いを失い、随伴する多様な草花が生育できる環境が創られてきた。盂蘭盆に「盆花」としてお墓に野の花を供える風習は、この草刈り場の文化であり、絶滅危惧植物の多くも採草地に生育している。

　一方、人工草地や耕された畑作地（ダイコン畑やシバ畑）ではごく少数の生きものしか見出すことができない。野焼きの終わった真っ黒な草原とは対照的に、寒地型牧草を導入した牧草地（人工草地：イタリアンライグラス、オーチャードグラスなど）はひときわ緑が色鮮やかに映るが、生物の多様性は低い。また、多くの採草地にはスギが植林され、絶滅危惧植物の自生地が失われてきた（瀬井2006）。そして、草原の窪地に点在する湿原も、人工草地や野菜畑からの肥料分や土砂の流入により変質してきている。

　生態系の食物網でいうところの1次生産者である植物の種類が多ければ多いほど、1次消費者、2次消費者、3次消費者の種類と個体数も多くなり、豊かな生態系となるのが一般的である。もともとの原野（半自然草原）が植林や人工草地化・耕地化によって単純な植物相に変えられてしまい、全般に貧相な生態系となっている（山内・高橋2002；瀬井2006）。

　阿蘇は全国的にも有数な草原性生物の豊富なところだが、原野のなかでの植林地・人工草地・耕作地の無秩序な拡大は、草原そのものとともに寒冷な時代の自然遺産ともいえる貴重な生物相、そして草原と人々の関わり自体を消滅させることを意味している。原野（半自然草原）を維持していくには、種の保全、生物多様性の保全という観点からみても、春の野焼きと秋の刈り干し切りという人為的管理がとても大切な作業であることが分かる（瀬井2006；高橋2009）。

（4）　湿原と水源の涵養地

　阿蘇は、年間降水量が約2700 mmの多雨地帯で、とくに中央火口丘の高いところでは3000 mmを超える。遮断蒸発が少ない草原の植生を通過し（図5-

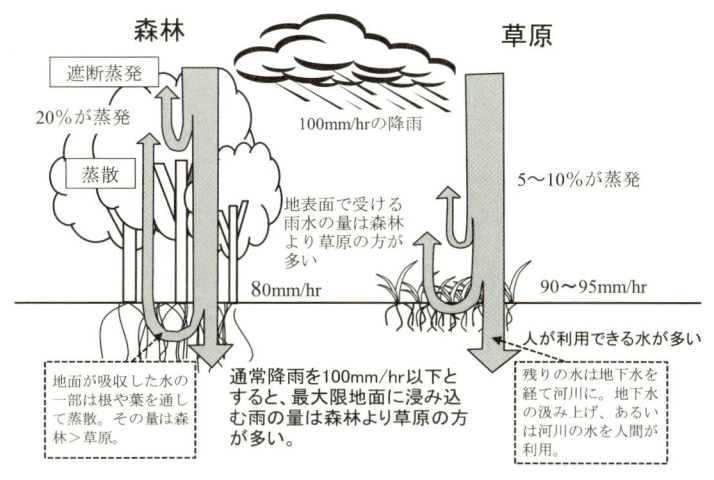

第 5 章　都市住民との協働による阿蘇草原再生の取り組み

図5-2　森林と草原の地下水涵養力（阿蘇草原再生協議会 2010）
出所：塚本 1999 より作成

2）、透水性の良い地層からの地下に浸透した水は、断層線や難透水層を伝わって湧き出し、1500 以上もの遊水池を形成している。また、その一部は波状草原の窪地に湧水し、各所に小規模の湿地帯が点在している。

こうした湿地帯の周辺には、阿蘇の草原のなかでもとくに希少な野の花が多く分布している。環境庁の調査（環境庁自然保護局阿蘇くじゅう国立公園管理事務所 1993）などによると、この湿地には大陸系植物としてツクシフウロ、ヒゴシオン、オグラセンノウ、サワゼリ、サワトラノオ、チョウセンスイランなどが生育し、これらは国内でも阿蘇特産種となっている。また、北方系植物とされるものとしては、九州では珍しいイブキトラノオ、リュウキンカ、シラヒゲソウ、クサレダマ、サクラソウなどが生育する（環境庁自然保護局阿蘇くじゅう国立公園管理事務所 1993；瀬田 1995）。

さらに、草原地帯からしみ出した湧き水が小さな渓流となり、やがては図5-3 のように、九州中・北部の 5 県を流れる 6 本の一級河川の源流となっている（環境庁自然保護局九州地区国立公園・野生生物事務所 1998）。阿蘇はいわば、「九州の水がめ」なのである。川下の都市は、阿蘇を源流とする 6 大河川によって生活用水、農業・工業用水を受益し、受益人口は 300 万人にものぼるといわれる。下流の都市生活者が、「毎日使っている水が、阿蘇につながっている」

図5-3　阿蘇は九州中北部の6大河川の水源地
出所：参加型国立公園環境保全活動推進事業中間報告より

ことを認識したときに、上流の草原や環境を守ろうとする意識も自ずと芽ばえてくる。

2．危機に瀕する草原の利用と希少種

（1）　改廃に向かう草原

　1000年以上にもわたって維持されてきた阿蘇の草原が、近年危うい状況におかれている。草原管理の3大技術である野焼き、放牧、採草のうち、最も粗放だが、最も効果的な植生管理技術が野焼き（火入れ）である。野焼きの目的は、草原から森林への移行の第1段階となる灌木や低木（サルトリイバラ、ノイバラ、アキグミなど）を火で抑圧し、牛馬のエサになるイネ科の植物を選択的に残して、安定した草原を維持することにある（大滝1997）。野焼きという人為圧がなくなると、優占種のススキが巨大化し、腐りにくいススキの立ち枯れやリター（枯れ葉の堆積層）が堆積する一方で、ハギが灌木化し、ウツギなどの低木類が侵入してくる。その結果、再び草を利用することが困難になるばかりでなく、在来の貴重な植物が抑圧され、草種構成は単純化していく。

　阿蘇の草原はながらく、入会権者を中心とする地縁の組織が野焼きや輪地切り（野焼き前に帯状に草を刈って防火帯とすること）に出役することで守られてきた。戦後、有畜農家を構成員とする牧野組合が結成されたが、有畜農家は入会

第5章　都市住民との協働による阿蘇草原再生の取り組み

		輪地切り（防火帯切り）の実施主体				
		地区単位で行う	入会権者全員で行う	有畜農家だけで行う	輪地切りはしていない	不明
野焼きの実施主体	地区単位で行う	27	3	6	3	0
	入会権者全員で行う	4	76	9	3	0
	有畜農家だけで行う	0	0	10	0	1
	野焼きはしていない	0	0	0	17	0
	不明	0	0	0	0	11

表5-1　阿蘇地方における草原管理の実施主体（牧野組合数：170）
出所：環境省九州地区自然保護事務所・熊本県阿蘇地域振興局 2004 より作成

権者の一部にすぎず、現在も、草原管理は地区単位や入会権者全員で行われるのが普通である（表5-1）。

　ところが、この野焼きが継続できない事態が起こっている。1960年代後半から高度成長の波にさらされ、後継者不足に高齢化、また、近年は安い農畜産物の輸入拡大で、牛馬を手放し離農する者が増えている。阿蘇地域の有畜農家の数は1988年に1850戸であったが、5年後には35%も減少して、1200戸にまで減少している[1]。このため、輪地切り（防火帯切り）や野焼きにおける人手不足はかなり深刻である。（財）グリーンストックが、1998年から1999年にかけて阿蘇郡内の牧野組合を対象に行った「阿蘇郡牧野および牧野組合現況調査」（くまもと楽座評定会他1999）および2003年の環境省による調査（環境省自然環境局九州地区自然保護事務所・熊本県阿蘇地域振興局農業振興課2004）によると、阿蘇の草原とそれを支えている牧野組合の厳しい現状が浮き彫りにされている。

　阿蘇郡における野焼き面積は1万6264 haで、全牧野面積（2万2128 ha）の約70%を占めている。また、野焼きに不可欠な輪地切りの総面積は440 ha、総延長は640 kmおよび、これはおよそ熊本から静岡までの距離に匹敵する。しかし、その担い手である牧野組合員の平均年齢は56歳（1993年）というのである。肉体的にはピークを過ぎた50歳以上のふんばりによって、野焼き・輪地切りが何とか維持されているのが実状である（図5-4）。すでに野焼きや採草・放牧が途絶えている草原の面積は、阿蘇郡全体で数千haにものぼり、牧野組合員の減少や入会権者の高齢化を考えると今後ますます中止面積の拡大に拍車がかかりそうである。とりわけ、残暑厳しい初秋に行われる輪地切り（防

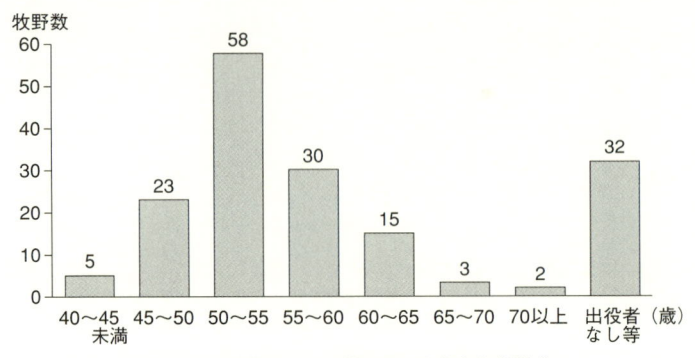

図 5-4 阿蘇における輪地切り出役者年齢構成

年齢	牧野数
40～45未満	5
45～50	23
50～55	58
55～60	30
60～65	15
65～70	3
70以上	2
出役者なし等	32

現在は、ピーク（50～55歳）が右方向（60～65歳）に移動していると推察される。
出所：阿蘇郡牧野および牧野組合現況調査 1999 より作成

火帯づくり）は、急傾斜地を含む複雑地形で草刈り機を使っての危険な作業であるため、その困難性から野焼きを中止する例も少なくない（山内・高橋 2002）。

財団の調査データに基づく各牧野組合診断表（1999 年）によれば、今後草原の維持・管理がかなり困難と思われる牧野組合が、全体の 43％をも占めていた。さらに、2001 年の BSE 問題の影響で、有畜農家の減少は一層加速されており、利用されずに放置される草地が急速に増えていくことが懸念される。

また、熊本県が 2011 年に実施した最新の牧野組合診断調査「阿蘇草原再生 23 年度基礎調査」によれば、現在すでに草原の維持管理が困難で中止している牧野は 17 牧野で、全体の 1 割以上（11.5％）を占めており、市町村別にみると高森町、旧蘇陽町の牧野が多くなった。また、あと数年程度しか野焼きができない牧野 11.5％、5 年以上 10 年までしかできない牧野 32.4％と合わせると、今後 5 年程度で半数以上（55.4％）の牧野組合で草原維持が困難となる状況にあることが分かる。

（2） 草原性希少種の絶滅危険性

阿蘇草原の利用や管理の形態はここ数年で大きく変化したが、その結果、景観構造の変遷やその動的平衡が失われ、必然的にその景観内に生育地をもつ生物種には絶滅の危機が訪れている。

環境省のレッドリスト（環境省 2007）によれば、およそ 600 種におよぶ阿蘇

第 5 章　都市住民との協働による阿蘇草原再生の取り組み

絶滅危惧 IA 類 (CR)	絶滅危惧 IB 類 (EN)	絶滅危惧 II 類 (VU)		準絶滅危惧 (NT)
ハナシノブ ヒナヒゴタイ	オグラセンノウ ハナカズラ ハナハタザオ ツチグリ アソタイゲキ サワトラノオ ムラサキ ケルリソウ チョウセンカメバソウ ツクシコゴメグサ ツクシクガイソウ ヤツシロソウ タカネコウリンギク タマボウキ ノヒメユリ ヒメユリ ハタベスゲ ダイサギソウ ササバラン	マツモトセンノウ オキナグサ ヒキノカサ ベニバナヤマシャクヤク コウライトモエソウ ツクシフウロ ホソバシロスミレ ヒメノボタン ミシマサイコ シムラニンジン ノジトラノオ ヒメナエ ロクオンソウ フナバラソウ カイジンドウ キセワタ ゴマクサ ツクシトラノオ ゴマノハグサ	バアソブ キキョウ ヤブヨモギ ヒゴシオン シオン ヒゴタイ ホソバオグルマ タカサゴソウ ミコシギク アソタカラコウ ヒメヒゴタイ エヒメアヤメ マイヅルテンナンショウ ツクシテンツキ ハタベカンガレイ ミズトンボ	ミチノクフクジュソウ ノカラマツ ヤチマタイカリソウ タノコアシ イヌハギ サクラソウ ムラサキセンブリ スズサイコ ムラサキミミカキグサ アソノコギリソウ ヒロハヤマヨモギ チョウセンイラン クジュウツリスゲ エビネ ムカゴソウ サギソウ トキソウ
2 種	19 種	35 種		17 種

CR：ごく近い将来における絶滅の危険性が極めて高い種
EN：IA 類ほどではないが、近い将来における絶滅の危険性が高い種
VU：絶滅の危険が増大している種
NT：存続基準が脆弱な種

表 5-2　阿蘇草原の絶滅危惧植物

出所：環境省レッドリスト 2007 より抜粋

　の草原性植物のうち、ごく近い将来における絶滅の危険性が極めて高い種「絶滅危惧 IA 類（CR）」が 2 種、IA 類ほどではないが、近い将来に絶滅の危険性が高い「絶滅危惧 IB 類（EN）」が 19 種、そして絶滅の危険が増大している種「絶滅危惧 II 類（VU）」が 35 種、存続基盤が脆弱な種「準絶滅危惧種（NT）」が 17 種など、合計 74 種がリストアップされている（表 5-2）。阿蘇の草原植物の約 1 割が絶滅の危機に瀕している状態で、日本国内でも絶滅危惧種が集中しているホットスポットの 1 つとなっている。

　ハナシノブは、阿蘇の草原にのみ生育する固有種であり、環境省の「種の保存法」により特定国内希少野生動植物種に指定されている。かつては、46 ヵ所

あった自生地（瀬井 2006）も現在ではわずか数ヵ所にまで減少している。また、九州の阿蘇地方に集中的に分布しているヒゴタイ、マツモトセンノウ、ヤツシロソウなど大陸系植物の多くも生育地が失われ、絶滅が危惧されている（瀬井 2006）。

　植物だけでなく小動物や昆虫の生育環境としての役割も機能しなくなっている。たとえば、阿蘇を代表するオオルリシジミ（写真5-2右）というチョウの食草であるクララは有毒で牛馬が食べないため、放牧場には比較的多く、採草地でも意識的に刈り残される。しかし、牧野が放棄され、野焼きや放牧・採草が実施されなくなるとほかの植物が繁茂し、クララとともにこのチョウも衰退し始めている。そのほかにも、オオウラギンヒョウモン、ヒメシロチョウといったチョウも、採草、放牧の中止や土地利用の変化による草地の変質・消失で、衰亡の危機に直面している（山内・高橋 2002；高橋 2009）。

3．草原維持・再生に向けての取り組み

　このような状況に対して、阿蘇の草原景観保全を目的とする「野焼き支援ボランティア」が1997年に開始され、その後草原の景観を維持・再生するためのさまざまな取り組みが展開し、2005年12月に自然再生推進法に基づく「阿蘇草原再生協議会」が設立された（阿蘇草原再生協議会 2007）。そして2007年には、都市住民（ボランティアなど）、農村住民（地域住民など）、行政機関の協働により、阿蘇草原再生の全体構想が策定された。今後は、全体構想をもとに、伝統的な野焼き・採草・放牧という草原利用・管理を現代版に再編し、種の保全にも配慮した持続的な草原管理を実現することが課題である。

　阿蘇の草原保全に関わる最も大きな活動が、「野焼き支援ボランティア」である。牧野の野焼き作業にボランティアが参加するようになってすでに13年が経過し、今では地元の牧野組合にとってなくてはならない存在になっている。現在、輪地切り（防火帯切り）も含め、野焼き実施牧野の1/3（49牧野）に、年間のべ2000人もの参加があり（図5-5）、地元住民との連携・協働が実現している（財団法人阿蘇グリーンストック 2008）。

　しかし、この野焼き支援ボランティアは生半可なものではなく、ボランティ

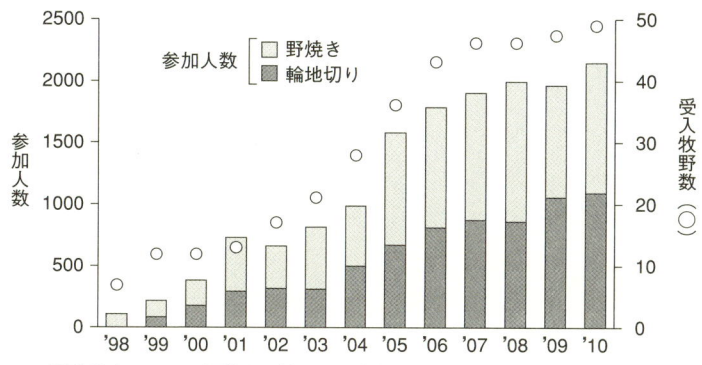

図5-5 阿蘇地方における野焼き・輪地切り支援ボランティア数と受け入れ牧野数の推移
出所：阿蘇グリーンストックより

アとして参加するには、1泊2日の「事前体験研修」が義務づけられ、小規模牧野での野焼き実践などを通じて、「火を伴う危険な作業である」、「あくまで火消しに徹する」など、野焼きに当たっての心構えを重要視する姿勢が貫かれている。入会地にアクセスする限りは、それにふさわしい心構えと資質が求められているのである。危険な作業にもかかわらず、10年以上にわたり事故もなく続いてきたのも、火は怖いもので決して侮ってはいけないというボランティアの自覚とそれを促す関係者の心配りが功を奏した結果であろう。その甲斐あって、一生懸命に作業するボランティアの姿には「思った以上の働きで、助かっている」との感想が多く聞かれるようになってきた。受け入れ牧野の高い評価は次第に口コミで広がっていき、牧野によっては、毎年、ボランティアとの交流会を行うところもある。

また、野焼きよりももっと過酷な作業が「輪地切り」と呼ばれる防火帯づくりの作業である。野焼きボランティアが実現した翌年（1999年）からは、この輪地切り作業にもボランティアが参加するようになった（図司2007）。残暑厳しい初秋の炎天下に草刈機を背負いながらの過酷な作業に、当初は「何をものずきな」といぶかる地元の声もあったが、今ではボランティアの輪地切り人気があまりにも高いことに驚いている。人気の理由は「達成感」にあるようで、やる気を起こさせる仕組みがそこに隠されているようである。

ボランティアの参加意識は「観光などで日頃お世話になっている阿蘇に、恩

返しがしたい」という純粋なもの。また、地元住民にとっては、「献身的にまじめに作業をしてくれること」の積み重ねがボランティアへの信頼度を増している。毎週のように阿蘇に訪れる彼らをツーリストの一員とみなせば、まさしく「責任あるツーリズム（Responsible Tourism）」の実践者である。九州大学による研究によれば、阿蘇の野焼き支援ボランティア活動の経済的価値は、年間に1500万円に相当するという（延2007）。このような地元と都市住民との信頼関係が、「阿蘇草原再生協議会」発足の大きな力となったといってよい。2001年からは、地元の要請を受けて、環境省の支援もあり、希少種の生育地でありながら長年放置され藪化した8ヵ所の牧野の野焼きを再開し、草原の再生を行うなど、実績は想像以上に上がっている。

　そのほかに、かつての草花の咲き誇る阿蘇の採草地（「花野」と呼ぶ）を復活させ、貴重な植物を保全・再生するため、利用しなくなった牧野をNPOが買い上げ、野焼きと採草（草刈り）を行う「草原トラスト運動」も始まった（瀬井2006；高橋2009）。ここでは、地元農家の指導を受けながら、野焼き、草刈り・草集めなどの昔の利用・管理形態を再現し、集めた草は県内の茶栽培農家が購入し、堆肥や「茶草」（茶園のマルチ資材）として利用している（高橋2009）。また、近隣の牧野では、植林した木を伐採したことでハナシノブなどの希少種が蘇った場所もあり、今後は植林地を草原に復元することも考えている。

　このように着実な地歩を築いてきた草原再生活動だが、活動が広がるにつれていくつかの問題点も出てきている。たとえば、地元では高齢化が進み作業の負担感が増すなかで、ボランティアへの信頼度が過剰になり、作業を全面的に委ねかねない状況が生まれてきたこともその1つである。

　ボランティアリーダー全体会では、このような現状を憂慮して、「作業の手順や技術」、「地形や風向きに対応した注意点」など、牧野ごとに地図情報としてファイルするという提案がなされ、2006年度より各牧野の野焼き手順や人員配置、地形・天候に応じた対処法などに関するさまざまな情報が各リーダーから集められてきた（財団法人阿蘇グリーンストック2008）。それらを取りまとめて集大成し、2009年には野焼き・輪地切り作業のための牧野ごとのカルテを整備した。完成したカルテは、2010年の野焼き作業から活用されている。

　また、2010年には、安全の手引き書「野焼き・輪地切り支援ボランティア安

全対策マニュアル」を作成した。これは、2009年の大分県由布市での野焼き死亡事故を教訓に、事故を招かない、安全第一の作業心得をきれいなイラスト入りで分かりやすくまとめたものである。牧野組合長など、現場で作業される地元の方の指摘やアドバイスを盛り込んでいる。発刊後は、阿蘇以外の地域からの問い合わせも多く、放棄された草原の野焼き再開や河川敷の環境美化の野焼き時などに幅広く利用されている。

4. 協働を支えるコーディネート活動の展開

　このような阿蘇の活動事例からみえてくるものは、都市住民側（ボランティア）と農村住民側（地域住民）の連携を図るコーディネータ役が必要であるということだ。幸いにも、野焼き支援ボランティアは、地元に一定の評価と信頼を得ることができた。今後は、民間やNGOなどの献身的な努力に頼るだけでなく、行政側もより多様な主体の参画を促し、管理運営を実現するための大きな役割が期待される。阿蘇に展開するさまざまな活動団体を地元の行政などがどのように活用していくのか、財政的な支援や関連する条例・法律の改正・運用なども視野に入れて検討を加える必要がある。

　阿蘇草原再生協議会は、これらの主体のほとんどすべてを含む多様なメンバーの集合体である。立場も違えば考え方もさまざまななかで、全体構想（阿蘇草原再生協議会2007）をまとめた意義は大変大きい。今後、各構成員の役割分担を全体合意のもとに調整しながら、種の保全活動の担い手についても地域に根付かせる役割を果たしたいと考えている。策定したばかりの全体構想も、当面する「道しるべ」にすぎないととらえ、将来、共通目標や行動計画は必要に応じて見直していくことにしている。また、阿蘇草原再生の範囲には、阿蘇くじゅう国立公園区域が含まれており、草原再生の活動そのものが公園管理運営と不可分の関係にある。これまでに蓄積された多様な主体の連携のノウハウが、具体的な公園管理のシステムとして発展・定着する日も遠くないものと期待されている。

　さらに、2010年10月には、阿蘇草原の多面的な機能を受益者である県民、国民が支えるという意志のもと、行政、経済界、学会、報道機関で構成する

「阿蘇草原再生千年委員会」が発足した（阿蘇草原再生協議会 2010）。この委員会は、草原保全活動の中心的役割を担っている阿蘇草原再生協議会を支援し、また、将来、阿蘇草原とカルデラをセットに世界文化遺産への登録をめざす。今後3年間かけて、阿蘇草原の危機と再生への取り組みを広く知ってもらうためのキャンペーンやイベントを展開するとともに、目標額1億円の「阿蘇草原再生基金」の呼びかけを行い、さらに、これらの活動を通じて「世界文化遺産登録」の支援に取り組むことにしている。このような動きは、「民間型の環境直接支払い」への展開を予測させるもので、今後の農業環境政策への礎としても大きな期待がかけられている。

5．新たなコモンズ形成への問題提起

　これまで述べてきたように、阿蘇地域においては地域内外のさまざまな受益者たちの連携による草原保全活動が年々盛んになってきた。しかし、外部者の利用は地域の資源と自らの生活が一体ではないので、持続的に利用しようという動機が薄れがちである。多様な担い手を受け入れつつも地域内の主体による内発的なガバナンスが機能し、「内なるコモンズ」が健全であり続けることが今後も一層重要となろう。そのような観点から、地域資源の協働管理のあり方を模索するうえで解決すべき課題の一端を、専門外の素人なりに提起してみたい。

　阿蘇に限らず、我が国の草原のもつ生態系サービスは、猟場や馬牧、あるいは草肥、茅、秣（まぐさ）の供給地、さらに近代の観光利用へと変遷しながらも、生活や生業と結びついていた（松岡 2007；永松 2008；高橋 2009；湯本 2010；湯本・須賀編 2011）。役割は変わりつつも、草原を草原として維持・管理することで、基本的な生活や経済が成り立っていた。その担い手は、原始共同体の構成員から、律令体制下の公民、領主支配下の領民、郷村の村民、原野組合あるいは牧野組合の組合員などと立場は変化したものの、一貫してどこも地元住民が野焼きなどの「共同作業」を行ってきたのである（高橋 2009；湯本 2010）。

　そして、このような自然と人との共存関係は、草資源の持続的管理と平等な配分という「伝統的なガバナンス」の仕組みのなかで成就されてきた。入会の

仕組みが堅牢となった近世以降は、「採草（草刈り）」という作業が最も重視されたので（大滝1997；水本2003；松岡2007）、草を刈る時期や場所は、伸び具合や農家の規模などを考慮し、草の利用が公平になるよう農家に割り当てられた。その際、草を刈る解禁日を定める「口開け」、草刈り場の配分を規定する「野分け」など、集落・入会集団の厳格なルールに則った（湯本2010；高橋他2011）。また、面積の小さな牧野では、秋の放牧が厳重に禁止されていたし（図司2002）、全国的にみれば放牧はせずに採草だけに限定されていた場所のほうが多かった（水本2003；湯本・須賀編2011）。阿蘇地方や中国地方に残る土塁や石塁の役割は、放牧場を囲い込み、採草地を牛・馬の採食から守るためのものであり（大滝1997）、また、阿蘇の外輪壁に作られた石畳みの坂道は、採草した草を運搬するために集落（ムラ）の全員が総出で管理した（大滝1997）。

　このように、多くの牧野・原野では、入会的利用に付随する厳格な規律があったからこそ、コモンズとしての草資源管理が可能であった。言い換えれば、「入会地としての牧野（半自然草原）」の最大の特徴は、多くの人手を確保できる共同管理体制がなければ、維持・保全はむずかしい点にある。温暖で雨の多いわが国の草地・草原（牧野、半自然草地）は、人為的管理（攪乱）のもとで形成される、森林への遷移過程の途中相である。いったん、手を抜けば、ただちに森林へと遷移する不安定な植生といってもよい。この点で、管理を放棄しても材積量は増えていく「森林のコモンズ（共有林、入会林）」とは様相を異にし、また、資源管理が比較的ルーズであった「海のコモンズ」（飯國他2005）とも根本的に性格が異なる。

　現在でも牧野（半自然草原）は、「使う」という行為だけでは枯渇しやすく、不安定なものであり、「管理」という責任義務が果たされなくては、長期的に維持・保全することはできない。もともと、阿蘇地方では採草しない牧野も野焼き（火入れ）をし、翌年の草利用に備える「古野（ふるの）」の慣行があったし、放牧地を維持する場合には、放牧に利用するだけでなく、採草（刈り払い、掃除刈り）や火入れという遷移をとどめる管理行為を組み合わせることが不可欠となる（大窪2002；高橋2004；山内・高橋2002）。すなわち、「利用」と「管理」とは表裏一体なのである。

　しかし、これまでの入会（コモンズ）の論議のなかで、果たしてこの「管理

（保全）」の問題がどの程度意識され、重要視されてきたであろうか。どちらかといえば「利用する権利」の論議が先行し、それに付随する「管理の義務」への配慮は極めて希薄であったといわざるをえない。そのために、「利用の権利」の部分だけがいわば既得権化し、「管理の義務」の放棄を招いている事例は少なくないし、かえって牧野（半自然草地）が荒廃し、本来もっている多様なサービスとその価値が低下しているのも事実である（飯國他 2005）。

　これらの点に関しては後の章でも論議されるとが、草原生態系保全の観点から、種組成の豊かな健全な草地群落組成を修復し、異なる生態系サービスから利益を得る多様な人々の利害調整・ガバナンスを実現するための、新たな「協働（collaboration, partnership）」による管理・利用システムと意志決定ルールの再構築を強く望みたい。このことは、将来の不測の事態に備え、潜在的な農業生産・家畜生産の場として、食料生産基盤を確保するという思想にもつながるものである。

【注】
（１）　平成 15 年度牧野組合調査調査結果報告書、2004 年。

【参考・引用文献】
阿蘇草原再生協議会（2007）『阿蘇草原再生全体構想』阿蘇草原再生協議会事務局．
─────（2010）『阿蘇草原再生レポート　活動報告 2009』阿蘇草原再生協議会．
（財）阿蘇グリーンストック（2008）『阿蘇千年の草原を守る──野焼き支援ボランティア活動報告集』財団法人阿蘇グリーンストック．
飯國芳明・諸岡慶昇・新保輝幸（2005）「森のコモンズ・海のコモンズ（１）」『海洋と生物』27(6), 472-477 頁．
大窪久美子（2002）「日本の半自然草地における生物多様性研究の現状」『日草誌』48, 268-276 頁．
大滝典雄（1997）『草原と人々の営み──自然とのバランスを求めて』〈一の宮町史──自然と文化　阿蘇選書〉一の宮町．
環境省（2007）「哺乳類，汽水・淡水魚類，昆虫類，貝類，植物Ⅰ及び植物Ⅱのレッドリストの見直しについて」(http://www.env.go.jp/press/press.php?serial=8648 最終閲覧：2011 年 12 月)．
環境省自然環境局九州地区自然保護事務所・熊本県阿蘇地域振興局農業振興課（2004）『平成 15 年度牧野組合調査　調査結果報告書』環境省自然環境局九州地区自然保護事務所・熊本県阿蘇地域振興局農業振興課．

環境庁自然保護局阿蘇くじゅう国立公園管理事務所（1993）『阿蘇くじゅう国立公園草原植物調査研究報告書』環境庁自然保護局阿蘇くじゅう国立公園管理事務所．

環境庁自然保護局九州地区国立公園・野生生物事務所（1998）『阿蘇の草原はいま——参加型国立公園環境保全活動推進事業中間報告』環境庁自然保護局九州地区国立公園・野生生物事務所．

国安俊夫（1998）「草原景観の管理——阿蘇の草原景観の管理の事例を通して」『ランドスケープ研究』62，112-114頁．

熊本県希少野生動植物検討委員会編（1998）『熊本県の保護上重要な野生動植物——レッドデータブックくまもと』熊本県環境生活部環境保全課．

くまもと楽座評定会・くまもと日日新聞社・財団法人阿蘇グリーンストック（1999）『阿蘇郡牧野および牧野組合現況調査　データ分析編』くまもと楽座評定会・くまもと日日新聞社・財団法人阿蘇グリーンストック．

図司直也（2002）「入会牧野における利用と管理の慣行とその変化——熊本県小国町を事例として」農政調査委員会『平成13年度新基本法農政推進調査研究事業報告書——畜産経営における飼料生産基盤の存立状況に関する調査』農政調査委員会，53-69頁．

―――（2007）「阿蘇グリーンストックにみる資源保全の主体形成と役割分担」『農村と都市をむすぶ』672，36-44頁．

瀬井純雄（2006）「阿蘇の草原植物の現状」『日本植物学会第70回（熊本）大会公開シンポジウム「九州の植物が危ない」』13-20頁．

瀬田信哉（1995）「野焼きとボランティア」『国立公園』534，6-22頁．

高橋佳孝（2004）「半自然草地の植生持続をはかる修復・管理法」『日草誌』50，99-106頁．

―――（2009）「種の保存と景観保全——阿蘇草原の維持・再生の取り組み」『ランドスケープ研究』72(4)，394-398頁．

高橋佳孝・井上雅仁・白川勝信・太田陽子・増井太樹・兼子伸吾・堤道生（2011）「西日本における半自然草地生態系と人間への福利に関する現状と傾向」『島根県立三瓶自然館研究報告』9，1-24頁．

塚本良則（1999）『森林・水・土の保全——湿潤変動帯の水文地形学』朝倉書店．

永松敦（2008）「九州山間部の火の利用——野焼きと狩猟」『研究集会　日本の半自然草原の歴史（別府大学文化財研究所・総合地球環境学研究所主催）発表要旨集』79-86頁．

延佳孝（2007）「阿蘇における野焼き支援ボランティア活動の経済的評価に関する研究」九州大学農学部生物資源環境科学科卒業論文．

早川康夫（1981）「西日本における準安定草原の成立と肉用牛多頭飼育集落との関係．第1報　阿蘇地域」『九州農業試験場報告』21，273-288頁．

松岡元気（2007）「三瓶山麓民俗誌——生業・信仰の生成環境に着目して」近畿大学大学院文芸学研究科修士論文．

水本邦彦（2003）『草山の語る近世』山川出版社．

宮縁育夫・杉山真二（2006）「阿蘇カルデラ東方域のテフラ累層における最近約3万

年間の植物珪酸体分析」『第四期研究』45，15-28頁．
——— (2008)「阿蘇火山西麓のテフラ累層における最近約3万年間の植物珪酸体分析」『地学雑誌』117，704-717頁．
山内康二・高橋佳孝 (2002)「阿蘇千年の草原の現状と市民参加による保全へのとりくみ」『日草誌』48，290-298頁．
湯本貴和 (2010)「文理融合的アプローチによる半自然草原維持プロセスの解明」『日草誌』56，220-224頁．
湯本貴和・須賀丈編 (2011)『信州の草原——その歴史をさぐる』ほおずき書籍．
鷲谷いづみ (2011)『さとやま——生物多様性と生態系模様』岩波書店．

第6章
三瓶草原の史的展開と過少利用問題

飯國芳明

　阿蘇草原では再生の取り組みが利害関係者の全体を巻き込む形で展開し、草原の利用の新しい形が生まれようとしている。こうした動きは、阿蘇以外の草原でも本格化することが期待されるが、阿蘇草原ほどの展開を望める地域はなかなか見いだせない。阿蘇草原は、その長い歴史や2000 haを超える広さからして例外的な存在であり、全国に各地に点在する草原とは一線を画すものとなっている。

　そこで、本章では分析対象を島根県大田市に立地する三瓶(さんべ)草原とした。現在の三瓶草原の面積は阿蘇草原の1/100以下の大きさである。小規模な草原では、利用の減少が始まると、草原全体が荒廃しやすく、コモンズとしての利用形態から大きく逸脱した歪な形態が生まれやすい。三瓶草原では、草原の縮小が著しく、草原の独占的利用さえも進んでいる。それは地域住民が共同して利用するコモンズとはほど遠い状況にある。

　以下では、三瓶草原におけるこうした問題の発現過程を草原コモンズの成立時に立ち戻って整理しながら、問題を解く鍵の1つは入会(いりあい)権と現代地域社会のマッチングにあることを明らかにする。

1. 三瓶草原の変貌と現代的な課題

　三瓶草原の原型が確立されたのは明治期である。写真6-1は戦前の三瓶草原の風景をよく表している。山の斜面から山麓に広がるやや白くみえる領域は、

写真6-1　戦前の三瓶草原
写真提供：近畿中国四国農業研究センター・高橋佳孝氏

写真6-2　現在の三瓶草原
写真提供：近畿中国四国農業研究センター・高橋佳孝氏

かつての草原である。ここでは放牧だけなく、採草活動が活発に行われており、草の利用は周辺農家の生活の糧となっていた。春先には火入れによる灌木処理も行われていたため、植生は森へと遷移せずに山麓は草原のままで留まっている。

　草原が作り出すこの風景は、三瓶山が大山隠岐国立公園に編入される際、県が国立公園の候補として申請する根拠の1つとなった。1963年に島根県が国に提出した基本調書によると「三瓶山は大山と共に中国地方を代表する名山であり、火山地形としても優れたものである。山麓の放牧景観は、自然景観と人文景観の高度に融合したものである」として、その景観を指定の根拠にしたのである（厚生省公園部1963, 4頁）。少なくとも戦前までは北面を除く三瓶山のほとんどが柴山・草山であり美しい人文景観を維持してきた。しかし、山頂部が林野庁に売却され植林が始まると、景観は大きく変貌する。山頂部では植林が進んだ結果、写真6-2のように三瓶山の風景は森林に被れたものになる。今では、かつての広大な柴山や草山は想像すらできない。山麓部にある草原の荒廃も進み、1990年代には、国立公園の指定解除も話題に上ったとされる。

　三瓶草原の縮小は、生物の多様性にも少なからぬ影響を及ぼした。三瓶草原

第 6 章　三瓶草原の史的展開と過少利用問題

写真 6 - 3　ウスイロヒョウモンモドキ
写真提供：近畿中国四国農業研究センター・高橋佳孝氏

は、第 5 章に紹介されている阿蘇草原と同様に、火入れ、草刈り、放牧といった人間の行為が絶滅に瀕している動植物の保全にも貢献してきたのである。その典型例がオキナグサとオミナエシおよびウスイロヒョウモンモドキである（写真 6 - 3）。このうちオキナグサはもともと中国東北部を起源とする多年生草本のとされ、大陸と地続きだった寒冷期に、日本列島に移動してきた植物である（高橋 2001）。その後の温暖化で照葉樹林が支配的になる中で火山地域を中心とした草原に避難場所を求め生き延びてきた。オキナグサは有毒成分を含むため、牛が嫌い放牧地に残りやすく、三瓶草地の希少種として生きながらえてきた。しかし、放牧の縮小とともにその生息範囲は確実に狭められつつある。また、このオミナエシは火入れよりも、ススキなどを刈り取る採草活動によって生育環境が整うことが知られている。採草は化学肥料の一般化で今ではほとんど行われなくなり、オミナエシは絶滅危惧種に指定されるまでになっている。ウスイロヒョウモンモドキは日本では中国山地の限られた草原にのみ存在する蝶であるが、食草であるオミナエシを失ってやはり絶滅の危機に瀕している[1]。

　これらの景観や希少種の保全には放牧や採草といった生産活動が不可欠であり、このことが草原保全の再生を基礎づける有力な根拠となっている。

　草原規模の縮小は産業の衰退という観点からみれば、否定されるべきものではないだろう。産業構造の高度化の結果として、理解できる。その意味で、縮小された規模は適切な水準にあるともいえる。しかし、草原の景観や生物の多様性などを考慮するとき、その規模は適正な水準に達しているとはいえない。

景観や生物多様性は草原が提供しているサービスの一種であるが、そのサービスへの対価は支払われない。そもそも、売り買いのできる市場がなく、値段も存在しないため、対価を支払うこともできない。これは、これらのサービスが対価を支払わない利用者を排除できない性質を持っており、支払いのないまま利用できるためである。このことは、草原の景観をイメージすれば、容易に理解できる。草原景観を保全した後にその保全費用を草原の景観を楽しむ人々から回収しようとしても、広大な草原をみる場所は限りなくあって、訪問者を補捉することは不可能に近い。したがって、草原景観の鑑賞を許すチケットを仮に販売しても、人々はそれを買わずに景観を楽しむことになる。買い手が存在しないのであるから、市場も成り立たない。経済学ではこうしたサービスを外部経済と呼ぶ。

　外部経済には対価の支払いがないため、市場に任せていては十分な供給がなされない。利用を高めることで、社会全体からみて適切な水準が初めて達成できる。前章でみた阿蘇草原の再生運動や本章で紹介する草原の再生活動は、まさにこうした草原利用の不足をボランティアの視点で補おうとする動きである。阿蘇草原の場合、ボランティアは輪地切りや火入れといった作業に参加して、草原の管理労働を補い、草原の利用を促進する活動を展開している。

　こうした現実は従来のコモンズ論の枠組みでは捉えきれない。なぜなら、これまでのコモンズ論では、資源の潜在的な利用者を排除できないために、資源が過剰に利用されることが議論の出発点となってきた。しかし、阿蘇草原や三瓶草原の実態は、過少利用をいかに克服するかが出発点となっており、従来のコモンズ問題の定式を逆転させるものとなっている。

　かつては、三瓶草原といえども過剰利用が問題であった。しかし、いまや問題は過少利用である。問題はいつどのようにして、転換したのであろうか。以下では、やや詳しくその過程を整理しながら、現代のコモンズが直面する課題を明らかにしたい。

第6章 三瓶草原の史的展開と過少利用問題

2．三瓶草原における入会の形成

（1） 大牧野の形成

　三瓶草原は、島根県大田市に立地している（序章図序‐1参照）。カルデラ式の火山の山麓に広がる原野の草資源は古くから利用されてきた。三瓶山周辺の放牧が始まったのは、遅くとも藩政時代であるとされる（高橋他1998,5頁）。当時の利用形態は統一されておらず、村々にある入会組織によって分割利用される状況にあった。1889（明治22）年になると、町村制の施行とともに三瓶草原を入会地としていた7つの村は佐比売村、山口村、志々村の3つに合併される(2)。これを契機に、旧村（集落）が所有していた林野は所有権を旧村にそのまま残して管理だけが新村の下に移り、「この時点から旧7ヵ村による合同入会放牧」が形成される。また、それを管理する主体である「三瓶牧畜組合」も発足した。牧畜組合の任務は草原の管理経営と牛の改良にあった。主な規約は以下の通りである。

- 種畜による改良繁殖を図る
- 放牧期間は4月上旬より7月上旬と9月下旬から11月までの2回
- 繁殖中は自由交配
- 牧司をおいて放牧管理に当たらせる
- 放牧牛馬には大字別、個人別の木札をつける
- 盗難防止のために蹄に「烙印」を押す
- 見張人、巡邏人を各字ごとに組合員の輪番で毎日交代でおく
- 組合員以外の放牧希望者には、5割増の特別料金をとって放牧を許す

　この規則には、7月中旬から8月下旬までを休牧（放牧をしない）として、草資源を来年度も維持できるように、過度の利用を避けることがルール化されている。また、牧司や見張り人、巡邏人を各集落から選抜し、放牧牛の管理を行わせる仕組みがみられる。さらに、組織外からの利用者には割増料金で利用させることで、入会権者の資源の利用を優先するルールを確立するなど資源管理への配慮が各所にみられる。

　牧畜組合が管理した三瓶草原の範囲については、斉藤政夫の草原図が集落域

127

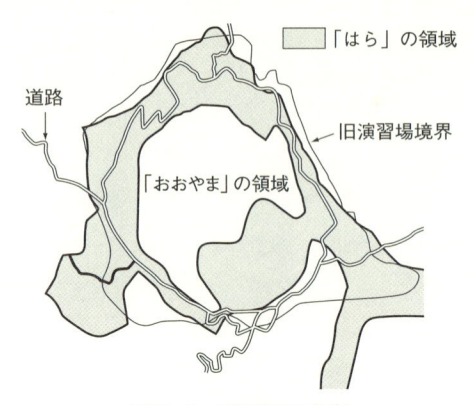

図6-1 三瓶草原の分布
出所:斉藤政夫1979, 94頁の図を加工して作成

や作図の正確性からみて、今のところ信頼性が最も高い（図6-1）。

斉藤は三瓶草原の分析に際して、草原を「はら」と「おおやま」に区分して議論を進めている。「はら」は三瓶山麓、「おおやま」は山頂部を指す。この区分は三瓶山周辺の土地管理や所有権の移動を考える際に有効である。「おおやま」の位置は現在の国有林の領域とほぼ一致する。一方、「はら」は図6-1に網がけで示した部分がそれに当たると推測される。以下では、本章でも斉藤に倣って「はら」と「おおやま」を区分しながら考察を進めることにする。

（2） 三瓶草原の立地環境

三瓶草原が個人有に分割されるのではなく、共同利用の場、すなわち、コモンズとして利用されるようになった背景にはいくつかの理由が考えられる。その第一は、水である。火山灰土に覆われた三瓶山麓、とりわけ、「はら」と呼ばれる台地状の土地には表層水がほとんどみられない。図6-2は、三瓶山麓の入会地・河川・池などの分布を示している。二重線は現在の道路を示し、実線は入会地の境界を示す。入会境界内の中央部には三瓶山の山頂部が位置し、その周辺に「はら」が展開する。入会地はいずれも標高400m以上に分布し、このエリアには河川（点線）がみられない。河川の源流は入会地より一段低い位置にあり、これより下流には水田が広がり、集落が形成されている。第二の理由は土壌成分である。火山灰の多い土壌のため、植物がリン酸欠乏を起こしや

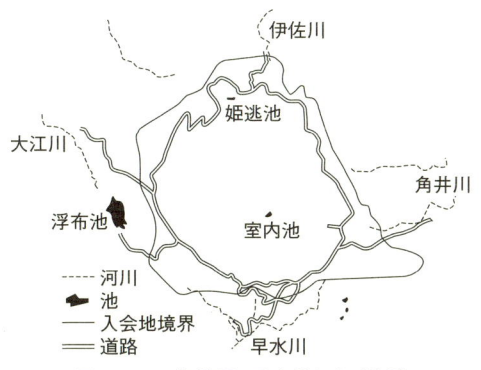

第6章　三瓶草原の史的展開と過少利用問題

図6-2　三瓶草原の入会地および水系
出所：斉藤政夫 1979, 94 頁の図を加工して作成

すい。第三は耕作適性である。入会地の土壌は表土が薄く、しかも、土壌浸食も起こしやすいため、耕作に不向きである。第四は風である。風害が著しく、植林にも適していない。結局、耕作にも植林にも向かない「はら」の土地は野草の採集場として位置づけられた。土地の開墾や水路の整備をするわけでもなく、単に野草を採取するだけであれば、私有権を主張する根拠もない。また、仮に囲い込んで先占による私有権を主張しても、他人の利用を排除するための柵や溝の設置の負担は独占的な利用による利益を上回る。こうして、草原は共有財産とし集団的に利用する方法が選択され、村々にコモンズが成立したと考えられる。

（3）　所有権の移動と大牧野の完成

　入会地は、1892年および1910年には陸軍によって演習場として買い上げられ草原の所有権には大きな変化が現れる。買い上げの総面積は1275町（1265 ha）にも上り、これによって「はら」のほとんどが軍用地となった。このため、「地元村有林野は〈おおやま〉部分の急斜面のみとなった」（斉藤 1979, 102 頁）。

　よく知られているように入会権は所有権の移動とは無関係に存続できる権利である。ここでも所有権が地元の村から国へと移転したにもかかわらず、「〈はら〉と〈おおやま〉ともに、その利用は放牧採草の牧野利用だけが入会で継続する形となった」（斉藤 1979, 102 頁）。

1917年になると、今度は「おおやま」の所有権が移転する。「部落有林野の市町村への統一帰属政策」のもとに「各区議会で区有林野を村の基本財産に寄附する」ことが決定され、集落の共有林の所有権は3つの新村に移った。ただし、すべての共有林野が寄附されたのではない。「最小の部落に基準を合わせ」て寄附され、残余の林野は「小部落や個人に払い下げ、分割して売り払った」。また、このとき「従来通りの慣行放牧採草は継続」することもあわせて確認されている（斉藤 1979, 103 頁）。

　明治期には大草原を囲む牧柵はなく、家屋や畑が柵で囲われていたと推測される。先の三瓶牧野組合の規約にも牧柵の管理業務はあがっていない。もともとは農家の周辺が草原であり、農家は家や畑の周りを柵で囲っていたのであろう。現在、三瓶放牧で中心的な役割を担っている畜産農家からのヒアリングによると、これが駄壁と呼ばれる土塁の上に牧柵を建てた施設に代わったのは大正末期から昭和初期と推測される。

　駄壁が設置されると、その維持管理が牧野組合の集団的管理を象徴する行為となる。また、集落との接点ではゲートの設置とその開閉が牧野組合の重要な管理業務となった。駄壁の完成によって、三瓶草原の「大牧野」は完成される。

　小路らによれば、昭和初期の野草地は1500 haを超える面積を有していたとされる（小路他 1995, 849 頁）。当時、放牧地では灌木化しないように、毎年「火入れ」が行われていた。この頃の「火入れ」は2つに分類できる。以下では元三瓶牧野委員会副会長からのヒアリングをもとに当時の「火入れ」の状況を整理してみよう。

　「火入れ」の第一の形態は、事前に関係諸機関の許可を取得して警察や消防の立ち会いのもとで行われる火入れである。もう1つは失火あるいは自然発火によるものである。ただし、後者については草原の維持管理のために農民が意図的に「火入れ」をした場合も少なくなかったようである。いったん、火が回ると燃え残りがないように延焼に力をいれたとさえいわれている。

　着火は一般に「はら」で行われ、2、3日で鎮火したとされる。また、まれではあるが、山頂で着火されるケースもあったとされる。この場合、火は1週間程度かけて「はら」まで降りた。消火の方法ははっきりしないものの、「はら」から迎え火を放ったり、「はら」から回った火が山頂の火とぶつかり合っ

て鎮火した可能性が高い。

　2つの「火入れ」はともに3月下旬に限られていた。3月中旬までは、残雪の影響で着火しにくいし、4月以降になると発芽が始まっており野草の生育に障害を及ぼす危険があるからである。なお、正式な火入れが行われた回数はごく限られたものであったとされる[7]。

3．草原利用の再編と衰退過程

（1）　入会集団の再編

　戦後になると、軍に接収された草原は大蔵省に移管される。大蔵省は、これを「緊急開拓用地」に指定して開拓地としたが、地元住民は払い下げを求めて陳情活動を展開した。「入会牧野としての利用」とともに観光利用のための用地を確保したいとの意向が地元にはあった。開拓団および県との協議を経て、1333町（1322 ha）余りの土地のうち415町（411 ha）だけを入植地とすることで決着をみる。残余のほとんどすべては地元村へ払い下げられたのである[8]。

　以上のように、1889年に合同の入会形式が整って以来、入会地は所有権の移転を繰り返してきた。開拓地や個人などへ払い下げられた土地では放牧入会が制約され、入会の範囲は縮小を余儀なくされたに違いない。しかし、「はら」や「おおやま」の過半を放牧入会地とする構造は堅持され続けたのである。

　1951年には、三瓶牧畜組合は地方自治法に則り一部事務組合「三瓶牧野組合」として組織換えをした。大田市農林課に事務局を置き、大田市・頓原(とんばら)町・邑智(おおち)町の議員も委員となった。実質的な活動は組合の下部組織としての三瓶牧野委員会（任意団体）に任されており、1958年に牧畜組合の業務を引き継いでいる[9]。

　牧野組合の管理規定によると、三瓶山の放牧頭数の上限は5000頭、放牧時期は原則的に春季5月1日～7月10日の71日間、秋季が9月5日～11月30日の87日間と定められている。放牧料は地区内の牛が1頭当たり200円、地区外が500円とされている（1961年）。また、放牧牛の監視には大字放牧委員会の下にある「放牧小組」（班）から輪番で2名が「駄番」として選出されていた。駄番の任務は牛の動向や危険防止、盗難予防、発情処理などにあった。また、

すでに述べたように草原と集落をつなぐ道路にはゲートが設けられており、ここに立てられた駄番小屋で駄番は牛の監視とともにその開閉も行っていた（斉藤1979, 86頁）。草原管理としては駄壁の補修、牧道の設置・補修、イバラ・灌木の除去などが挙げられる。草原の管理作業に必要な資材は組合・委員会から支給し、作業そのものは字ごとの放牧共同体が担った。

　こうして戦後になっても、三瓶牧野委員会は三瓶草原を集団的に管理し続けた。しかし、その範囲は所有権の移動により大きな制約を受けることになる。1954年には、「おおやま」の約706 haにも上る土地が国有林として売却され、植林が始まる。植林地では放牧ができなくなる。また、1963年になると、三瓶山一帯は大山隠岐国立公園への編入指定を受ける。山頂部中央にある室の内地区は特別保護地区となり、産業的な利用は禁止される。小路らはGISの分析結果から、この時期に野草地のうち137 haが畑地に、865 haが森林にそれぞれ転用され、国立公園指定時には、終戦直後に約1500 ha以上あった野草地面積が767 haにまで縮小したことを指摘している（小路他1995, 849頁）。戦後わずか20年ほどの間に三瓶草原の半分が失われたのである。

（2）　草原利用の衰退
1）　舎飼への移行
　1960年代になると三瓶の放牧に劇的な変化が到来する。牛の飼養頭数の大幅な減少がそれである。1962年以降、放牧頭数の減少は著しい（図6-3参照）。放牧頭数は1962年に756頭であったが、10年後の1972年にはわずか124頭にまで低下している。

　放牧牛の減少は、そのまま三瓶山周辺の役肉牛頭数の減少を意味しない。図6-4は放牧牛と役肉牛頭数の推移を農業センサスのデータで示したものであるが、ここから役肉牛飼養頭数の減少とは比較にならないペースで放牧牛頭数が減少している様子がわかる。放牧頭数の減少は飼養する牛の減少ではなく、飼養形態が放牧から舎飼へ転換したことに原因がある。この転換の背景には、放牧牛の体重増加の遅さや放牧子牛の市場評価の低さがあったとされる（千田1997, 93頁）。

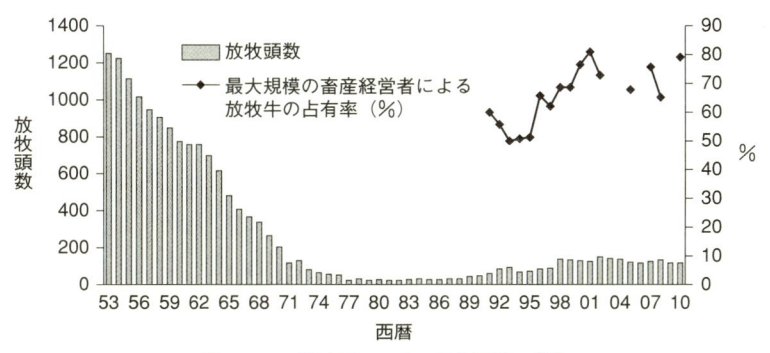

第6章　三瓶草原の史的展開と過少利用問題

図6-3　三瓶地区における放牧頭数の推移

後者の放牧頭数は100日未満を1頭、100日以上を2頭として算出しているので、これを2で除して放牧頭数とした。折れ線グラフは一部欠損値のため不連続となっている。
出所：千田1997および大田市役所農林課の資料より作成

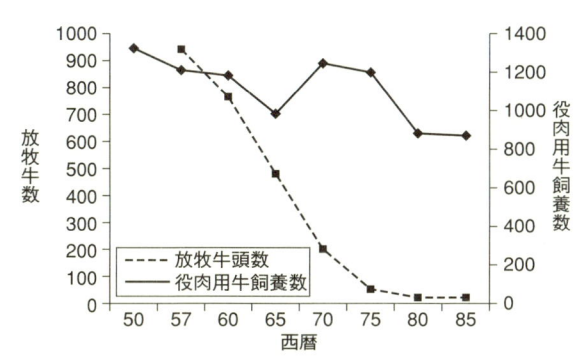

図6-4　三瓶地区における役肉用牛飼養頭数および放牧牛頭数の推移

役肉牛飼養頭数は佐比売村・山口村の頭数を合計したものである。
出所：千田1997より作成

2）　牧野の集約化

　放牧頭数の激減とともに三瓶草原の利用形態をさらに縮小再編させる契機となったのが、三瓶山周辺の交通量の増加である。観光開発や自動車の普及により牛と自動車の衝突事故がたびたび発生し、放牧を巡るトラブルが多発した（高橋他1999, 34頁）。また、入会地は観光事業者や県畜産開発事業団に相次いで貸し付けられた。そこで、三瓶牧野委員会は1968年に交通事故を防ぐための牧柵整備や牧野縮小に対応した草地改良を求める要請書を大田市に提出した。

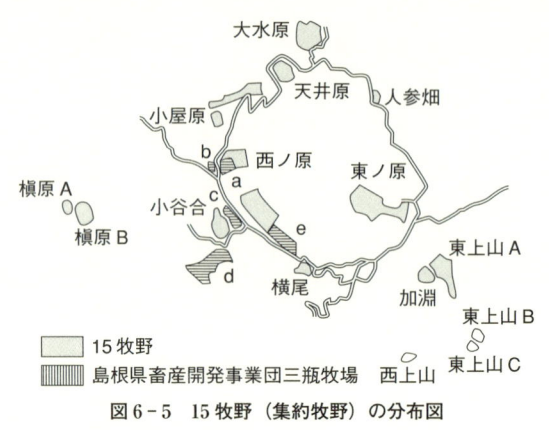

図 6-5　15 牧野（集約牧野）の分布図
出所：大田市役所資料より作成

　これに対し、大田市は翌 1969 年に同委員会と協議のうえ、牧野を縮小する一方で「高度、集約利用するための事業を実施する」ことに合意している。なお、合意に際して、「三瓶地区畜産農民が慣行としてもっている放牧採草の権利を認めること」が再確認された（高橋他 1999, 34-35 頁）。
　草原の利用を高度化・集約化する目的の事業で、放牧地は 15 ヵ所の牧野に囲い込まれ、ゲートも撤去されて三瓶草原の駄壁はその機能を失う。駄番によるゲートの開閉作業も必要とされなくなる。
　15 ヵ所の牧野名とその所在については大田市役所に 2 つの資料がある。現段階では、いずれの資料が正しいかについての判断は難しい。そこで、両表にある牧野をすべて示したのが図 6-5 である。いわゆる 15 牧野は、少なくともいずれかに属しているはずである。
　15 牧野の総面積は 293 ha ないし 271 ha とされる。[10] 先に述べたように国立公園指定時の野草面積が 767 ha とされているので、いずれの説に基づくにせよ、この時点で草原のおよそ 2/3 が失われたことは間違いない。
　15 ヵ所にまとめられた牧野は、草地改良が施されて集約的な放牧が行われるはずであった。しかし実際には、数年のうちに放棄されたとされる。ヒアリングによれば、牧野の土は「薄く、しかも、石がゴロゴロしていた」痩せ地であり、改良草地にはもともと不向きであったという。また、外来牧草を放牧牛

が採食せず、栄養障害や脱柵が頻繁に起こったとの指摘もある（千田 1997, 98頁）。

　1973年になると、「共同管理の必要性が失われたことを理由に」三瓶牧野組合が解散される。このときも、大田市・頓原町・邑智町の3市町村の間で「解散後における採草放牧権については、従来の慣行を尊重し牧野事務を継承する」ことが覚え書きとして取り交わされ、入会的な権利の存続が確認されている。

4．草原の再評価と再生の動き

（1）　生態学研究者による草原の再評価

　1988年になると、いったん、壊滅状態になっていた放牧が回復の兆しを見せ始める。放牧の再生を最初に牽引したのは、地元の畜産経営者である。この経営者は畜産を開始した1965年当時、保有する繁殖牛頭数はわずか3頭であり、放牧牛は皆無であったが、1975年には東の原に8頭の繁殖牛を放牧している。1993年には子牛の生産を主目的とする繁殖経営から、子牛の出産の後にそれを肥育して出荷する一貫経営と呼ばれる経営体に転換し、1999年には繁殖・肥育牛を合わせると飼養頭数は200頭規模となる。このうち、放牧牛頭数は78頭に上る。これに続いて、小屋原集落の林間放牧が始まる。45 haの旧放牧地にクヌギを植え、1990年には放牧を再開している。

　散発的に始まった放牧再開の動きは、1991年に三瓶草原で開催された草地生態研究グループ現地検討会（以下「検討会」）によって本格化する（高橋他 2000, 39頁）。検討会では、現地視察や草地の植生調査、および、故・沼田真（元自然保護協会会長）による三瓶草原の景観に関する講演が行われた。沼田は生態学の著名な研究者であるとともに、国立公園の指定に関わる審議委員を務めた経緯を持つ。講演で沼田は「草原が美しいから（三瓶を）国立公園に入れた」点を強調し、三瓶景観におけるシバ草地の重要性を説いたという。

　検討会の参加者にとって何よりも衝撃的だったことは、草原景観が国立公園編入の根拠の1つとされた事実であった。地元の畜産経営者は「もともと三瓶景観は農家が作ったと思っていた」と認識しながらも、一方では牧柵が「観光

客を囲い込んでしまっている」ことや脱柵被害から観光業に対して負い目を感じていたという。沼田の講演は、まさにこの負い目を払拭するものとなった。草地は観光業の基礎であり、もとより障害ではない。草原があるからこそ、三瓶山は国立公園にも指定される価値を持つ。このことを認識できたからこそ、観光業に対する加害者意識を持つ必要はなくなったのである[14]。

　また、草地研究を専門とする地元の研究者にとっても検討会は少なからぬインパクトを与えた。当時は、研究者といえども、三瓶草原における二次的自然の意義は必ずしも明確に意識されていたわけではなかった。また、国立公園編入の根拠の１つが草地景観であるという事実は新知見であり、草原に対する意識を根本的に転換する契機となった。

　こうした認識の転換は、行政をも動かすことになる。大田市は草原再生の要請に対応して「公社営畜産基地建設事業」の導入を決める。1970年代以降、放置されてきた西の原草原での放牧を再開し、1995年と96年の２年にわたる草原整備を完了する。1999年には合計43.8 haの草原が復活した[15]。

　一連の放牧地の再生によって、草地総面積は167 ha、放牧頭数は一時期140頭を超える水準にまで回復する（図6-3）[16]。

（２）　草原資源を支える様々な担い手

　阿蘇草原と同様に三瓶草原の放牧再生においても、その再生活動には様々な担い手が関わってきた。資源の管理に直接の利用者である畜産農家が関わるのは当然であるが、これ以外にも、いくつかのボランティア団体や行政の活動が再生を支えるうえで欠かせない役割を果たしてきた。

　このうち、ボランティア活動は「緑と水の連絡会議」（以下「連絡会議」）が中心的な役割を果たしてきた。連絡会議は、もともと市内の生協組合員を中心に組織された環境団体であった[17]。1992年に発足した当時の活動テーマは草原保全ではなく、松食い虫の防除であった。やがて、松枯れ材を炭にする活動の中から「なりわいを通しての自然保護」への認識を深める。1996年からは民間の環境保全基金などからの助成を受けて「三瓶山の草地と里山の管理・維持技術の実践と啓発による二次植生の保全」の活動を展開するようになる。この間、1991年に開催された検討会には連絡会議のメンバーも参加しており、活動の

場を三瓶草原へと移す契機となった。

　連絡会議の当初の活動内容は、火入れやイバラ刈りによる草原維持活動のほか、テレフォンカード販売による草地保全基金の積み立て、草原インストラクターの派遣、放牧説明板の設置などであった。大田市が実施してきた西の原牧野の火入れには、ボランティアとして参加し、その実践の中から1998年には「モーモー輪地切り」と呼ばれる牛を利用した新しい防火帯づくりを発案・実践した。これは防火帯づくりの人手不足に悩む全国の草原管理者から注目を集め、阿蘇草原にも技術移転されている。また、草原保全活動の全国的なネットワークである全国草原サミットの第2回を大田市で開催し、その後も全国の草原保全ネットワークの主要な担い手として活躍が続いている。

　このほかの草原維持の主体としては、大田市役所および里山の会などがある。このうち大田市役所は防火帯づくりや火入れを主体的に担っているほか、大田市保養施設管理公社やその後これを引き継いで指定管理委託を受けた三瓶観光が東の原牧野の草刈りを実施してきた。今では東の原牧野のスキー場は閉鎖されているが、景観保持のために牧野の草刈りは継続されている。また、大田市内の畜産農家の交流会である里山の会は連絡会議とともに春先にはイバラ刈りや牧柵の設置、シバ植えなどを共同して実施して三瓶草原の維持を支え続けてきた。

　2009年以降は、連絡会議が臨時雇用対策事業を導入して、イバラ刈りを本格的に展開している。春先に行われてきた一斉イバラ刈りでは牛が通常放牧されていない草原は対象に入っておらず、西の原の山麓部分などでは灌木化が著しく進んでいた。臨時雇用対策事業では、こうした地区の刈り取りを進め草原の森林化を防いでいる。また、これと平行して、絶滅危惧種であるウスイロヒョウモンモドキの調査や育成地づくりも実施中である。

5．草原再生活動の停滞と入会権

　三瓶草原の再生活動の契機となる検討会が開催されてから、すでに20年が経過した。草原再生の指標ともいえる放牧頭数は、1990年代後半から増加傾向をみせるものの、その後の放牧頭数は100頭前後で停滞し、近年では低下傾向

にさえある。再生された草原をみても、西の原牧野は徐々にその面積を拡大しているが、小屋原や大水原牧野への放牧はそれぞれ 2003 年、2009 年を最後に利用されなくなっている。

三瓶草原の再生を目指した運動がこのように停滞してしまっている原因はどこにあるのであろうか。

筆者は、根本的な要因の 1 つに入会権があると考えている。三瓶草原の入会権とは地域住民が草原に平等にアクセスできるための権利である。三瓶草原では、明治期以前の地域住民にとって豊富な野草資源は生活の糧であり、これを奪われれば生存が脅かされる。民法ではこのアクセス権を入会権として定義し、「所有者が誰であろうと入会権を行使できる」根拠を与えてきた（中尾 1984, 53 頁）。また、入会権は単なる個人の権利ではなく「部落住民共有」の権利を合わせ持つものとし、地域住民にとっての共同の権利とされてきた。こうした入会制度が持つ平等性は、他方では社会的安全弁の役割も果たしてきた。野草資源を利用する権利が財産の大小にかかわらず与えられていたため、小規模農家の生活の維持に貢献してきたのである[18]。

問題は、入会権が前提としてきた社会構造が大きく変容し、現代の地域社会と少なからぬ隔たりが生じた点にある。現代社会では、大半の地域住民にとって草原の利用は生存に欠かせない生産手段ではなくなっている。明治初期には三瓶山麓に住む約 700 戸の大半が草原に依存した生活を営んでいたとされるが、2010 年に草原を放牧で利用する住民は 4 戸に過ぎない[19]。しかも、そのなかで飼養頭数の規模が最も大きい畜産農家の放牧牛は全放牧頭数の過半を占め、近年ではその水準が 7 割前後に達している。この水準の推移は、図 6-3 の折れ線グラフに示されている。現在の草原利用のあり方は、やや誇張して表現すれば「一人入会」とも呼べる状況にある。

現在の入会権は、大半の地域住民の生活に欠かせない権利としての性格を失う一方、依然として草原の潜在的利用者を排除する機能を色濃く残している。入会権をもともと持っていなかった三瓶草原近隣の畜産農家には放牧を希望するものが少なくなかったが、入会権のために、その利用は一部認められているものの限定的にしか実現してこなかった。その結果、「一人入会」とでもいうべき寡占的な利用が進んだのである。

入会権に関しては、前章で高橋が指摘する「利用の権利」の部分だけがいわば既得権化し、「管理の義務」の放棄を招いている点も問題である。草原という資源ストックの管理には、放牧農家だけでなく、自治体やボランティア団体も積極的に関わってきた。草原の維持にはイバラ狩り、火入れさらには牧柵管理や脱柵の監視といった人手を要する労働が多い。このため、既存の放牧農家だけでは担いきれない部分をボランティア団体などが補完して草原の再生を加速してきた。ボランティア団体は、当初、草原の回復とともに草原を利用する農家の数が増加して利用農家が担う草原の維持活動が拡大することを期待していた。管理と利用は一体化して進むとの期待である。ところが、実際には草原の再生が進むとともに「一人入会」的利用が拡大していった。こうなると、ボランティア活動は特定の農家の「管理の義務」を代替する作業となり、その活動意欲は少なからず削がれていった。
　これらの問題はいずれも入会権に原因を求めることができる。入会権の存在が潜在的な利用者の草原利用を妨げ、草原再生に関わろうとするボランティアの活動意欲を喪失させてきた。入会権のあり方が問われるところであるが、三瓶草原には問題をさらに複雑にする実態がある。それは、入会権が存在するかどうかが不明なことである。
　入会権の存否の判断については様々な説があるが、その基準は必ずしも明確ではない。今までのところ、「入会集団による管理利用の事実がある限り消滅しない」との意見が支配的であると考えられる（中尾 1984, 311頁）。三瓶草原の場合、牧野委員会は年に1度の総会のほか、西の原への火入れへの参加、入会地であった市有地の管理状況の確認、牧柵の補修や牛の事故処理などを行っている。その意味では組織的な活動を継続しているようにもみえる。しかし、草原の利用は大きく低下し、組織というより「一人入会」に近い実態となっており、集団としての管理がどこまで徹底されているかは明確ではない。また、牧野委員会の事務局は大田市役所内にあり、委員会活動を維持するため機能は市の職員が担っている。草原の管理の一部を自治体やボランティア活動に依存している点からみても、利用者が独立した集団（組織）として機能してきたかどうかには疑問が残る。
　入会権の存在が不確かであれば、入会権の存否に決着をつければよさそうで

あるが、これは容易でない。入会には登記の制度もないため、存否を判断するための公的な資料が整えられていない。したがって、利用の歴史的な経緯や権利移転などを入念に調べあげたうえで、初めて入会集団の管理の有無を判断する準備が整う。判断を法廷に委ねる方法もあるが、資料の収集や整理はやはり避けて通れない。また、費用も嵩む。こうした手続の煩雑性から、現在のところ三瓶草原では入会権の存否を問わないまま（曖昧なまま）入会権の存在を暗黙の前提とした土地利用が継続されている。

入会権が不確実性を抱える状況では、潜在的な利用者だけでなく、現在の利用者についても草地利用のための新たな利用が抑制される。草原の維持のために投入した労力や資材が権利の移動により、回収できなくなる可能性が高まれば、自ずと利用は抑制されてしまうからである。

以上のような入会権と現代社会のミスマッチは入会権やその運用のあり方を現状に即した仕組みとして設計しなおす作業の必要性を強く示唆している。

【注】
（1）　かつて三瓶草原を中心に多数観察されたが、現在では個体数が極端に減少している。
（2）　この前後の経緯については斉藤 1979, 97-102 頁を参照。石見国安濃郡多根村・小屋原村・池田村・志学村、上山村出雲国神門郡山口村、そして出雲国飯石郡角井村がこれに含まれる。合併後は山口村は（新）山口村へ、角井村は志々村へと編入され、他の村はすべて佐比売村へ編入された。
（3）　この買い上げには村有地のみならず、私有地も含まれていた。斉藤 1979, 100-101 頁参照。
（4）　牧野に柵をするのではなく、家屋や畑に柵をする例は中嶋 1999, 161-162 頁に岡山県新見市千屋地区における牧柵が紹介されているほか、隠岐島でも家廻りの垣（小垣）が集落と放牧場を画する垣へと変化する過程が報告されている（三橋 1969, 101-102 頁）。
（5）　地元のヒアリングによると、1895 年生まれの今田俊英氏が大壁の設置を提案したという。
（6）　大田市役所農林課や三瓶草原畜産農家からも同様のヒアリング結果が得られている。
（7）　元三瓶牧野委員会副会長によれば、記憶に残る正式な火入れはわずか 3 回だけであり、それも 1931 年以降は一度も行われていないと指摘している。
（8）　39 町 9 反歩は地元増反用に、また、一部を防風林や幹線道路用に利用した土地

第 6 章　三瓶草原の史的展開と過少利用問題

　　　　以外は全て地元村へ払い戻された（斉藤 1979, 105-106 頁）。
（9）　以下に述べる牧野委員会の活動については斉藤 1979, 113-122 頁を参照した。
（10）　ただし、旧三瓶草原内の草原面積であり、槙原A、Bを除く。
（11）　1999 年の牧野委員会資料による。
（12）　高橋他 2000,（8）33 頁。ここで注目すべきは、再開当初から入会権を持たない富山集落の農家が放牧に参加している点である。牧畜組合の規則でみたように域外からの利用はもともと許容されてきた。しかし、放牧頭数の低下とともに放牧利用が入会権者に限定され、固定化される傾向にあった。小屋原の放牧はこれを打開する契機となったのである。
（13）　高橋佳孝氏からのヒアリングによる（2001 年 10 月）。この点について、沼田 1994, 179 頁は、三瓶山の国立公園指定の是非に関連して、「私が環境庁の審議会に関係していたころ、本来の指定根拠となった草原景観が失われた以上は国立公園からはずすべきだといったことがあるが、依然としてそのままである」と述べ、草原景観に欠ける三瓶山は国立公園に値しない旨の立場を明確にしている。
（14）　2001 年 10 月のヒアリングによる。
（15）　なお、西の原牧野においても富山集落から数戸の畜産農家が放牧に参加している。
（16）　大田市役所の資料による（2011 年 8 月ヒアリング）。
（17）　緑と水の連絡会議の活動内容については高橋 2000 を参照した。
（18）　このことは「三瓶牧野への依存は、個人牧野の、絶対面積の狭小な下層ほど強かった」という斉藤の指摘が端的に表している（斉藤 1979, 105 頁）。
（19）　放牧利用者は合計で 6 名であるが、このうち 2 名は入会権とは無関係な地区外からの利用者である。

【参考・引用文献】
厚生省公園部（1963）『大山国立公園指定拡張候補地後編区域案および計画案』.
（財）阿蘇グリーンストック（2008）『阿蘇千年の草地を守る』39.
斉藤政夫（1979）『和牛入会放牧の研究』風間書房.
小路敦・山本由紀代・須山哲男（1995）「GIS を利用した島根県三瓶山地域における景域変遷の解析」『農業土木学会誌』63(8)，847-853 頁.
鈴木龍也（2006）「コモンズとしての入会」鈴木龍也・富野暉一郎編『コモンズ論再考』晃洋書房，221-252 頁.
千田雅之（1997）「三瓶山周辺の和牛飼養の変遷」農林水産省中国農業試験場総合研究部『中国農試農業経営研究』122，70-105 頁.
高橋佳孝（2000）「農林業支援を通じた都市型 NGO の草原保全活動」農林水産技術情報協会『平成 11 年度　住民参加による地域での生物多様性保全手法調査委託事業報告』66-78 頁.
─────（2001）「三瓶山の半自然草地の保全」『農業および園芸』76(2)，19-26 頁.
高橋佳孝・千田雅之・萬田富治（1998 - 2000）「特集　三瓶山を守り続ける人と牛（1），（3），（8）」『日本の肉牛』31(5)，32(2)，33(2)，1-7 頁，25-36 頁，37-48 頁.

中尾英俊（1984）『入会林野の法律問題　新版』勁草書房.
中嶋康博（1999）「中山間地域における草地の利用」農政調査委員会『中山間地域における畜産の展開に関する調査7　中山間地域と畜産の可能性』農政調査委員会，46-74頁.
沼田真（1994）『自然保護という思想』岩波書店.
三橋時雄（1969）『隠岐牧畑農業の研究』ミネルヴァ書房.

第7章
低島における地下水の富栄養化問題とサンゴ礁劣化

新保輝幸

　南西諸島をはじめとして、南太平洋には隆起珊瑚礁の島々が散在する。地質的に透水性の高いサンゴ石灰岩からなる島は、降雨が渋滞なく地下へ浸透してしまうため、河川や湖沼があまり発達せず、用水は地下水に依存することが多い。しかしその地下水の集水域は、人間の生活域と一致しているため、陸域での経済活動の影響が地下水の水質にダイレクトに影響する。鹿児島県与論島では、さとうきび農業と畜産業が発達し、農畜産業起源の富栄養化物質が地下水に大きな影響を与えている。地下水の富栄養化は海域へも影響を及ぼしており、さらに周辺のサンゴ礁の劣化にも関係していると見られる。このような問題の連鎖は、データの裏付けの粗密はあれ、南西諸島をはじめ他の南太平洋の島々でも観察されている。

　本章では、以下の構成で鹿児島県与論島を事例に地下水などの富栄養化とサンゴ礁劣化の問題を検討する。第1節では与論島のサンゴ礁とその劣化問題について概観する。第2節では与論島のサンゴ群集の劣化の状況と淡水・海水の富栄養化の問題、第3節ではそれらの大元の原因であると考えられる与論島の地下水の富栄養化の現状を種々のデータから検討する。さらに第4節では、地下水の富栄養化の原因を検討し、富栄養化物質の排出源であると推定されるさとうきび農業、畜産、生活排水の状況を分析する。第5節では、過去の状況を概観することを通して与論島の地下水が住民の生業・生活に不可欠な地域の共有資源の側面を持つことを見たうえで、地下水の富栄養化がハーディンのいう「コモンズの悲劇」と同様のメカニズムで生じていることを示す。最後に第6

節では、「コモンズの悲劇」を打破するための住民の合意形成を目指して「ヨロンの海サンゴ礁再生協議会」が立ち上げられたことを報告し、今後を展望して本章の締めとしたい

1．与論島のサンゴ礁とその劣化問題

(1) 与論島とサンゴ礁

　与論島は、琉球列島のほぼ中央、奄美諸島の南端に位置する周囲23.65kmの島である。行政的には鹿児島県大島郡与論町として一島で一町をなし、総人口は5327人、2007世帯である（平成22年国勢調査）。与論島の周囲は、ほぼ環状にサンゴ礁のリーフで取り囲まれ（図7-1参照）、「東洋の海に浮かび輝く一個の真珠」と賞される美しいサンゴの海を誇っていた（与論町誌編集委員会1988, 696頁）。その周辺海域は奄美群島国定公園にも指定され、平成9（1997）年度で年間7万人のオーダーの観光客を集めていた（与論町『町政要覧』平成22年）。

　また与論島のサンゴ礁はさまざまな水産物の宝庫であった。島では専門の漁業でない、生活に根ざした魚介採取、いわゆる「おかずとり」の慣習がいまも生きている。たとえば、10月から3月の大潮前後の日、潮の干満の差が激しくリーフ内の岩礁が干潮時に露出する時期には、夜間ガスランプを携えてリーフ内の岩の上を歩き回り、岩やサンゴの間にいるアワビやサザエなどの貝類、ブダイやピューシといった魚類、タコなどを手づかみで採取する「イサリ」に多くの島民がくりだす。その他にも、電灯を持って潜水してとる「電灯アイキ（歩き）」、釣り、満潮時に網を仕掛けて干潮時にかかった魚を捕る「待ち網」、2隻の舟でリーフに網を張り5～6人の人間が魚を網の中に追い込む「アギャー（追込漁）」などの方法で、専門の漁師ではない島の普通の住民が、いまでもサンゴ礁のリーフ内で魚介を漁っている。

(2) 与論島のサンゴ礁の白化問題

　しかし、1997年にオーストラリア・グレートバリアリーフを襲った大規模な白化現象は、1998年にかけて世界中に広がり、各地に発生した高水温の海水

第 7 章　低島における地下水の富栄養化問題とサンゴ礁劣化

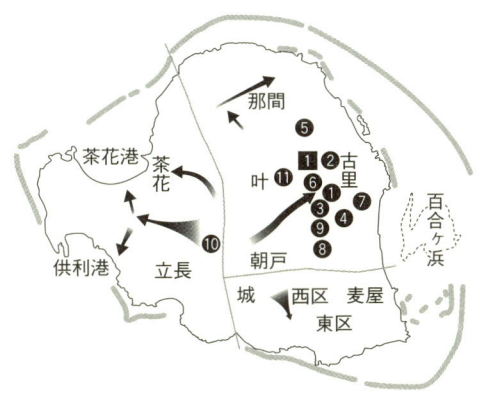

図 7-1　与論島全図

黒矢印は大まかな地下水の流れ、海上の薄い太線はサンゴ礁のリーフ、陸上の破線は島内を走る断層、丸数字は水道水源。
❶古里第 1 水源地　　❷古里第 2 水源地　　❸古里第 3 水源地　　❹古里第 4 水源地　　❺古里第 5 水源地
❻古里第 6 水源地　　❼古里第 7 水源地　　❽麦屋第 1 水源地　　❾麦屋第 2 水源地
❿立長水源地（予備）　⓫那間水源地（予備）　🅓古里浄水場
出所：与論町水道課資料、および鹿児島県企画部・アジアプランニング株式会社 1994, 138 頁の地図を元に作図

塊は日本にも達して南西諸島をはじめとする各地のサンゴ礁を白化させ、特に沖縄本島西岸部では壊滅的な打撃を与えた（環境省・日本サンゴ礁学会編 2004, 48 頁）。この時、与論島のサンゴ礁も大きな被害を受け（野島 2007, 52 頁）、2011 年現在、未だ遅々として回復しない状況である。

　観光などの入込客数はそれ以前から長期低落傾向にあったとはいえ、平成 21（2009）年にはついに 6 万人を割り込み、5 万 8048 人にまで減少している（与論町『町政要覧』平成 22 年）。リーフ内の「おかずとり」に関しては、具体的な数値は示すことはできないが、やはり漁獲はかなり減っているらしい。[1]

　1998 年の白化現象の直接の引き金が高海水温であることはほぼ間違いない。しかし、白化後長期間回復の兆しが見えないこともあり、その他の環境ストレスが副要因として関与しているのではないかとの疑いが持たれている。

（3）　造礁サンゴの白化に関する一般論

　造礁サンゴは、体内に褐虫藻を共生させ、その光合成の代謝産物を利用できるという有利性を持ち、そのため熱帯・亜熱帯域の光が多く貧栄養な海域で卓

145

越する。しかし、シルト流入などで海水の透明度が下がったり、サンゴの上に直接赤土等が堆積したりすると、光合成に支障が出てサンゴは大きなダメージを被る。高水温をはじめとするさまざまな原因でサンゴが大きなストレスを受けると褐虫藻が体外に排出され、そのような状態が一定期間続くとサンゴ本体も死に至る。いわゆるサンゴの白化現象である。

　サンゴに対する環境負荷として、他にも海水の富栄養化や懸濁、界面活性剤（合成洗剤などに含まれている）や農薬の流入などが知られている（中野 2002, 43 頁）。このような環境ストレスの累積によってもサンゴの白化は起こり、土木工事や農畜産業・生活起源の物質の陸域からの流入など、人間活動の影響もまた大きな問題になる。一般のマスコミでは、白化の原因として単に高海水温のみが強調されることが多いが、人間活動による環境負荷も同時に問題になるという点は、銘記すべきである。見方を変えれば、サンゴの海に対する人為的インパクトをコントロールし、サンゴに対する環境負荷を適正な水準まで引き下げることができれば、海水温が上昇した場合のサンゴの白化を最小限に食い止めることができる可能性がある。

（4）　与論島のサンゴ礁劣化の原因の仮説

　与論島では、陸域側の要因として、富栄養化した陸水が海域の水質に影響を及ぼし、サンゴの生息環境を悪化させている可能性が指摘されている。これには傍証があり、2011 年現在、リーフ内の礁湖では上述の通りサンゴの回復の兆しは見えないが、リーフの外側の海域では稚サンゴの着生や幼サンゴの生育が観察できる海域があり、場所によっては被度 50％を越える海域もあるようだ。リーフ内の礁湖は海水の入れ替わりが少なく陸域の汚染の影響を受けやすいのに対し、外側は潮流の影響で富栄養化した海水の影響を受けづらい。両者を考え合わせると、サンゴ礁劣化に陸域からの物質流入が影響しているという見方はかなり蓋然性が高いのではないかと考えられる。

　後述するが、与論島は小規模な排水路を除いて主立った河川はなく、富栄養化物質流入の大きな経路は、地下水である可能性が高い。第 1 章でも述べたように、「おかずとり」が行われるようなサンゴ礁の礁池は、海のコモンズの原初的なイメージである。オストロムがその著書 *Governing the Commons* で取

り上げたように地下水もまたコモンズとしての側面を持つ。地下水の富栄養化は、同様の自然条件を持つ南西諸島の島々で共通に起こっている問題であるが（中西2009, 116-117頁）、それはメカニズム的にはハーディンのいうところの「コモンズの悲劇」と同じ形で起こっていると考えられる。

2．与論島のサンゴ礁の劣化と陸水・海水の富栄養化

（1）　与論島のサンゴ礁劣化の現状

　野島哲による2005〜06年の造礁サンゴの現状調査によると、与論島周辺にほぼまんべんなく設置した16の調査地点のうち、造礁サンゴの被度（生きたサンゴが海底を覆っている面積の割合）は茶花港北側礁縁において50％を超えた以外はいずれの地点も5〜10％程度と非常に低い状態であった（野島2007, 45-52頁）。

　しかし平田国雄と大迫暢光は1967年に野島の調査地点とほぼ重なる8ヵ所を調査し、被度の記載こそないが、「サンゴ礁上面をほとんどおおいつくさんばかりに生育している」「エダサンゴ類の密林」、「礁面は大半が隙間なくテーブルサンゴ型造礁サンゴで覆われる」などの表現でサンゴが密生しているさまを描写し、与論島のサンゴ礁を「単に奄美群島中最高であるというだけでなく、琉球をも含めた南西諸島全体を代表する」ものであると結論づけている（平田・大迫1968, 335-340頁）。

　また1990〜92年の環境庁の第4回自然環境保全基礎調査の結果によれば、与論島の礁池は「奄美群島で最大」で、「かつては枝状ミドリイシ」「の群集が広がっていたと思われる」が、「回復は不良」であり、「北岸の寺崎に被度Ⅳの枝状ミドリイシ」「35.2 haの分布が見られ」、「百合ヶ浜を中心として被度＋の場所が776.8 haあり、これは与論島のサンゴ群集1,121.4 haの69.2％を占め」ている。礁縁に関しては「回復は未だ十分でなく、被度Ⅲ、Ⅳは0.5％にすぎず、被度Ⅰ、Ⅱが73.1％を占め」ている（藤原1994, 36頁）。1970年代奄美海域では1973年の与論島での大発生を皮切りにオニヒトデが大量発生してサンゴに大きな被害を与えており、回復云々の文言はその被害からの回復を指すのであろう（環境省・日本サンゴ礁学会編2004, 181頁）。

1967年、1990～92年時の調査結果と比較すると、1998年の大白化後の2005～06年の調査時には与論島のサンゴ群集が大きく衰退していることがわかる。また数量的な判断はつかないが、描写から判断すると1967年の調査時から1990～92年の調査の間でもサンゴ礁の衰退があったことがうかがえる。島民からの聞き取り調査では、この間ずっと少しずつサンゴが減ってきたが、この10～15年で著しく悪化したことが指摘されている。以上の科学的調査の結果は島民の生活からの認識を裏付けるものである。

（2）　与論島の陸水・海水の富栄養化
　前述の通り、与論島では地域住民が日常的にリーフ内の礁池に入会って水産物をとるという「おかずとり」的な慣習が現在に至るまで続いており、一般の地域住民もサンゴ礁の海を非常に重要視していて、サンゴ礁衰退に関して非常に危機感を持っている。そのようななか、2005年には、地域住民と行政が一丸となってサンゴ礁の再生プロジェクトを立ち上げた。そのような活動に呼応する形で、前出野島のサンゴ礁調査や筆者を含む高知大のグループの調査研究が組織された。
　この調査研究の一環として、深見公雄は2005年10月から2007年1月にかけて、陸水（表層水および地下水）5地点、海水13地点の採水調査を月2回の頻度で合計19回行った（深見2007, 58頁）。深見は、陸水の採水ポイントでは窒素・リンといった富栄養化物質の濃度が（有機態・無機態ともに）かなり高くなっており、海水に関してもポイントによっては通常のサンゴ礁海域の数十倍のオーダーで富栄養化物質の濃度が高くなっているという結果を見出し、サンゴ礁劣化と関連している可能性があることを指摘した（深見2007, 67-68頁）[3]。では、このような富栄養化物質の起源は奈辺にあるのだろうか。

（3）　与論島における陸水・海水の富栄養化の経路の検討
　与論島は、隆起珊瑚礁の平坦な島で、主立った河川はなく、いわゆる「低島」の特徴を備えている[4]。言い方を変えれば、河川を通じて富栄養化した陸域の水が海域に流れ込むことは、一部の排水路を兼ねた小河川（ハケビナ浜、茶花、前浜の3ヵ所）周辺を除いてあまり起こっていないと考えられる。しかし、低島

第 7 章　低島における地下水の富栄養化問題とサンゴ礁劣化

の場合、より大きな経路として地下水を通した富栄養化物質の海域への流出が起こっている可能性がある。

　すなわち、隆起珊瑚礁は基盤岩を多孔性の石灰岩が取り巻くような形になっており、極めて透水性が高い。この地質的な特徴は3つの重要な帰結をもたらす。第一に、周辺の海水が地下水盆に入り込み、淡水はこの海水の上に比重の差で浮くような形で存在している。地下水と海水との境界領域は汽水状態になっており、過剰な地下水の汲み上げがあると、容易に塩水が混入するという非常に不安定な形で地下水が存在している。第二に、低島では大きな河川がないため、地下水に生活用水・農業用水などを依存していることが多い。しかし、低島における地下水はかなり不安定であり、量的にも限定性されているため、水資源の利用には格別の注意が必要になる。第三に、透水性の高い土壌のため降雨は渋滞なく地下に浸透し地下水となるが、有人島嶼においてこれはすなわち集水域と人間の生活域が一致していることになり、生活域における農畜産業・生活起源の物質が容易に地下水に混入する傾向があることを意味している。南西諸島では、化学肥料多投入型のさとうきび農業や畜産が盛んな地域が多く、多くの低島でそのような地下水の富栄養化が起こっている[5]。

　与論島も、このような南西諸島の低島が持つ（1）不安定な形態の地下水、（2）生活用水・農業用水の地下水への依存、（3）集水域と生活域の一致、（4）畜産やさとうきび農業がともにさかん、といった特徴を兼ね備えている。そして次節で見るように、昭和50年代以降、地下水の富栄養化が問題化している。上記の深見の観測結果もこのような問題と無関係ではないはずである。

3．与論島の地下水の富栄養化問題

（1）　主要水道水源の硝酸性窒素濃度の現状

　現在、与論島の地下水は、どの程度富栄養化しているのだろうか。最新の主要水道水源の検査結果は表7-1の通りである[6]（水道水源の具体的な位置は図7-1に示した）。ちなみに水道法による水質基準が10 mg/L以下である。農畜産などの生産活動の影響を受けていない地下水の硝酸性窒素濃度はほとんど1 mg/L以下とされていることから（川迫他1991, 78頁）、これらの数値は相当に高い

水源	古里第1	古里第2	古里第3	古里第4	古里第5	古里第6	古里第7	麦屋第1	麦屋第2	那間	立長	蛇口水
硝酸性窒素濃度	7.6	7.3	7.4	6.1	5.6	7.1	5.1	6.2	5.7	8.5	4.2	2.7

(単位:mg/L)

表7-1 水道水源の硝酸性窒素濃度

検査期間:平成22 (2010) 年9月28日~10月20日、ただし蛇口水のみ9月13日~29日。
出所:与論町水道課資料より作成

と考えてよい。

(2) 主要水道水源の硝酸性窒素濃度の推移

次に、その年次変化は図7-2の通りである。昭和59 (1984) 年の段階ですでに相当硝酸性窒素濃度がかなり高くなっており、年度によっては一部水源で水道水の水質基準を超過していることがわかる。また、平成12 (2000) 年までは水道の蛇口水の硝酸性窒素濃度も相当の水準であるが、平成13 (2001) 年度以降は低下している。これは与論町において平成13年度から稼働している海水の淡水化プラントによるものである。すわなち、淡水化プラントで処理して窒素分を除去することにより、水道水として供給されるレベルでは、2~3mg/L前後(平成22 (2010) 年12月の最新の検査結果では2.3 mg/L)(浄水(役場水道課蛇口))にまで抑えられているのである。

このような地下水の富栄養化は、どの程度まで年代を遡るのだろうか。与論町水道課に残る古い資料を参照すると、ごくごく断片的な検査結果であるが、昭和50 (1975) 年5月の古里第1~第4、立長、麦屋、那間水源の硝酸性窒素濃度は0.09~0.18 mg/Lという通常の汚染されていない地下水のレベルにとどまっており、また昭和53 (1978) 年4月の水道給水栓の検査結果も0.005 mg/Lとごく低い値である。しかし、その後の昭和54 (1979) 年8月の検査結果は、古里第1~第3、麦屋、那間水源で7.5 mg/Lという高い数値を示し、それ以降、数値は変動しつつも高い水準に張り付いている。

(3) 与論島の地下水質に関する過去の研究

与論島の地下水質について調べた川迫倫子らは、昭和58 (1983) ~平成2

第7章 低島における地下水の富栄養化問題とサンゴ礁劣化

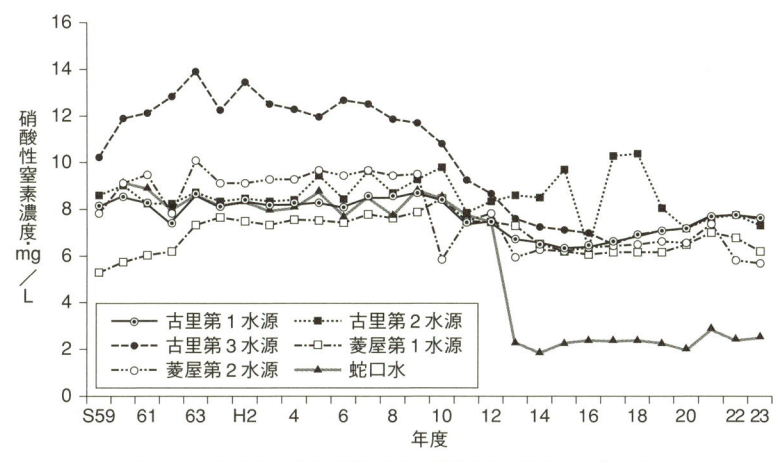

図7-2 与論町の主要水道水源の硝酸性窒素濃度の年次変化
値は毎年9月の水道法に基づく定期水質検査結果のもの。
出所：与論町水道課資料より作成

(1990) 年度の水道法に基づく上水道精密試験結果の経年変化を分析し、窒素濃度が 1.0 mg/L を超え始めた時期を昭和43（1968）年と推定し、「与論島の化成肥料の施肥量が急増した時期とほぼ一致」するとして、「化成肥料の使用量の増加」が地下水の硝酸性窒素濃度増加の要因の1つであることを指摘している（川迫他 1991, 78-79頁）。しかし、この富栄養化時期の推定は、たかだか数年分、しかも1つの水源のデータのみから計算した窒素濃度上昇率を過去にのばす形で推定しているため、その妥当性に関しては注意が必要である。また畜産や生活排水の状況との関係も分析されておらず、それらの要因との関係も依然疑われる。

4．与論島の富栄養化物質排出源の検討

（1） 地下水の富栄養化と窒素の負荷源

前述の通り、同様な地下水の富栄養化問題は、鹿児島県の喜界島と沖永良部島、沖縄県の沖縄本島東南部、宮古島、伊良部島、多良間島など、南西諸島の多くの低島で起こっている（中西 2009, 116-117頁）。そのなかでも、沖縄県の宮

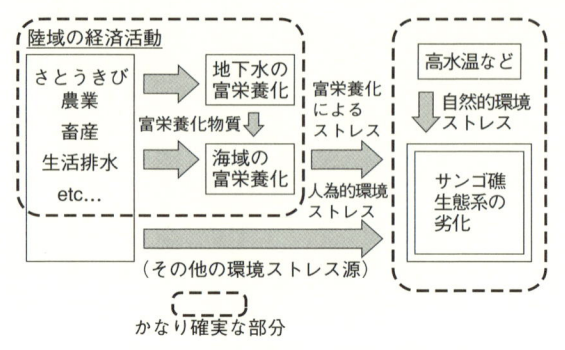

図7-3　与論島のサンゴ礁劣化の構造
出所：新保 2009, 137 頁の図7-3を改変、制作

古島では、1960年代末には2 mg/Lだった硝酸性窒素濃度が1980年代末には4倍近くに増加し（中西編 2002, 3頁）、1988年にはNHKの番組で水道水質基準の10 mg/Lに近づきつつあることが報じられ、広く一般の島民に認識されることになった（中西 2009, 120頁）。そのような状況を受け同じ1988年に「宮古島地下水水質保全対策協議会」が立ち上げられ、1989年4月から地下水の水質モニタリングと、硝酸態窒素の負荷源の調査・研究が行われるようになった[7]（中西 2009, 120頁）。そのなかで宮古島の地形・地質条件が天然のライシメータをなすということを利用して、地上の活動と地下水の関係が究明され、肥料、家畜ふん尿、生活排水などが主要な窒素源となって地下水に影響を及ぼしていることが明らかにされた。すなわち、1998年度で地下水に負荷された窒素の起源別寄与率は肥料35.6%、家畜ふん尿31.4%、生活排水16.4%となっている[8]（中西編 2002, 103-104頁）。宮古島はさとうきび栽培（全島の46.2%が農用地であり、その作付面積の8割以上がさとうきび）と畜産（平成11（1999）年で牛の飼養頭数は1万3000頭以上）がともに盛んであり（中西編 2002, 14-16頁）、それらの影響が大きいものと考えられる。

　すなわち、さとうきびに施用される化学肥料も牛の配合飼料も基本的に島外から持ち込まれる。前者は施用されたものが雨水により流出したり地下に浸透したりすることにより、後者は牛に供されたものがふん尿という形で排泄され、その後の処理が不適当である場合に環境中に放出される。島に持ち込まれた化

第7章　低島における地下水の富栄養化問題とサンゴ礁劣化

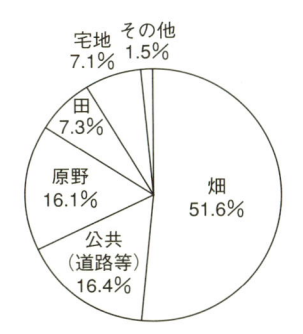

図7-4　与論島の土地利用の状況
出所：与論町『平成21年　町政要覧』（元資料：平成20年固定資産税概要調書）

学肥料や配合飼料の栄養分（窒素やリン）のある部分は農産物の形で島外に持ち出されるが、その大きな部分はさまざまな形で島内に残され、その一部が環境中に排出され地下水を富栄養化させたものと考えられる。

　与論島の窒素収支を概算した中澤純治は人・牛・化学肥料を窒素源として考えた場合、年間301tの余剰窒素が発生していると見積もっている（中澤2007, 20頁）。与論島では、個々の排出源が地下水の富栄養化にどの程度寄与しているかという研究は行われていないが、与論島も宮古島同様さとうきび農業や畜産がともに盛んであり、この余剰窒素が同じような形で地下水や海域に影響を与えている可能性が強い。以上のサンゴ礁劣化の構図を図7-3にまとめてみた。

（2）　与論島の土地利用の状況

　以上を踏まえ、上記3大排出源に関し、与論島の現状を見てみよう。

　図7-4に与論島の土地利用を見ると、固定資産税課税上の地目は総面積20.49 km²のうち、畑が10.57 km²、田が1.50 km²、計12.07 km²で総面積の58.9％が耕地になっている。しかし2010年現在、実際の経営耕地面積は1050 haになっており、総面積の51.2％である[9]。注目すべきなのは、地下水の重要な涵養源であり、富栄養化した陸水から窒素やリンを除去することが期待できる森林（地目上は山林）がほとんど存在しない点である。

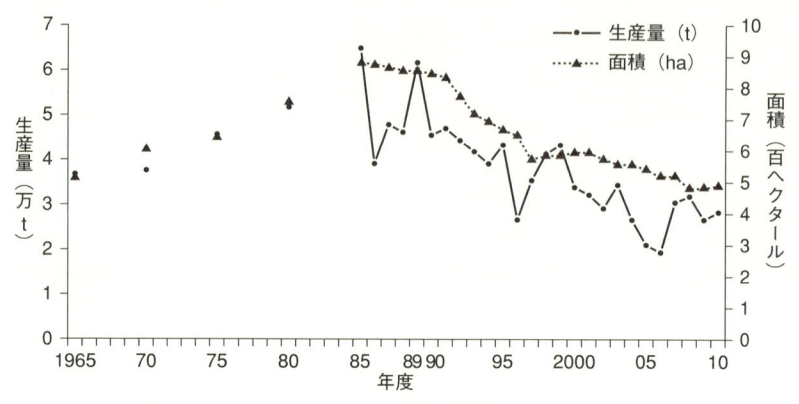

図7-5　与論島のさとうきびの収穫面積および生産量の推移

出所：1985年以前は鹿児島県農政部農産園芸課（2009）『平成20年産さとうきび及び甘しゃ等生産実績』、
　　　1986年以降は与論町産業課『与論町産業（農業・水産）の概要』（平成17年～22年度）による。

（3）　与論島の農畜産業の動向と地下水への窒素負荷

　農畜産業を見ると、840戸の農家のうち、専業317戸、兼業420戸、残り103戸は自給的農家である（2010年農林業センサス）。1戸当たり平均耕地面積は1.4 haで、経営規模1 ha以下の農家は363戸である。

　農地利用は2010年でさとうきび畑が47.3%（493 ha）を占めている。これは、島の総面積から見ると24.3%にあたる。与論町誌編集委員会によれば、戦前の農業は自給的なものであり、さとうきびの作付面積はピーク時で270 ha（昭和9（1934）年）に過ぎなかった。しかも以後第2次世界大戦とその後の食糧難の影響で、昭和18（1943）年130 ha、19年67 ha、20年25 ha、21年21 ha、22年15 haと急速に減少した。さとうきびの作付けが100 ha台まで回復するには、本土復帰後の昭和29（1954）年まで待たねばならなかった（与論町誌編集委員会1998, 554-555頁）。1960年以前の与論島の農業はさとうきび以外の通常の作物が多く、さとうきびの作付けは一部に限られていた。昭和35（1960）年の数値では収穫面積は水稲178 ha、麦類105 ha、甘藷263 ha、大豆94 haとなっており、さとうきびは120 haに過ぎなかった。それが5年後の昭和40（1965）年にはさとうきびの面積は492 haまで拡大し、その代わりに水稲14 ha、麦類9 ha、大豆22 haと豆や穀類の作付けは激減した（与論町誌編集委員会1998, 556頁）。以降のさとうきびの収穫面積の推移は図7-5に示した通りである。1965年以降

第7章　低島における地下水の富栄養化問題とサンゴ礁劣化

もさとうきびの面積は順調に拡大し、昭和60（1985）年頃にピークに達し（1985年で886 ha）、以降は減少に転ずる。すなわち、その後25年間でさとうきびの生産は作付面積のレベルで56.1％まで低下している。第3節で見た地下水の富栄養化が明らかになった昭和54（1979）年というのはまさにこのさとうきびの作付け拡大の時代であったのである。

次に図7-6を見ると、この25年間でさとうきびの作付けが減少したのとは逆に、家畜（主に繁殖牛）飼養頭数は3.32倍に増加していることがわかる。それに応じて、1985年に89 haだった飼料畑が2010年には323 haまで拡大しており、ちょうどさとうきび畑の減少を土地利用の面では飼料畑が補う形になっている（図7-7）。ちなみに、与論町誌編集委員会によれば、肉用牛の飼養頭数は、昭和35（1960）年950頭、40（1965）年981頭、45（1970）年998頭、50（1975）年683頭、55（1980）年803頭とほぼ横ばいに推移し、飼養頭数が1000頭を超えるのは昭和57（1982）年である[11]（与論町誌編集委員会1998, 556, 519頁）。このことから、昭和54（1979）年に地下水の問題が明らかになった時点では、まだ家畜ふん尿は富栄養化の要因としてそれほど寄与していなかったのではないかと考えられる。

このようなさとうきび農業や畜産による地下水への負荷については、与論町においても認識されている。たとえば、平成14（2002）年に公表された「与論町環境総合計画」（鹿児島県与論町2002）では、前述の宮古島の事例をひき、化学肥料や家畜ふん尿による地下水の硝酸性窒素汚染問題について注意を喚起し、

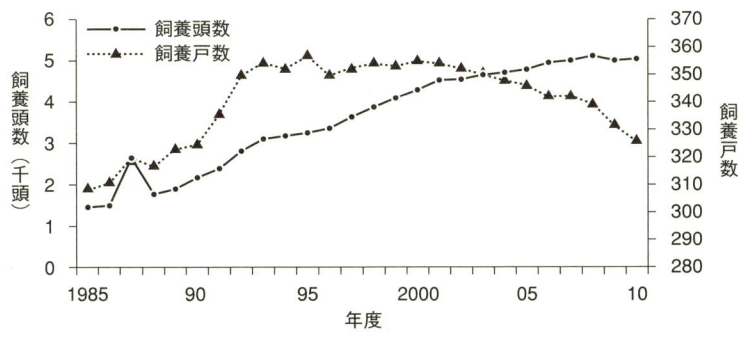

図7-6　与論島の家畜（仔牛・成牛・山羊）の飼養戸数と頭数

出所：注（9）参照

図7-7 農地利用の推移（作物別）

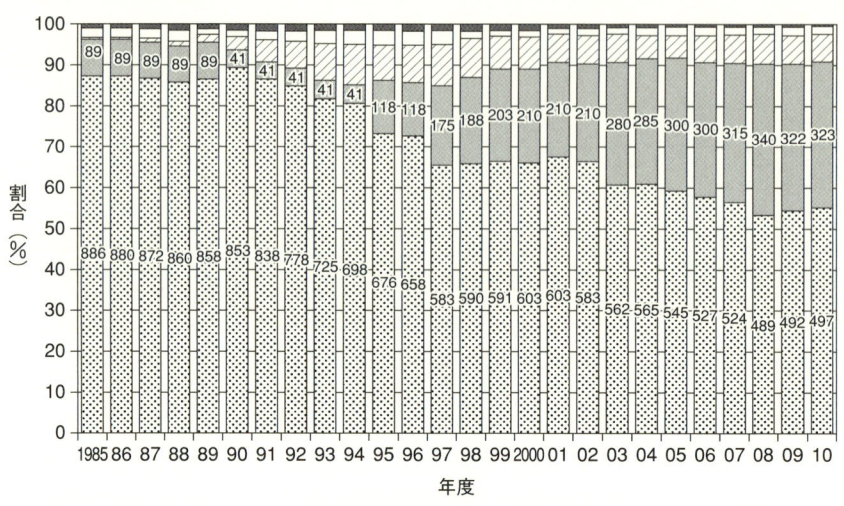

■ 花卉　□ インゲン　☒ サトイモ　▨ 飼料畑　⋮ さとうきび

グラフ内の数値はそれぞれサトウキビ畑、飼料畑の面積（ha）。
出所：注（9）参照

　具体的な灌漑方法や施肥基準を示して、さとうきび農業における適正な灌漑や施肥を呼びかけている。またさとうきび農業に関しては、鹿児島県が策定した「環境保全型農業の達成目標と推進方策」（1998年）に基づき化学肥料の2割削減が目標化され、施肥基準等により適正な施肥管理が行政から呼びかけられている。だが、結局のところ、どの程度の削減がなされているか、その効果は不分明であるといわざるをえない。さとうきび農業の施肥管理に関しては、より実効的な対策が求められるだろう。

　家畜排せつ物の処理については、すでに平成16（2004）年11月に施行された家畜等排せつ物処理法により国法レベルの規制が存在している。すなわち、10頭以上を飼養する農家に関しては適切な処理や管理が法的に義務づけられており、すでに対策がなされているものと思われる。また「裾切り」されている9頭以下飼養農家に関しても、与論島では町営の堆肥センターが整備されてかなり有効に運用されており、一定の道筋がついている。[12]

（4） 与論島の生活排水の処理状況

最後に生活排水に関してはどうだろうか。与論島の総人口は 5327 人、世帯数 2007 戸であり（平成 22 年国勢調査）、その 1/3 が茶花地区に集住している。生活排水の処理状況は、2009 年度末で、汚水処理人口普及率は 40.5％であり（実数としては 2227 人）、残りは地下浸透などの形で生活排水を環境中に排出していると考えられる。汚水処理の内訳は農業集落排水施設で 1025 人、集落排水が整備されていない地域は合併処理浄化槽により 1202 人がカバーされている。合併浄化槽に関しては国家補助事業を導入して整備を進めている。汚水処理人口普及率は 2004 年度末には 33.5％だったことを考えると、生活排水処理については、着実な進展が見られるといえるだろう。

5．与論島の地下水と「コモンズの悲劇」

（1） 与論島における地下水利用の歴史的経緯

与論島は、地理的には亜熱帯に位置するうえに黒潮に近接するため気候は温暖であるが、年平均降水量が 1672 mm（直近の 5 年間の平均）と、奄美諸島の中では雨の少ない島である。しかも降水が年によって大きく変動する傾向があるため、昔から用水に苦労してきた。近年でこそ生活用水は上水道で賄われ、農業用水もポンプで汲み上げる井戸水や溜池からの用水を利用できるが、以前は農業も天水と地下水の湧水地、および少数の溜池に依存してきた。与論町誌編集委員会によると、江戸時代の享保 12（1727）年に実施された検地（享保内検）の記録には、湧水地（ないし地下水源地）として木下川（「川」は「ゴウ」と発音）、神川、麦屋川、アマンジョウ、島水ゴウ、タテダラゴウ、屋川、秘定ゴウ、神ゴウ、ウジジ、シゴウの 10 ヵ所、溜池として増木名池、外窪（岸本池）、宇宿（菅原池）、出水まし（出増池）、出ん（出ん池）、叶池の 6 ヵ所が見え、「二百三拾町三反四畦二拾歩」（230.342 ha）の水田がいとなまれていたという。明治 41（1908）年に至っても水田面積は 281.7 ha（実際の作付けは 115.3 ha）までにしか増えておらず、用水の方法にほとんど変化がなかったと考えられている（与論町誌編集委員会 1998, 258-265 頁）。

明治 6（1873）年に大蔵省の租税関係官吏が与論島をはじめとする奄美諸島

を実地踏査した際の報告書である『南島誌』は、「島中一般に水乏し。飯を炊き茶を煮るに、或は退潮を待ちて海汀湧出の水を汲み、又は岩穴の水を汲む。岩底の水は平地より低きこと、大抵二、三十間にして、径路暗黒、尖石縦横にして、白昼も猶燈火を点ぜれば至り難きものなり」と生活用水の利用に難があった状況を描写している（久野 1954, 129 頁）。与論町誌編集委員会によれば、明治期でも井戸は各大字内に 3、4 ヵ所しかなく、あとは海岸近くに流出する地下水を利用していた。当時、水汲みは女性の仕事で、毎朝毎夕汲まねばならなかった。井戸との距離は遠い家で片道 600～700 m ほどあったため、大正末期以降、共同井戸や個人井戸が掘削されるようになるまでかなりの重労働であったようだ。上水道の敷設は、昭和 39（1964）年まで待たなければならない（与論町誌編集委員会 1998, 1041-1042 頁）。

　与論島では水は長く貴重なものであったため、水に対する自然崇拝的信仰があったことは想像に難くない。いくつかの湧水は汚すと祟りが来るものとして信仰の対象になり、特に古泉は神格が高いとされている。たとえば、地下 7 m の自然湧泉ヤゴウをはじめ、麦屋井、アマンジョー、シマミジ井、秘定井などが町指定文化財ないしその候補になっている（与論町誌編集委員会 1998, 1226-1255 頁）。

（2）　与論島の地下水資源の量的状況

　一般に水資源賦存量は、水収支の式（降水量－蒸発散量＋初成地下水量＝流出量＋湧水量＋変動地下水量）を使い、降水量－蒸発散量で計算される。与論島では、初成地下水量（海抜 0 m 以下の帯水層にある地下水）も計算に入れる必要があるので、水資源賦存量＝降水量－蒸発散量＋初成地下水量となる。『平成 5 年度　奄美群島水資源開発調査報告書』によると、まず与論島の水資源賦存量は渇水年で 19190 千 m^3 と推定されている。その内訳は、地表流出量 2146 千 m^3、湧水量 209 千 m^3、変動地下水量 2498 千 m^3、初成地下水量 14337 千 m^3 である。それに対し、用水の使用実績は平成 2（1990）年度の数値で生活用水 701.2 千 m^3/年、工業用水 103 千 m^3/年、農業用水 296 千 m^3/年、計 1100.4 千 m^3 で、変動地下水量の半分以下の数値である（鹿児島県企画部他 1994, 123-124 頁, 146 頁）。水資源賦存量の数値は、降水量などで決まるので、短期的にはほとんど変わら

ないと考えられる。また用水も、平成2年当時と比べ、人口や観光入込客、さとうきび栽培面積などは減少傾向にあるため、ほとんど増加していないだろう（ちなみに平成19（2007）年実績で上水道の配水量は年約691千m^3である）。自然湧水に大きく依存していた当時に比べ、地下水を水源とする上水道が整備され、農業面でもポンプ汲み上げ式の井戸や構造改善事業などで整備された溜池などが利用できる現在、与論島の水利用は量的な面では大きく改善されたといっていいだろう。

（3）　与論島の地下水における「コモンズの悲劇」

このように与論島の地下水は、過去から現在に至るまで与論島住民の生業や生活に不可欠な地域の共有資源としての側面を強く有している。

しかし先述の通り、地下水の水質面では富栄養化という質の劣化が起こっている。この劣化は、昭和54（1979）年には水道原水の水質検査によって明らかになっているし、平成3（1991）年には、鹿児島県衛生研究所のスタッフによりさとうきび農業との関連が指摘され（川迫他1991, 78-79頁）、はじめに取り上げられた時期は不明だが、少なくとも平成14（2002）年には町の環境総合計画でさとうきびの施肥の見直しがうたわれているのである。しかし、図7-2でも見た通り、変動はあるにしろ未だに地下水の硝酸性窒素濃度は改善の兆しが見えない状況である。

ハーディンは、その有名な「コモンズの悲劇」の寓話で、「共有地の自由がすべてのものに破滅をもたらす」メカニズムとして、共有の牧草地に1頭の牛を増やそうというとき、所有者はその1頭により追加的にもたらされる利益と、過放牧の損失を天秤にかけるが、前者はすべて所有者に帰するのに対し、後者は集団全体で負担し所有者はごくわずかしか負担しないですむため、所有者は牛を増やすことを選択し、結局はどんどんと牛は増頭され牧草地は荒廃していくというモデルを提示した（Hardin 1968, pp.1243-1244）。与論島の地下水富栄養化でも同様のメカニズムが働いているものと考えられる。すなわち、化学肥料をより多く施用すれば、それだけさとうきびの収量が増加することが期待でき、農業者は化学肥料の価格を考慮することはあっても、地下水の富栄養化までも考慮に入れることはないという構図である。あまつさえ平成13（2001）年

度に海水の淡水化プラントが稼働し始め、上水道から供給される生活用水から硝酸性窒素が除去されるようになって以降は「分割された損失」さえほぼ負担しなくてよくなっており、地下水の富栄養化を防ぐという動機で農業者が化学肥料を削減するインセンティブはほぼ働かないと考えてよいだろう。

しかし、それは与論島のサンゴ礁の劣化という思わぬ帰結をもたらしたのである。

（4）　与論島の地域社会における社会関係資本

与論町は、立長、茶花、那間、古里、東区、西区、城、朝戸、叶という9つの行政区画（区）に分かれ、各々の区で、さらに小さな単位である組（ないし小組合）によって構成される自治公民館組織が活発に機能している。この組織は、行政の末端組織として機能するとともに、さまざまな行事やボランティア活動の基盤になっている。たとえば、農地・水・環境保全向上対策という平成19（2007）年度より導入された農水省の事業がある。これは、農業者に加え地域住民などが参加する活動組織を作り、農地・農業用水などの地域資源の保全や質の向上をはかる活動、環境保全的な営農への取り組みに対して補助金を支出するものである。この事業に関して、9区すべてが自治公民館組織を中心に老人会や婦人会といった地域住民のグループを糾合する組織を形成し、補助金を受け取り、農道の整備や草刈り、清掃活動などを行っている。このような行政とも結びついたよく機能する活発な自治組織は、与論島の地域社会に蓄積された、住民間の信頼といった一種の社会関係資本の存在と結びついていると考えられる。しかしこのような自治組織が存在するのにもかかわらず、上記のような一種の「コモンズの悲劇」の構図を打ち破れず、これまではさとうきび農業の施肥の改善に結びついてこなかったという事実には留意が必要である。すなわち、住民間の共同性自体が必ずしも問題解決に結びつくわけでなく、集団内に「コモンズの悲劇」を打破するインセンティブの構造を構築することが必要なのである。そのようなメカニズムを構築しえたとき、与論島の地域社会に蓄積された社会関係資本は、それを有効に駆動させることを助けるだろう。

6．与論島の地下水の富栄養化問題とサンゴ礁劣化問題の今後の展望

（1） ウルプロジェクト

　前述の通り、与論島ではサンゴ礁劣化に対する危機意識を強めた地域住民と行政が一丸となって 2005 年にサンゴ礁の再生プロジェクトを立ち上げた。サンゴ礁の現地方言を冠しウルプロジェクトと呼ばれるこのプロジェクトでは、利害が対立しがちな漁協とダイビング業者も協力して活動を行っていた。活動内容は、リーフチェックやサンゴ食巻貝・オニヒトデの駆除、地元の子供たちへの環境教育、前出野島のサンゴ礁再生調査への協力といったことが主要なものであった。実際の活動に携わるのは、漁業や観光、ダイビング、町役場の関係者を中心にごく少人数であり、また活動も海に関するものにほぼ限られていた。

　前出の野島、中西、深見らをはじめとする自然科学の研究者と、本書の執筆者でもある松本、緒方ら社会科学の研究者が参画する筆者らの研究グループは、このウルプロジェクトと呼応する形で 2005 年より与論島の調査を開始し、島のサンゴ礁劣化問題について一定の構図を明らかにすることができたと思う。この研究の成果は、年 2 回程度中間報告会を開催してそのつど地域社会に還元してきた。

（2） ヨロンの海サンゴ礁再生協議会

　そのような活動の甲斐もあり、2010 年 3 月 2 日、町の主立ったステークホルダーが参加する「ヨロンの海サンゴ礁再生協議会」が立ち上げられた。今後、この協議会を舞台にサンゴ礁再生に関わるさまざまな取り組みが立案され、その実行に関わる地域社会の合意形成がなされていく見込みである。同年 12 月 15 日にはまず協議会内部に海と陸の 2 つのワーキング・チーム（WT）を立ち上げ、それぞれ取り組みを立案し、中心となって活動を組織していくことになった。後者の陸 WT は、前出中西の助言の下、まず個々のさとうきび農家の施肥実態をアンケート調査などで把握し、有効な施肥方法をアドバイスすることを通して、環境中への富栄養化物質排出を減少させるとともに、さとうきびの

収量の増加をはかる取り組みを進めることになった。2011年12月8日の第3回協議会では、さらに島の子弟に対する環境教育を進める教育WTの立ち上げや役場の関係部署がそれぞれ各WTの事務局機能を果たすことが承認された。農業関係者に対する調整は多少時日を要したが、同年12月16日には島の農業を主導する立場の人たちの参加を得て「さとうきび栽培に関する懇談会——サトウキビ収穫増のための施肥と農業」が開催され、具体的な農法に関してより突っ込んだ議論が行われた。このような取り組みは、前出の「宮古島地下水水質保全対策協議会」の中心人物のひとりである中西が宮古島でこの間研究・実践し、一定の成果を上げてきた。すなわち肥料節約による費用削減と収量増による収入増加が見込める農法を示し、農家に農法改善を促すインセンティブを付与するものである。普及と、過去行ってきた農法を変更するという心理的障壁の突破に成功すれば、一定の成果を上げることが可能であろう。その意味で、農法の変更は一定の学習や周辺での成功が必要になってくる。またもう1つ、この協議会の成立により「地下水の富栄養化防止」という一般の農民にとっては漠然とした目標から、与論島住民が愛着するサンゴ礁再生の一環という比較的目に見えやすいものに目標が切り替わった点も注目すべきだろう。

(3) む す び

　与論島の地域社会に蓄積された社会関係資本は、地域社会が共同して何らかの目標を目指そうという時にその協働を円滑化するのに役立つと考えられるが、その前提として、そのような目標に向かって個々人がなすべき具体的な行動を促すインセンティブの仕組みをきちんと組み立てることが必要であることを銘記すべきである。

＊本稿は新保2008を大幅に整理し、加筆改稿したものである。

【注】
（１）　筆者がインタビューした「イサリ」のベテランは、10年前の1/4から1/5という実感を語ってくれた。

第 7 章　低島における地下水の富栄養化問題とサンゴ礁劣化

（２）　ここで使われている被度（生きたサンゴが海底を覆っている面積の割合）の階級は、被度＋：5％未満、被度Ⅰ：5～25％、被度Ⅱ：25～50％、被度Ⅲ：50～75％、被度Ⅳ：75％以上である。
（３）　ただし富栄養化物質の濃度は沿岸において高く沖合の観測ポイントでは低くなり、「陸水の影響が及んでいるのはごく沿岸部のみであると考えられ」る（深見2007, 68頁）。与論島のような孤島では人間活動によって自然界に排出された富栄養化物質も速やかに海水に希釈されるためであろう。だがサンゴ礁のリーフ内では沖合と比して海水の交換にかなり時間がかかるため、富栄養化物質は比較的長時間リーフ内に留まると考えられる。
（４）　中西によれば、南西諸島の島嶼はその地形によりおおまかに高島と低島とに区分される（中西2009, 111頁、以下同）。高島は山地を有し起伏が大きいため河川が発達しており、淡水源として地表水が利用可能であるという特徴を持っている。低島は地形が低平であり、河川はあまり発達しない。なぜなら表層地層が透水性の高い琉球石灰岩であるため、降雨は渋滞なく地下へ浸透し、代わりに地下水系が発達するためである。石灰岩層は、基本的に泥岩などの難透水性の基盤岩の上にのっているが、基盤岩と海水面の関係によっては海水が地層中に浸入し、淡水は比重の差により海水の上にのるような形で存在することになる。多良間島のように海面下深くまで石灰岩や砂層等透水性の高い地層になっている島嶼では、淡水は海水の上にレンズ状に浮くような形で存在し、淡水レンズと呼ばれている。
（５）　このような南西諸島における低島の地下水が陥りやすい問題の詳細については、中西編2002、中西2009を参照されたい。
（６）　ただし、立長水源地と那間水源地は、予備の水源である。
（７）　その結果をもとに、さとうきび農業の施肥方法の改善（施肥時期の調整や緩効性肥料への切替）、家畜排せつ物対策（野積み、素掘りなど不適切な管理の解消と堆肥化処理推進）、生活排水処理対策（地下浸透処理から下水道処理への切替推進など）などの面で提言がなされた。対策は基本的に住民に対する啓蒙が主たる手段となっており、その推進には多くの困難があるようだが、結果として近年は硝酸性窒素濃度に関して若干の改善が見られるようになっている。それは、長期間継続する詳細な地下水質関係の調査と、その年度ごとの公表、そしてそれらのデータをもとにした啓蒙活動という、地道な科学的調査と啓発のプロセスが一定の効果を上げているのだろう。
（８）　残り16.6％は自然循環分。
（９）　以下特に断りのない限り、与論島の農業関係の統計数値は与論町産業課『与論町産業（農業・水産）の概要』（平成17～23年度）による。
（10）　ただし図7-7は主要作物の作付面積のみを集計したものである。たとえば与論町の耕地面積は2009年で948.5 haであるが、図7-6の主要作物の作付面積の合計は903.1 haである。両者の差分はその他の作物と休耕地であると考えられる。
（11）　ちなみに昭和40年代以前は、肉用牛よりも豚の飼養頭数が多かった。豚の飼養頭数は、1960年1847頭、1965年1160頭、1970年246頭、1975年161頭と傾向的に減少し、現在はほとんど飼養されていないようである（与論町誌編集委員

会 1998, 556 頁）。
(12) 詳細は、緒方 2006 を参照されたい。
(13) 与論島の地下水系は、中央部を南北に走る断層と、中央の断層から東に延びる断層で大きく 3 つに区切られ、それぞれの水系では地下水は中央から海岸方向へ向けて地下水が流れる形になっている（図 7 - 1 参照）。そのため湧水は海岸付近に多い。特に、島の南東部には古くからの自然湧水が集中し、与論島で最も早い時期から人が集住していたといわれている。
(14) このような調整は、個々のステークホルダーに対する個別の対応が必要になるため、時間と労力を要する。このようなことが可能になったのは、町の予算により協議会が専従の職員を雇用した（2011 年 8 月 8 日）ことが大きいという点を付記しておく。

【参考・引用文献】
緒方賢一（2006）「循環型社会の形成と農業——家畜排せつ物処理を中心に」『高知論叢』86，75-103 頁．
鹿児島県企画部・アジアプランニング（1994）『平成 5 年度　奄美群島水資源開発調査報告書』．
鹿児島県与論町（2002）『パナウル王国の環境憲法——与論町環境総合計画』与論町役場町民生活課．
川迫倫子・川島月夫・米澤守光・北園正人（1991）「鹿児島県の地下水質について　第 4 報——離島地域与論島」『鹿児島県衛生研究所報』27，57-81 頁．
環境省・日本サンゴ礁学会編（2004）『日本のサンゴ礁』自然環境研究センター．
久野謙次郎手記・柏常秋校訂（1954）『南島誌・各島村法』奄美社．
新保輝幸（2008）「鹿児島県与論島におけるサンゴ礁保全と地下水等の富栄養化問題——サトウキビ農業に注目して」『農林業問題研究』44(1)，72-78 頁．
──── （2009）「地域社会における生態リスク管理の可能性——鹿児島県与論島のサンゴ礁劣化問題の事例から考える」浅野耕太編『自然資本の保全と評価』ミネルヴァ書房，127-150 頁．
中澤純治（2007）「鹿児島県与論島における窒素収支の試算」『2006 年度高知大学人文学部研究プロジェクト研究成果報告書』19-21 頁．
中西康博（2009）「島嶼地域における地下水資源の保全と管理——南西諸島の事例から」浅野耕太編『自然資本の保全と評価』ミネルヴァ書房，108-126 頁．
──── 編（2002）『サンゴの島の地下水保全——「水危機の世紀」を迎えて』宮古島地下水保全対策協議会．
中野義勝（2002）「造礁サンゴの環境負荷への生理生態的反応に関わる研究の概観」中森亨編『日本におけるサンゴ礁研究 I』日本サンゴ礁学会，43-49 頁．
野島哲（2007）「与論島のサンゴ礁の現状と再生に向けた取り組み」新保輝幸『サンゴの海のワイズユースをめざして——海洋環境資源の最適利用と資源管理に関する生物学的・社会科学的研究』（平成 16 - 18 年度科研報告書増補改訂版），45-56 頁．
平田国雄・大迫暢光（1968）「与論島の珊瑚礁」（財）海中公園センター『奄美群島自

然公園予定地基本調査書』鹿児島県, 333-354 頁.
深見公雄 (2007)「与論島周辺海域の水質環境と流入陸水がそれに与える影響」新保輝幸『サンゴの海のワイズユースをめざして——海洋環境資源の最適利用と資源管理に関する生物学的・社会科学的研究』(平成 16‐18 年度科研報告書増補改訂版), 57-76 頁.
藤原秀一 (1994)「サンゴ礁海域調査結果の解析」『第 4 回自然環境保全基礎調査 海域生物環境調査報告書(干潟, 藻場, サンゴ礁調査) 第 3 巻 サンゴ礁』環境庁自然保護局, 30-48 頁.
与論町誌編集委員会 (1988)『与論町誌』与論町教育委員会.
Hardin, G. (1968) "The Tragedy of the Commons," *Science*, 162(13), pp. 1243-1248.
Ostrom, E. (1990) *Governing the Commons: The Evolution of Institutions for Collective Action*, Cambridge University Press.

第8章
地下水法の現状と課題

松本充郎

　地下水法に着目する理由は、エリノア・オストロムが現実に最も深く関わった事例が南カリフォルニアの地下水保全であり、コモンズ論の理論的な着想の原点を垣間見ることができるからである（Ostrom 1990, pp. 103-142; Sax *et al.* 2006, pp. 506-520）。この事例は、「共同体」（複数の一部事務組合や水道事業会社）が「自発的」に形成した地下水保全方法に関する「合意」を形成した先進的事例として紹介されている。

　たしかに、オストロムのコモンズ論には、社会科学的な分析としては疑問が多い。例えば、歴史的に特殊な体系を持つカリフォルニア州の地下水法が所与とされ、一部事務組合や水道事業会社が形成した「組織」が共同体として扱われている。しかし、次に見るように、自然資源問題におけるストックの重要性等の興味深い視点を与えてくれる。

　一般に、水は地表水であれ地下水であれ、土地の上または中を流れる。このうち、地下水は、地下の帯水層に貯留されており、土地への権原を持たなければアクセスできない。また、水の需給のバランスは産業構造や経済状況によって変動するものの、降水量という制約があるため、地表水・地下水ともに（少なくとも潜在的には）競合性の高い資源である。

　そして、単に土地所有権（ないし利用権）を持つ人が地下水への権利を持つとすると、地下水は土地の区画と無関係に移動するために公正な利用は実現しない。逆に、資源が枯渇する懸念が認識されると、1つの帯水層を共同で利用する権利者の間で地下水の採取競争が起きる可能性がある。地表水の排除性は一般に低いのに対して、地下水の排除性は、「利用者の排除」という観点からは高く、土地に対する権原を持つ者による「利用の排除」という観点からは低い。

さらに、南カリフォルニアの水問題は、砂漠に大都市と大規模な農場を作ったことによって生じた。現在、地下水利用権については、包括的な連邦法もカリフォルニア州法もないが、仮に州法による規制が導入されれば、各流域の地下水涵養量と配分原理が争点化する。これを避けるために、南カリフォルニアの諸都市は、水取引によって地域外から水を輸入するとともに、再処理水の帯水層への注入によって地下水を人工的に涵養し、不足分を補っている（地元の水・地下水・輸入がそれぞれ約1/3ずつといわれる）[1]。

この事実は、地下水の持続的利用のために行う管理において、過剰な利用の「排除」だけではなく帯水層というストックを維持するための労働投下も重要な構成要素であるという視点を与えてくれる。政策的に見ると、地下水の涵養方法、地下水への権利の配分原理、そして、それらを実現するための機構をどう仕組むかが問題となる。

以下では、上記のような一般論・固有の事情を念頭に置きつつ、日本人から想像がつきにくい南カリフォルニアではなく、日本の地下水をめぐる2つの裁判例——城崎温泉事件と紀伊長島町水道水源保護条例事件——を素材として、地下水法のあるべき姿について検討する。

具体的には、まず、「地下水への権利」の法的性格について検討する（第1節）。さらに、地下水保全条例による「地下水への権利」の内容の明確化、権利行使の規制の可否、可能である場合の制度設計について、旧紀伊長島町水道水源保護条例事件を通じて検討する（第2節）。最後に、本章で検討した内容を要約し、コモンズ論への示唆を探る（第3節）。

1．城崎温泉事件にみる「地下水への権利」の法的性格

（1）　日本の水資源問題における地下水の位置付け

日本は、気候的にはアジアモンスーン地域に位置し、夏の雨と冬の雪による豊富な降水の恩恵を享受している。しかし、人口1人当たりの水資源賦存量は、他国と比較すると必ずしも多くない。また、日本では、地表水は以前からより重要な水源であり、取水量ベースで約88％を占める（残りの12％が地下水である）[2]。

地下水は水が浸透した土壌である帯水層から汲み上げることになるが、帯水

層は土地所有権の区画とは一致せず、複数の土地所有者が1つの帯水層を共同で利用することになる。これまで、温泉の利用・管理については、村落共同体の慣習をベースに温泉権が発達してきたが、近代化まで自然に噴出する地下水が利用されていたにすぎない。しかし、大正期の深井戸掘削機の普及、1950年代以降の再工業化・電気ポンプの普及によって地下水の開発が盛んになり、主に都市部で地盤沈下が激化した。そのため、本土の多くの地域では地下水のそれ以上の開発をあきらめ、地表水の開発に力を注ぐようになった（阿部1981, 223頁；三本木1999, 125頁）。

これに対して、南西諸島等の島嶼部や熊本県熊本市等の火山性土壌の地域は、日常生活や生産活動に必要な水資源を地下水に依存しているが国内では例外的である。全ての水利用のうち地下水が12％にとどまるのはこのような理由からである（本章注2参照）。

今日、日本が地下水をめぐって直面する問題は、過剰な採取や地盤沈下だけではなく、多様化・複雑化している。地下水は、家畜排せつ物や肥料による硝酸性窒素汚染や工業起源の化学物質による汚染リスクを抱えている。さらに、全国的に見ると、水源林の近辺での廃棄物処分場の建設による地下水の汚染・枯渇のおそれや、海岸近くにおける地下水の採取による帯水層への海水の浸入、さらに、外国人による森林買収の事例も報告されている（国土交通省編2011, 102-103頁；林野庁2011, 57頁, 表Ⅲ-2）。

特に、沖縄県宮古島市では、過剰な採取・硝酸性窒素汚染等の問題に直面し、地下水の利用・管理全般に関する「地下水保護管理条例」を制定し、1965年の制定以来、40年以上にわたって数度の大改正により問題状況の変化に対応してきた。これに対して、旧紀伊長島町（現三重県紀北町）は、水道水源保護条例により廃棄物処分場による過剰な採取を規制しようとしたが、最高裁は処分場側の主張を大筋で認め、差戻し控訴審判決は処分場側の請求を認容した。

そこで次に、温泉権をめぐる裁判例である城崎温泉事件の検討を通じて、地下水の利用の前提となる「地下水への権利」の法的性格を検討する。

（2） 温泉権からみた地下水利用権
1） 城崎温泉事件
　温泉とは、温泉法上、25度以上の温度と法2条が定める鉱物やガスを含む水である。日本人は温泉好きであるために、温泉には経済的な価値があり、日本の近代化以前から慣習上の温泉権が発達してきた。古来、温泉の浴客は、宿の外の共同浴場である外湯で入浴しており、宿の中で入浴する内湯は全国で一般的に禁止されてきた。(3)
　湯島村は、兵庫県北部に位置し、温泉の豊富な湧出量で知られており、明治維新前には、内湯は禁止されていた。(4) 1889年には、隣の2つの村と合併し、新しい湯島村ができた。さらに、1895年には城崎町になり、城崎町内の温泉を管理するために湯島財産区が形成され、1957年には近隣の町と合併し、その後の近隣市町村との合併により豊岡市の一部となった。
　1909年には、国鉄が城崎まで開通し、これ以降、城崎は京阪神から多くの旅行者を受け入れることになった。大正年間には転入者が増え、そのなかには自家入浴用の温泉掘削をする者が増えた。また、旅行者は内湯での入浴を望んだため、旅館の経営を拡大したい経営者は内湯を建設し始めた。そのため、共同浴場用の泉源は枯渇したり著しく減量したりした。
　そこで、町は県に働きかけ、1920年、県は鉱泉地区取締規則（以下「規則」）を制定し、内湯のない小規模な宿はこの規則を支持した。さらに、多くの土産物屋や食堂は、外湯に入るための人通りに依存して営業していたため、城崎町は外湯を維持しようとした。
　1925年には、城崎とその周辺は北但大震災に見舞われ、町全体が被害を受けた。しかし、幸運にも帯水層には影響がなかった。1926年には、城崎町は、外湯の復興支援のために町債を発行し、資金を供給した。多くの町民は、復興のために協力し、外湯の施設を拡張するために土地を提供したが、第1次世界大戦以降の経済不況と相俟って、復興は容易でなかった。
　さて、城崎町内のAが所有する土地においても温泉が湧出し、Aは県規則に基づく温泉掘削許可を受けていたが、Aの旅館に内湯はなかった。そして、Xは父親であるAから、本件土地と旅館を相続により承継した。兵庫県知事（Y1）は、Xが相続によりAの温泉掘削許可を承継することを承認した。

1927 年には、X は、内湯を持ち浴客を入浴させるために、警察に対して営業用家屋増築許可の申請を行った。申請に当たって、X は増築の目的は自家入浴であるとしたが、当然、宿泊客が入浴することも可能であった。警察は、申請の許否について町長に相談した。さらに、町長は、許否について町議会および財産区と協議したが、X が内湯の建設を意図していることを前提に拒否すべきであると回答した。

1928 年 5 月 10 日、Y1 は、規則 3 条 2 項に基づき、1930 年 3 月 31 日まで浴客による内湯の利用停止を命令した（規則 3 条 2 項は泉源の枯渇防止と公の秩序維持を目的とし、公安公益に影響がある場合に知事に温泉の使用停止を命ずる権限を与えていた）。

しかし、1928 年 6 月、Y1 は唐突に X に対して拡張工事を許可した。この件をめぐって町内が混乱したため、県は泉源の調査を始め、1930 年 3 月 22 日には、Y1 は規則 3 条 2 項に基づき 1930 年 4 月 1 日以降、当分の間利用停止を命じた（2 度目の利用停止命令）。

そこで、X は Y1 を被告として、2 度目の利用停止命令の取消訴訟を提起した（行政訴訟）。また、城崎町（Y2）は、X を被告として民事訴訟を提起し、Y2 に「温泉専用権」がある（湯島区内において温泉を排他的に利用する権利を有する）ことの確認と X に対する妨害排除（X が所有する泉源の埋め戻し）を請求した。
(5)
(6)

2） 裁判所の見解

地方裁判所は、行政訴訟において県知事 Y1 による利用停止命令を取り消し、かつ、民事訴訟において Y2 の請求を棄却した（いずれの事件でも X が勝訴）。

まず、行政訴訟において、判決は次のように述べ、請求を認容した。湯島財産区には法例 2 条（現在の法の適用に関する通則法 3 条）にいう法的効果を有する慣行はない、もしくは、消滅しているから、本件では、規則が適用される。規則 3 条 2 項は、その目的を実現するため、行政庁に許可処分の取消等の権限を授権するが、原告による内湯の設置は他の既設の温泉に影響を与えず、公安公益を害するおそれもなかったため、取消事由には該当しない。

また、民事訴訟において、裁判所は次のように述べて、Y2 による請求を棄

却した。第一に、地下水利用権は、地方の慣習がない限り土地所有権に附随する。第二に、地方の慣習は、土地所有者が採取することを許容していた。すなわち、1880年代までにいくつかの宿において内湯が建設され（本章注4参照）、1930年代には多くの宿が内湯を持っていた。

　Y2は大阪控訴院に控訴し、裁判所は戦時調停を勧めた。そして、第2次世界大戦の間、手続は進まなかったが、Xは判決が出るまで内湯の建設をしなかった。敗戦後、1948年には手続が進み、1950年にはXの相続人とY2の間で調停が成立し、一定の条件の下で内湯が認められることになった。

　なお、豊岡市湯島財産区は、温泉の管理・供給施設に投資し、集中管理を行うことになった。その後、内湯条例・要項は改正され、城崎温泉利用条例、城崎温泉供給条例等となっている。

（3）　私見：「地下水への権利」の法的性格と、制定法上の根拠、判決への反論

　まず、裁判例上、「地下水への権利」は、地下水の所有権ではなく、地下水利用権（一定量ないし一定割合の地下水の採取を行う権利）である。そして、地下水利用権は、帯水層上の土地所有権（ないし土地への権原）に附随する権利である。

　なぜなら、地下水は、地表の土地の構成物ではあるが、土地所有者の完全な支配には服さないからである（その現れが所有者の意思と無関係に1つの区画から別の区画に移動することである）。

　そのため、地下にある状態では所有権の客体にはならないが、地下水利用権に基づいて取水された後には所有権の対象とすることが可能である。ただし、地下水利用権について、民法と異なる旨の地方の慣習がある場合には、法令の規定および公序良俗に反しない限り、その慣習が優先される[7]（法の適用に関する通則法3条。地域的公序）。

　たしかに、民法175条は、「物権は、この法律その他の法律に定めるもののほか、創設することができない」と規定する（民法施行法35条も同旨。物権法定主義）。

　しかし、民法典は、既存の慣習上の権利を全て排除したわけではなく、経済合理性がある場合にはこれを維持しようとしている（入会権に関する263条および294条の規定）。また、法の適用に関する通則法3条は、地方の慣習が公序良

第 8 章 地下水法の現状と課題

俗に反しない限り、それが近代的なものであってもなくても、法的に有効であることを認める。

なお、国が法律の定めによって地下水の位置付けを変更し、「公水」「公共的資源」とすることは当然に可能である（民法 206 条・207 条。公水条例の適法性については後述する）。

次に、行政事件において、X の取消請求は棄却すべきであった。すなわち、原告の内湯設置の公安公益への影響は、認定された事実からはなさそうである。だが、内湯禁止の慣習は、解体しつつあったが消滅しておらず、公序良俗にも反しないし、原告の採取によって他の温泉に影響が出ている状況がうかがえるから、内湯禁止は適法である。

また、民事事件については、城崎町（Y2）を勝訴させるべきであった。すなわち、Y2 は、地下水を所有することはできず、この点は明治初年段階でも同じである。また、慣習については「事実＝規範」であるところ、注 4 のような事実が認められるから、湯島区には温泉専用権があったと思われる（判旨に反対）。地下水利用権の性格上、X による取水を一定量以下に制限する技術的手段がある場合には埋め戻しを命ずることはできないが、制限できない場合には埋め戻しを命ずることができる。さらに、本件の事実関係において、不法行為に基づく損害賠償請求も認容されるべきである（川島 1994, 84-94 頁）。

そして、地域共同体は、その地域の慣習が公序良俗に反しない限り、慣習に基づく地下水利用権を持つことができる（温泉権を含む）。しかし、新住民の転入・旧住民の転出等の事情により、地域共同体が解体した場合には権利は残存するものの秩序の再編が必要になり、地域共同体が消滅した場合にはその権利は消滅する。いずれの場合も、地域共同体の慣習による秩序に戻ることは現実的ではなく、制定法（条例を含む）および協定による秩序形成が重要になる。

近年、次に見るように、地下水の過剰な採取や廃棄物処分場立地による地下水の汚染や枯渇の問題が起きている。このような問題状況に対応するため、地方自治体による地下水保全条例や水道水源保護条例（以下「地下水保全条例」）が数多く制定されている。そこで次に、地下水保全条例の適法性について検討する。

2．地下水利用権の現代的規制——地下水保全条例の合憲性・適法性

(1) 地下水をめぐる現代的問題と法律による規制

地下水の枯渇・汚染の原因は次のように要約できる。地下水の涵養量よりも採取量が多ければ、地下水位は低下する。また、地下水汚染は、例えば半導体の製造や石油の販売・化学肥料の使用・家畜の排せつ物等によって起きる。近年、世界各地でサンゴ礁の白化が起きており、その主な原因は海水温の上昇と考えられている。しかし、南西諸島において、陸域の汚染された地下水が沿岸海域に流出し、白化に拍車をかけている可能性が指摘されている（中西 2009, 118-119 頁）。

まず、過剰な採取対策としては、次のような法律が制定されてきた。温泉法（1948 年）は、泉源の保護（および温泉採取における防災）を目的とする。工業用水法（1956 年）・建築物用地下水の採取の規制に関する法律（ビル用水法）（1962 年）は、地下水の過剰な採取による地盤沈下の防止等を目的とする。新河川法（1964 年）は、治水・利水を目的とする（1997 年に改正され、目的に河川環境の整備と保全が加えられた）。しかし、これらの法律は、地下水利用権の内容を定義していないし、地盤沈下を防ぐ目的以外では地下水の過剰な採取を規制していない。

次に、水道法（1957 年）は、清浄で安価な水道用水の供給を目的とする。また、廃棄物処理及び清掃に関する法律（以下「廃掃法」。1970 年）は、廃棄物の排出を抑制し、適正な処理（保管・処分等）により、健全な生活環境を保全し公衆衛生を促進することを目的とする。具体的には、産業廃棄物処分場を確保すると同時に、処分場による水質汚濁を防止することも目的である（14 条以下）。

さて、廃掃法上の施設許可の基準（15 条の 2 第 1 項）を遵守する限り、水質に関する問題は起きないはずであるが、処分場立地に関する紛争は絶えない。地方自治体は、地域が抱える水質汚染への懸念に対処するために独自条例の制定を迫られ、地方自治体は行政訴訟を引き受けざるを得なくなっている。これに対して、廃棄物処分業者は、民事差止訴訟への対応を強いられている。

そこで次に、地下水保全条例に対する理論的批判と裁判例における議論について検討する。

（２） 地下水保全条例への理論的批判と私見
１） 地下水保全条例への理論的批判

　地下水保全条例に対しては、憲法レベルの批判（憲法22条適合性および憲法29条適合性）と法律と条例の抵触のレベルでの批判があるが、ここでは前者について論ずる。

　まず、職業選択の自由（および営業の自由）を保障した憲法22条との適合性について、紀伊長島町水道水源保護条例事件の調査官解説は、本件条例が消極的・警察的規制であることから「本件条例の規制が目標達成のために最小限度の規制であるかどうか、あるいは、必要最小限度のもの」であるかどうかが問題となるとする。そして、取水量の制限は目的に照らして合理的限度内だが、施設の設置自体の禁止は合理的限度を超えると指摘する[8]。

　さらに、工業用水法・ビル用水法・温泉法が、採取施設の位置・揚水機の吐出口断面積による規制を行っていることを挙げ、条例もこのような仕組みをとることが可能であり、採取規制が行われる指定地域の範囲が厳格に限定されているとする。

２） 私　　見

　しかし、工業用水法等は、地下水利用権の性格について明確な結論を出しておらず、目的も地盤沈下防止に限定されており、資源の持続的利用の視点に欠けている。このような法律を比較対象として、地下水保全条例の憲法22条適合性を論ずるだけでは不十分である。

　次に、憲法29条1項は私的財産権を保障するが、2項はその内容について公共の福祉に適合するよう法律で定めるとする。

　そして、民法175条は「物権は、この法律その他の法律に定めるもののほか、創設することができない」とする（物権法定主義）。さらに、206条は「所有者は、法令の制限内において、自由にその所有物の使用、収益及び処分をする権利を有する」とし、207条は「土地の所有権は、法令の制限内において、その土地の上下に及ぶ」と規定する。

　もし、「法律」が文字通り国の「法律」だけを指し地方公共団体の「条例」を含まないとすると、地下水利用権を制限する条例は、憲法29条2項および民

法に違反することになる。

　実際、有力な学説は、次のように議論する。すなわち、物権法定主義を採用する民法175条が「法令」ではなく「法律の定めるところによる」と規定するのは、個人を封建的な諸関係から解放すると同時に、全国的に一律な財産権のみを許容することによって取引の安全性を高め効率化を図るためである。条例によって水利権の内容を明確化したり制限したりする規定を置くことは、仮に法律が先に制定されていなくても許されない。[9]

　そこで次に、条例に地下水利用権の内容を明確化・変更・制限する規定を置くこと——例えば地下水を公有とし採取を許可制の下に置く公水条例——の可否について検討する。

　民法175条および民法施行法35条は、一見、法律によらない財産権の内容の変更や制限を排除しているようにも読めるが、すでに述べた通り、入会権や水利権等の地方の慣習は排除されていない。さらに、法の適用に関する通則法3条は、公序良俗に反しない慣習は、これを禁じる法律が存在しない限り、法律と同一の効力を持つとする（第2節（3）参照）。

　さらに、条例は、地方議会が制定する法規範であり（憲法94条・地方自治法14条1項）、慣習より公示性も高い。特定の個人を不利益に扱うものではなく、住民の権利を一方的に制限するものでなければ、法律同様の効果を認めてよい（本章注7参照）。法律が存在する場合には、法律との抵触がないことが必要であるが（この点は次に述べる）、この条件を満たし、公序良俗に反しない条例の効力を否定することは妥当ではない（三本木1999, 105頁）。

　なお、地下水利用権の内容は、慣習よりは条例、条例よりは法律によって一般的に明確化し、地域性を踏まえて条例や慣習に根拠がある場合に例外を認めるほうが望ましい。しかし、国が法律を制定しない場合、地域共同体の不文律より条例を制定するほうが明確性確保の観点から手段の選択として適切である。

（3）　紀伊長島町水道水源保護条例事件

　地下水保全条例の合憲性・適法性は、2つの点から問題になる。第一に、土地所有権に附随する地下水利用権の内容を明確化・変更・制限する規定を置くことは可能か。第二に、同一ないし類似の目的を持つ法律がある場合、その条

例は適法か。

第一の問題は第3節（2）ですでに論じたから、以下では、憲法・法律と条例の抵触が問題となった紀伊長島町水道水源保護条例事件に即して第二の問題について検討する。[10]

1）　事件の概要

本件の原告は、産廃処分場の中間処分場の設置者であり、廃掃法15条1項に基づく申請を行った。1993年11月には、三重県産業廃棄物の適正な処理の推進に関する条例に基づき、県に対して本件事業計画を提出した。

その後、紀伊長島町（当時）は、計画を精査し、1994年3月25日に紀伊長島町水道水源保護条例を制定した（本件条例）。本件条例は、「水道法2条1項の規定に基づき、町の住民が安心して飲める水を確保するため、町の水道水質の汚濁を防止し、その水源を保護し、住民の生命、健康を守ることを目的とするものであ」り（1条）、水質だけではなく水量を確保する点に特徴があった。

「町長は、水源の水質を保全するため水源保護地域を指定することができるとするとともに（11条1項）、産業廃棄物処理業その他の水質を汚濁させ、又は水源の枯渇をもたらすおそれのある事業を対象事業とし（2条4号及び別表）、対象事業を行う工場その他の事業場のうち、水道にかかわる水質を汚濁させ、若しくは水源の枯渇をもたらし、又はそれらのおそれのある工場その他の事業場を規制対象事業場と認定することができる旨規定し」ていた（2条5号、13条3項）。さらに、「水源保護地域に指定された区域における規制対象事業場の設置を禁止し（12条）、これに違反した場合には、1年以下の懲役又は10万円以下の罰金に処することとしてい」た（20条）。

そして、規制対象事業の認定手続として「水源保護地域内において対象事業を行おうとする事業者は、あらかじめ町長に協議を求めるとともに、関係地域の住民に対する説明会の開催等の措置を採ることを義務付けられており、町長は、事業者から事前協議の申出があったときは、町水道水源保護審議会（以下「審議会」という。）の意見を聴き、規制対象事業場と認定するかどうか判断することとされてい」た（13条）。

「審議会は、町の水道に係る水源の保護に関する重要な事項について、調査、

審議する機関であり（5条）、町議会の議員、学識経験者、関係行政機関の職員等のうちから町長が委嘱し、又は任命する委員10人以内をもって組織することとされてい」た(11)（6条）。

1995年5月10日、県は廃掃法15条1項に基づいて原告に許可を与えた。しかし、本件施設は町の水道水源にあたる2本の河川の支流から1日当たり95 m³の採取を計画していた。さらに、1995年5月31日、町は本件施設が水道水源を枯渇させるおそれのある施設である旨の認定を行い、本件処分場の建設を禁止した（本件処分）。そこで、原告は、町による本件処分の取り消しを請求した。

2）　最高裁判決および差戻し控訴審判決

差戻し前の高裁は原告の請求を棄却したが、最高裁は判決を覆し、高裁に差し戻した。最高裁は次のように判示した。水源に影響を与えるおそれがある施設の認定が委員会への諮問に基づいて行われ、仮に認定処分が行われると事業者の権利が重大な制限を受けることに鑑みると、「協議」は本件条例において最も重要な手続である。

また、町は、原告が条例制定時点ですでに事業計画を提出しており、条例制定前に行われた処分場設置申請のための事業計画の提出によって原告の事業計画を知ったという事実を尊重しなければならない。さらに、町は、廃棄物処分場の必要性と水源保全の必要性を衡量すべき立場にあった。したがって、町長は原告が採取量を制限するように事前協議を行うという手続的権利を尊重すべき立場にあった。この権利を尊重せずに行われた決定は違法である。町がこの権利を尊重したかどうか明らかではないため、本件を高裁に差し戻す。

差戻し後の高裁は、町長が申請者の手続的権利を尊重しなかったことを理由に原告の請求を認容し、最高裁が2007年6月7日に被告の上告を棄却し、判決が確定した(12)。

3）　私　　見

本件最高裁判決の結論は支持するが、次に述べるように理由には一部反対する。

第 8 章　地下水法の現状と課題

〈1．本件条例の適法性の判断枠組み〉

　まず、条例の適法性について、最高裁は明示的な議論をしていないが、「異なる観点からの規制」として、条例の適法性を前提とした判断をしていると思われる（阿部 2005, 123-124 頁）。

　この点につき、調査官解説は、廃掃法と本件条例の目的について、地下水の水質汚濁防止という目的は重なっているが、水源枯渇の防止については異なる観点からの規制であり、本件条例が法律の目的と効果を著しく妨げない限りで適法であるとする。[13]

　これに対して、本章は、次の理由から条例自体は水質汚濁防止についても水源枯渇の防止についても適法であったが、条例の適用方法が違法であったと考える。

　第一に、地下水保全条例が、地下水利用権の配分原理について規定する場合、地下水利用権を単に制限するものではない。むしろ、降水量や地質等の自然的条件から安全採取量が大まかに存在するところ、地下水利用権が競合している状況の下で、地域的公序としての配分原理を確認したものであり、合憲・適法である（本節（2）2）および本節（3）2）を参照）。

　第二に、自然資源に関わる問題において、地域はそれぞれの自然条件に鑑みて、適切なルールを構築しなければならない。その意味では、地方自治体の問題発見能力は特に重視すべきであり、国と地方の適切な役割分担の表れとして、法律と条例の抵触関係は柔軟に解釈されるべきである。しかし、科学的知見が必要であり、かつ地方自治体の能力が不足している場合、これを補ったり誤っている場合には補正したりする工夫が必要である（（3）3）2で後述）。

　しかし、第三に、首長や地方議会の多数派による個人の権利侵害に対する統制が、必要であることもいうまでもない。特に、土地利用・地下水採取・営業の自由の規制のように、被規制者が政治的・経済的に強いとは限らない分野においては、恣意的な規制が行われないよう、法律の違憲審査同様、最小限の規制かどうかというチェックが必要である。[14]

　ここで、廃掃法と本件条例を比較すると、廃掃法が水質汚濁の防止を目的とするのに対して、本件条例は水質汚濁の防止だけではなく水源の枯渇防止も目的とし、両者の目的は重なる部分もあるが異なっている。また、（前述の通り）

重複部分についても、廃掃法の規制だけでは水質汚濁の防止という目的が達成できない地域があるからこそ、自治体が水源保護という観点から水道水源保護条例を制定したという認識も踏まえなければならない。

〈2．本件条例の採用する地下水利用権概念と認定処分の適法性〉

次に、本件条例において、「水源の枯渇」は「取水施設の水位を著しく低下させること」とされ（2条3号）、本件高裁判決は、「その流域の地下水涵養量の上限≧個別の地下水利用権による取水量の合計」（厳格な安全採取量概念）[15]とすべきだとする。そのため、個別の利用権者の採取量の上限は、「その流域の地下水涵養量×敷地面積÷流域の総面積」であるとする（その流域の地下水涵養量を所有する土地面積に応じて比例配分する）。

この見解は、地下水利用権の概念（特に地下水の配分原理）をより明確化したものであり、条例に基づくもので国法に基づくものではないが本章第2節の議論と整合的である。最高裁は、地下水利用権の概念に触れていないことから、高裁の見解を前提としているように思われる。もし、この理解が正しければ、最高裁の判断は支持できる。しかし、配分原理とその科学的根拠について、明示的に議論すべきであった。

なお、下級審の事実認定（およびそれを前提とする最高裁判決）は、水収支法に基づいて計算された当該井戸の地下水採取による影響を過大評価しているとの鑑定書が国家賠償訴訟において提出された[16]（以下「蔵治鑑定書」。頁番号は参照箇所を示す）。

蔵治鑑定書は、議論の混乱の原因として、水収支を本件施設の敷地単位で検討するという方法論に無理があり、流域単位で検討すべきことを指摘する（4頁）。そのうえで、過大評価の原因について、気象観測システム等の観測データの無視による降水量の過大評価・蒸発散量の推定方法の誤りによる可能蒸発散量の過大評価等にあるとする（35頁）。蔵治鑑定書が指摘する事実認定の誤りは、補正されるべきであると考える。

そして、委員会は、採取量を平均的な年には 95 m³/日から 63 m³/日に、渇水の年には 49 m³/日に削減するように答申を行っていた。これに対して、鑑定書は、渇水期・非渇水期を区別せず、本件の敷地の安全採取量を 108 m³/日とする（31頁）。鑑定書の意見通りに委員会が答申を行い、町長が事業者と事前に

第 8 章　地下水法の現状と課題

協議していれば、認定処分は適法であったと思われる。
〈3．本判決の評価と適用範囲〉
　さらに、本件は、条例が事業計画の提出後に制定された事件であり、本判決の射程は限られている。なぜなら、紀伊長島町の事件において、条例はすでに計画を策定し申請された施設に対して適用されたために、認定処分だけが違法とされたからである。例えば、宮古島市地下水保全条例は、地下水の採取規制と水道水源保護という 2 つの部分からなる。そして、後者の構造は紀伊長島町水道水源保護条例のそれに非常に似ているが、運用において、対象事業場の手続的な権利を尊重して認定し、採取制限の科学的根拠を明確に示せば、この条例は適法である。
　結論として、条例が事後的に制定されたことに鑑みると、判決のいう「協議」は憲法 22 条との関連で営業の自由の規制という条例の効果を緩和するために必要な手続であり（北村 2005, 344-347 頁；大久保 2005, 57 頁；大塚 2010, 477-478 頁）、認定処分の取り消しはやむを得ない。しかし、地下水利用権の概念および本件条例の合憲性・適法性について、明示的に議論すべきであった。立法論的には、「安全採取量に照らし、水源を枯渇させ、又はそのおそれのないこと」（傍点部分は引用者が挿入）を認定処分の要件とすることが求められる。

3．コモンズ論への示唆と今後の課題

　本章では、まず、温泉権等における議論を参照し、日本の「地下水への権利」が地下水利用権という用益物権であり、慣習上の地下水利用権は相隣関係の延長線上にあり公序良俗に反しない限り、地域的公序として適法であることを示した。
　しかし、この事例では、財産区（旧村落）が単位となって管理するという方向性は示されたが、安全採取量の概念も地下水利用権の配分原理も示されなかった。水資源をめぐる政策的課題が過剰利用への対処である以上、何らかの対策が必要であった（第 2 節）。
　これに対して、紀伊長島町水道水源保護条例は、流域単位で安全採取量を同定し、地下水利用権は安全採取量を土地所有面積に応じて比例配分するという

原理を示した。

　地下水保全条例等の多くは、独自の目的を持つ。最高裁の枠組みを前提にしても、狙い撃ち的な制定・運用を避け、水源保護地域を不当に広げず、採取量の規制にとどめる限り、おおむね国の法令の効果を阻害することはない。

　仮に、法律と条例の目的が同一の場合でも、分権改革後の法律は、自治体の実情に応じた条例を可能な限り容認しなければならず、条例に固有の意義と効果があり必要最低限の規制であれば、条例は適法である。

　たしかに、本件条例は、後出し的に制定・適用されたために協議手続が不十分であり、認定処分は違法と判断された。しかし、本件条例自体は、帯水層を共同で利用する地下水利用権者が相互に過剰な採取を抑制しあいながら利用するという「拡大された相隣関係」（地域的公序）を明文化するものとして適法である。もっとも、この判決の科学的根拠については誤りがあり、この点については修正が必要である（第2節）。

　本来、地下水の保全と利用は、水文学的な知見を必要とするから、なるべく地方公共団体が制定する条例ではなく国の法律で管理すべき事項である。もし国の法律がなければ、地域共同体の慣習よりも条例でコントロールするほうが望ましい。地域共同体よりも地方自治体のほうが法的に統制しやすいし、地方公共団体ですら安全採取量の事実認定ができない場合があるのに、地域共同体にそれを期待するのは無理がある。

　「地下水は誰のものか」という問題提起は議論の出発点にすぎない。地下水の保全と利用は、過剰利用に関わる問題である[17]。国が法律を制定する際には、土地所有権と地下水利用権の関係を明確化し、流域単位で安全採取量と地下水利用権の配分原理を示し、既存の地下水保全条例等を活かす枠組み的な法律を制定すべきである。そして、過剰な利用を防ぐ仕組みだけではなく、地表水と地下水を一体として管理・利用する「接続的利用」の仕組みを入れるべきである。これらの点は今後の課題としたい。

＊本稿は、松本2011をコモンズ論の視点から非法律家向けに書き直したものである。松本2011で引用した文献の引用や法学的な議論は最小限にとどめている。

第 8 章　地下水法の現状と課題

【注】
（1）　The Metropolitan Water District of Southern California 2010, 3-5（Table 3.1）．再処理水の帯水層への注入は、ロサンゼルス近郊のオレンジ郡水区をはじめカリフォルニア州の多くの水区において実施されている。
（2）　年間総取水量 824 億 m^3 のうち 727 億 m^3 が地表水、97 億 m^3 が地下水であった（国土交通省編 2011, 59 頁）。
（3）　以下、川島 1994, 108-124 頁、武田 1942, 233-267 頁及び Ramseyer 1989, pp. 61-64.
（4）　その後、明治初年の陣屋の湯壺事件の後には代官専用の湯壺が湯島村に無償で譲渡された。また、1881 年の湯とう屋の内湯事件では、井上馨外務大臣の来村時に内湯を作り、これを維持しようとしたが、内湯禁止規範違反を理由に賦役を命ぜられた。その後、内湯条例により内湯は許されたが、内湯の鍵は村落の湯方に預けられ高額の入浴料が課された。
（5）　行政裁判所 1940 年 9 月 10 日判決・『行政裁判所判決録』46(8), 716 頁及び武田 1942, 233-267 頁。
（6）　神戸地方裁判所豊岡支部 1938 年 2 月 7 日判決・『法律新聞』4249, 5 頁。
（7）　松本 2006, 320-323 頁は、入会権・漁業権・慣行水利権の競合によって形成された地域の慣習的秩序を財産権規制と営業の自由の規制の両面から検討し、「公序」という観点から後者を正当化すると同時に限界を示した。その後、牛尾 2006・鈴木 2009・池田 2010・大塚 2010 に接し、人格権及び土地所有権における相隣関係の延長線上にある「地域的公序」の問題と捉えるのが妥当だと考えるようになった。そして温泉権は、地下水利用権の衝突から生まれたもので、特定の地下水利用権者を一方的に不利益に扱うものではないから、地域的公序として法的効果を持つ。本章はこのような慣習と条例を連続的に捉え、地域的公序としての実質を持つ条例も正当化する。
（8）　杉原 2005, 231-241 頁、特に注 7 を参照。
（9）　森村 1994, 14-17 頁及び雄川 1986, 274-281 頁を参照。この批判は、紀伊長島町水道水源保護条例のように水利権の内容を制限するタイプの条例にとって深刻である。
（10）　最高裁判所 2004 年 12 月 24 日判決・『最高裁判所民事判例集』58(9), 2536 頁。
（11）　津地方裁判所 1997 年 9 月 25 日判決・『判例タイムズ』969, 161 頁（本件一審判決）。
（12）　本件の原告による国家賠償請求は、2011 年 12 月現在も津地裁に係属中である。
（13）　杉原 2005, 227-228 頁。少なくとも水源枯渇の防止を図る規定は有効であるとする。なお、調査官解説は判決文作成を補助した裁判官が書いた事後的解説である。
（14）　この点について、本件確定後の判決であるが、神奈川県特例企業税条例事件地裁判決（横浜地方裁判所 2008 年 3 月 19 日判決・『判例時報』2020, 29 頁）と高裁判決（東京高等裁判所 2010 年 2 月 25 日判決・『判例時報』2074, 32 頁）が対照的な立場をとる（2011 年 12 月現在上告中）。筆者の立場は別稿で議論する。

(15) 安全採取量とは、狭義には涵養量以内の採取をいうが、広義には社会的に許容できる期間で地下水を枯渇させる採取量をいう（Sax et al. 2006, pp. 404-405; Getches 2009, pp. 265-270, 289-291）。
(16) 蔵治・田中 2011, 15-35 頁（蔵治執筆部分。以下「蔵治鑑定書」）。なお、蔵治鑑定書が指摘する農業部門からの水融通（24-25 頁）は、現時点では進んでいない（松本近刊，454 頁参照）。
(17) この意味では、本書が他の章で提起する問題の１つである「過少利用」とは異なる。

【参考・引用文献】

阿部泰隆（1981）「地下水の利用と保全」『ジュリスト増刊総合特集　現代の水問題　課題と展望』有斐閣，223-231 頁．

―――（2005）「水道水源保護条例における町と業者の協議義務が認められた事例」北村喜宣編『産廃判例を読む』環境新聞社，120-129 頁．

池田恒男（2010）「コミュニティー，アソシエィション，コモンズ」日本法社会学会編『コモンズと法』119-135 頁．

牛尾洋也（2006）「土地所有権論再考」鈴木龍也他編『コモンズ論再考』晃洋書房，59-89 頁．

大久保規子（2005）「水源保護条例による産業廃棄物処理施設の規制」『ジュリスト』1291，56-57 頁．

大塚直（2010）『環境法　第３版』有斐閣．

雄川一郎（1986）「財産権の規制と条例――奈良県ため池保全条例に関する最高裁判決について」雄川一郎『行政の法理』有斐閣，271-281 頁．

川島武宜（1994）『温泉権』岩波書店．

北村喜宣（2005）「水道水源保護条例に基づく禁止認定の違法性」『民商法雑誌』133(2)，334-348 頁．

蔵治光一郎・田中延亮（2011）『意見書「有限会社浜千鳥リサイクルが計画した事業場が赤羽水源に及ぼす影響について」』紀北町産廃訴訟損害賠償請求事件甲第 90 号証．

国土交通省編（2011）『平成 23 年度日本の水資源』海風社．

三本木健治（1999）『判例水法の形成とその理念』山海堂．

杉原則彦（2005）「最高裁判所判例解説 39」『法曹時報』57(12)，220-242（3754-3776）頁．

鈴木龍也（2009）「日本の入会権の構造――イギリスの入会権との比較の視点から」室田武編『グローバル時代のローカルコモンズ』ミネルヴァ書房，52-76 頁．

武田軍治（1942）『地下水利用権論』岩波書店．

中西康博（2009）「島嶼地域における地下水資源の保全と管理――南西諸島の事例から」浅野耕太編『自然資本の保全と評価』ミネルヴァ書房，108-126 頁．

松本充郎（2006）「自然環境問題における公共性」井上達夫編『公共性の法哲学』ナカニシヤ出版，309-329 頁．

―――（2011）「地下水法の現状と課題――城崎温泉事件から紀伊長島町水道水源保護条例事件へ」『高知論叢』102, 69-96 頁.
―――（2012）「河川法」北村喜宣他編『行政法用語辞典』法学書院, 449-454 頁.
森村進（1995）『財産権の理論』弘文堂.
林野庁（2011）『平成 22 年度森林・林業白書』農林統計協会.
Getches, D. (2009) *Water Law in a Nutshell*, Thomson West.
The Metropolitan Water District of Southern California (2010) *Integrated Water Resources Plan 2010 Update*.
Ostrom, E. (1990) *Governing the Commons: The Evolution of Institutions for Collective Action*, Cambridge University Press.
Ramseyer, M. J. (1989) "Water Law in Imperial Japan: Public Goods, Private Claims, and Legal Convergence," *Journal of Legal Studies*, 18(1), pp. 51-77.
Sax, J., B. Thompson, J. Leshy and R. Abrams (2006) *Legal Control of Water Resources*, Thomson West.

第9章
オープンアクセス・コモンズの数量分析

岡村和明

　これまでの章では事例研究を通じて各種コモンズの共同管理に伴う諸問題について重要な指摘がなされてきた。しかしながら、これらはいずれも事例研究に基づく定性的な研究であり、ここから何らかの政策的インプリケーションを引き出すためにはさらに政策評価に向けた数量分析が必要となる。本章ではまずコモンズ分析を数量分析まで拡張することの意義を述べたうえで、過去の主要な先行研究を概観しながら、これからの日本のコモンズ研究における数量分析のあり方を提示したい。[1]

　一般的に数量分析の意義は、（1）事例研究の客観化、（2）政策のサイズ化、という2点に集約されよう。第一の点は、分析内容に数量的裏付け、もしくは統計的有意性という客観的基準を与える点にあり、第二の点は、政策提言に具体的なサイズを与える点にある。特に第二の点について詳述すると、まず定性的な分析は問題解決の"方向性"を示すことはできる。しかしながら、一定の方向性を示す政策のベクトル上においてどの点が望ましいのかという"位置"を示すことは難しい。政策提言において必要なのは、どのような政策をどの程度行うべきなのかという点であり、数量分析はまさに"どの程度行うべきなのか"という点について、貴重な示唆を与えてくれる。その意味で、コモンズ数量分析の第二の意義は、コモンズ利用者に効率的な利用を促すうえで（ⅰ）どのような政策を（ⅱ）どの程度実施すべきか、という点を数量的裏付けのもとで明らかにすることにあるといえよう。[2]

　本章の目的は、上記の観点からコモンズ実証研究のレビューと数量分析に向

けた展望を行う点にある。次節では、まず本章におけるコモンズの捉え方を明示する。続く第2節で、コモンズ利用者に効率的な利用を促す要因として国家による所有権付与を採り上げ、先に示した観点から主な先行研究のレビューを行う。同様に、第3節では、コミュニティが有する社会共通資本を採り上げ、第4節で利用者個人の選好という要因を採り上げる。最終節では、コモンズ数量分析の展望を述べて結びとする。

1．コモンズの捉え方

　本章では、コモンズの概念を"潜在的な利用者の排除が難しい資源"というオープン・アクセスの意味に限定し、そのようなコモンズの効率的な利用を可能とするような政策提言に向けた数量分析の展望を行う。上記の意味でのコモンズの利用に伴う問題は、人々が利己的に振る舞うことによる"囚人のジレンマ"として捉えることができる。囚人のジレンマとは、人々が互いに利己的に振る舞うという状況下において各人が利己的に振る舞う結果、実は互いにとって望ましくない状況がもたらされる現象を指す。例えば、漁場というコモンズの利用を例に挙げれば、漁師たちは他の漁師を出し抜き自分のみが魚の乱獲を行えば、長期的な資源枯渇を心配することなく、自分の儲けを増やすことができると考えて乱獲を行う。しかしながら他の漁師も同様の考えから乱獲を行えば、互いにとっての利用可能な資源は枯渇し、結果として自分の儲けの機会も失われてしまう。このジレンマの本質は、もし互いに協調できる状況にあれば、互いにとって"より良い"結果に到達できるという点にある。先の漁場の例でいえば、もし乱獲しないという漁師同士の了解が存在すれば、互いにとって長期的な資源利用が可能となるであろう。[3] 本章における分析の主眼は、コモンズを利用する人々の間の協調を促すインセンティブを与える"装置"を明らかにする点にある。ギャレット・ハーディンによれば、上記のようなコモンズ利用にまつわる問題は自然科学の技術のみによる"技術的解決（Technical Solution）"では不可能であり、人々の道徳（Human Values or Ideas of Morality）へ訴えかけることでしか解決の途は見出せない（Hardin 1968, p.286）。しかしながら、人々の利己心が道徳の裏返しだとすれば、人々の利己心に影響を与え、コモンズを

利用する人々の間での協調を促進する装置を考案することでギャレット・ハーディンのいう"コモンズの悲劇（Tragedy of Commons）"を解決する方途の一端を示すことができると考えられる。ここではそのような装置として、(1) 所有権（Property Right）、(2) 社会関係資本（Social Capital）、(3) 選好（Preference）という3つの要因を採り上げる。まず、自分の儲けのみを考え、他の漁師を出し抜いて乱獲を行うという行動は、他の漁師の長期的な資源利用機会を失わせるという意味で"負の外部性"として捉えることができる。"負の外部性"の解決策の1つは"外部性"を"内部化"すること、つまり自身の乱獲が他の漁師の長期的な資源利用機会を減少させるという社会的費用を乱獲した当人に負わせることであり、その手段の1つが利用者への所有権の付与である。[4] また監視が行き届かない状況下で生じるモラル・ハザードが人々の利己的なコモンズ利用を引き起こす要因であるとすれば、コモンズ利用者の間での信頼（Trust）、規範（Norm）、ネットワーク（Network）といった社会関係資本の醸成が、人々の中にモラル・ハザードを監視する"第二の人格"を形成し、利己的なコモンズ利用を抑制する役割を果たすと考えられる。そもそも"コモンズの悲劇"の原因を、利用者個人の選好が協調による長期的な利益よりも利己的行動による短期的な利益を優先する点に求めるならば、そのような選好を"直接に"変えることが問題の解決の近道だともいえる。

2. 所　有　権

　所有権の主要な機能が、人々に"外部性の内部化"を実現させるインセンティブを付与する点にあるとすれば（Demsetz 1967）、コモンズ利用における所有権が利用者に付与されることによって、コモンズがもたらす負の外部性（ある人のコモンズ利用が他の利用者の同じコモンズ利用における効率性を低下させること）の内部化、つまりコモンズ利用者の利用に伴う限界費用が社会的限界費用と等しくなることでコモンズの効率的な利用を促す効果が期待される。ただし利用者に付される所有権といっても様々であり、その定義の仕方によってコモンズ利用の効率性への効果は異なるであろう。

　所有権の違いが資源利用の効率性に及ぼす影響を定量的に検証する際、まず

問題となるのは所有権の違いをどのように定義するのかという点である。例えばシュラゲールとオストロムはコモンズ管理に関わる所有権を個人活動上のレベル（Operational-Level）と集合的選択のレベル（Collective Choice Level）の2つに分類し、以下の5つを所有権の定義として挙げている（Schlager and Ostrom 1999）。

〈個人活動上のレベル（Operational-Level）〉
　アクセス権（Access）：ある特定の所有地に入る権利。(The right to enter a defined physical property.)
　財産権（Withdrawal）：ある資源から"生産物"を得る権利（例えば、魚を獲る、水を汲むなど）。(The right to obtain the "products" of a resource (e. g., catch fish, appropriate water, etc.))

〈集合的選択のレベル（Collective Choice Level）〉
　管理権（Management）：資源の利用方法を規制したり、また資源の中身を変える権利。(The right to regulate internal use patterns and transform the resource by making improvements.)
　排他権（Exclusion）：資源にアクセス可能な人の範囲、およびアクセスする権利の譲渡の方法を決める権利。(The right to determine who will have an access right, and how that right may be transferred.)
　譲渡権（Alienation）：上記の管理権および排他権もしくはいずれかを譲渡もしくはリースする権利。(The right to sell or lease either or both of the above collective choice rights.)

　エドラー・シュラゲールとオストロムは、さらに上記5つのうちどの所有権を保有しているかによってコモンズ管理の主体もオーナー（Owner）、プロプリエイター（Proprietor）、クレイマント（Claimant）、オーソライズド・ユーザー（Authorized User）の4つに分類している。
　例えば、オーナーは上記全ての所有権を有しているのに対し、オーソライズド・ユーザーはアクセス権および財産権の権利しか有していない。シュラゲー

	オーナー	プロプリエイター	クレイマント	オーソライズド・ユーザー
アクセス権および財産権	✓	✓	✓	✓
管理権	✓	✓	✓	
排他権	✓	✓		
譲渡権	✓			

表9-1　コモンズの主体分類

出所：Schlager and Ostrom 1999, Fig. 5.1. より作成

　ルとオストロムは、沿岸漁業（Coastal Fishing）に関する数十件の事例研究を集め、上記のようなコモンズ管理主体の違いがコモンズ利用効率性に及ぼす効果を検証している。その結果、例えばコモンズ管理に伴う技術的外部性（Technological Externalities）に関しては、オーナーおよびプロプリエイターで技術的外部性に直面しているのは全体の33％に過ぎないのに対し、クレイマントおよびオーソライズド・ユーザーにおいてはそれぞれ全体の83％、100％が技術的外部性に直面していることが指摘されている。あくまでも小標本のケース・スタディであるが、この結果はコモンズ管理主体に付与された所有権構造の違いが、外部性の内部化の度合いに影響を及ぼしている可能性を示唆している。

　では、所有権の違いが具体的にどれだけ資源利用の効率性を高めるのだろうか？　グラフトンとスクワイアーズ、およびフォックスはブリティッシュ・コロンビアにおける私的漁業権（Private Harvesting Rights）の導入を"コモンズの私企業化（Privatizing the Commons）"の自然実験と捉え、私的漁業権の導入前と後の漁獲高を比較して資源利用の費用効率性を推定している（Grafton, Squires and Fox 2000）。ブリティッシュ・コロンビアで私的漁業権が導入された背景には、1980年から1990年代にかけて乱獲が進んだという経験がある。漁業期間（Fishery Season）の短縮化も図られたものの、短期間での操業は装備の劣化や魚の品質低下といった問題を引き起こした。そこで、1991年に2年の試用プログラムとして、（譲渡可能）個別漁船漁獲割当（Individual Vessel Quotas; IVQs）という制度が導入された。この制度は、先のシュラゲールとオストロムの分類でいえば排他権および譲渡権を併せ持つ制度であり、このような制度の導入によってコモンズ利用の長期的利益が最大になるように操業規模を調節するインセンティブを漁師に与える効果が期待される。

グラフトンらが分析に用いている手法は確率的フロンティア分析（Stochastic Frontier Analysis）と呼ばれる手法であり、コブ・ダグラス型生産関数を直接推定することにより、費用効率性が測られる。費用非効率性は技術的費用非効率性、つまり所与のインプットの投入におけるアウトプットが理想状態におけるアウトプットを下回ることから発生する非効率性と、配分的費用非効率性、つまり所与の価格とアウトプットの下で最適なインプットの投入が実現できないことから発生する非効率性に分類される(5)（Greene 2008）。

コモンズ利用者への所有権の配分を通じた私企業化（Privatization of the Commons）は短期的な費用効率性（Short-Run Cost Efficiency）を高め、その効果は所有権の譲渡可能性（Transferability）、分割可能性（Divisibility）、および持続期間（Duration）に依存する。特に資本の再配分（ex. 船の大きさ（Vessel Size）を自由に変更すること）が可能となる場合、それは長期的な費用効率性（Long-Run Cost Efficiency）を高める要因となる。グラフトンらの推定結果によれば、私的所有権の導入によって資本（船の大きさ）が固定された場合における短期的な費用効率性は技術的費用効率性において0.14ポイント、配分的費用効率性において0.88改善しており、全体として0.12ポイントだけ効率性が改善したことが分かった。また船の大きさを自由に変更することができる場合の長期的な費用効率性は0.70ポイントの改善となっており、漁師が船のサイズを自由に決められることで、長期的な技術的費用効率性が大幅に改善することが示された。

日本の様々なコモンズの管理者においてどのような種類の所有権が付与されており、また所有権の違いがどのような効率性の違いをもたらしているのだろうか。この点に関する数量分析が求められよう。

3．社会関係資本

社会関係資本とは、いわばあるコミュニティに属するメンバーに対して長期的な利益をもたらすような資本であり、具体的には、信頼、規範、ネットワークといったものを指す（Putnam 1993）。ロバート・パットナムの指摘によれば、コモンズの解決策としてまず非対称な力関係に基づく支配・従属関係、この場

合であれば、国家による強制的な利用規制が挙げられる（Putnum 1993）。しかしながら、国家が最適なコモンズ利用量を正しく認識し、また違反者に対して社会的費用に見合うだけの税金を適切に課すことに費用がかかる場合、つまり一定の取引費用が発生する場合、国家による規制は取引機会の喪失（死重の損失（Dead Weight Loss））を生むことになる。仮に、政府がコミュニティのメンバー全員にコモンズを一定量利用できる許可証を配布し、許可証を売買する市場を作ったとしよう。この場合、コモンズ利用に伴う社会的限界費用の低い人はより多くの許可証を購入し、その一方で社会的限界費用の高い人は逆に許可証を売ってコモンズから退出しようとする。その結果、コモンズ利用に伴う社会的限界費用が最少となるような利用機会の配分が実現されると期待される。

その一方で、コモンズ利用者をつなぐ社会関係資本が存在するコミュニティにおいては、直接的な経済的インセンティブがなくとも、コモンズの長期的な利益を最も高めるような利用者間の協調を人々に促すインセンティブが発生する。

このような理論的背景から、特に社会関係資本が自然資源の共同管理への参加を促す重要な要因として挙げられている。社会関係資本がコモンズ管理への参加に有意な影響を及ぼしているのかどうかという点を実証的に明らかにするうえで、"社会関係資本"というデータをどのように抽出するかという点が課題となる。1つのアプローチは、コモンズに利害関係を有する人々の間のネットワークやそのような人々の組織のあり方を直接調査し、変数化して分析に用いるという方法である。もう1つのアプローチは、仮想的な実験によって信頼という指標を間接的に推定し、社会関係資本を表す変数として用いる方法である（Berg *et al.* 1995; Glaeser *et al.* 2000）。仮想実験の例を、エドワード・グレイザーらに即して説明しよう（Glaeser *et al.* 2000）。グレイザーらは、人々の間の信頼度を測るために、"信頼ゲーム（Trust Game）"という実験を行っている。このゲームはペアで行われ、それぞれ「送る側（Sender）」と「受け取る側（Recipient）」に分けられる。具体的には、以下のステップで実験が進められる。

（1）　まず「送る側」には15ドルが与えられる。
（2）　「受け取る側」は「送る側」に対して、この後「送る側」から15ドル

の分け前をもらう際に自分がどういう行動をとるか（「送る側」から受け取る額と少なくとも同じ額を返すと約束するか、それとも何も約束しないか）を伝える。
（3）「送る側」は15ドルのうちどれだけを「受け取る側」に渡すかを決める。
（4）「受け取る側」は「送る側」が支払った額の2倍の額を受け取る。
（5）「受け取る側」は「送る側」から受け取った額のうちどれだけを「送る側」に返すかを決める。

ここでは、（3）において「送る側」が与えられた15ドルのうち「受け取る側」に渡す額の大きさを信頼の指標とする。

"信頼ゲーム"のコモンズ管理への応用例として、ボウマとバルト、およびヴァン・ソーストの研究が挙げられる（Bouma, Bulte and van Soest 2008）。ボウマらは、インドの村を対象に、先述の方法で"信頼ゲーム"における信頼の指標を計算している。その一方で、実際のコミュニティにおける信頼の指標としてコミュニティ共同管理の土および水の管理に対する個別家計の投資額を算出し、先の"信頼ゲーム"における信頼指標との関係を統計的に検証した。その結果、両者の間に必ずしも有意な関係性は見出されず、ボウマらは"信頼ゲーム"に基づく社会資本の指標が必ずしも実態を映すとは限らないと結論付けている。[6]

一方で、パーガルとギリガン、およびハックは社会関係資本の指標として信頼（Trust）、互酬性（Reciprocity）、共有（Sharing）という3つを挙げ、以下のような質問から指標を作成している（Pargal, Gilligan and Huq 2002）。

信頼（Trust）
1．あなたが人を雇う場合、近所の人が推薦する人物を雇いますか？
(Would you hire someone based on your neighbor's recommendations?)
2．非常事態に際し、あなたの家の小さな子どもを近所の人に預けますか？
(In an emergency would you leave your young children with your neighbors?)

互酬性（Reciprocity）

1．近所で葬式が行われる際、あなたもしくはあなたの近所の人はその手伝いをしますか？（Do you or your neighbors help arrange funerals for someone who dies in the neighborhood?）

2．あなたの近所の家族の誰かが亡くなった際、あなたもしくはあなたの近所の人は家族に食べ物を贈りますか？（Do you or your neighbors send food to the family after a death in the family of your neighbors?）

3．あなたの近所の人が病気になった場合、あなたもしくはあなたの近所の人は互いに病院への搬送を手伝いますか？（Do you or your neighbors help each other in taking sick neighbors to doctors or hospital?）

共有（Sharing）

1．宗教的なものを含む地域のお祭りやお祝い事に際して、互いに料理やお菓子を贈りますか？（Do you or your neighbors send each other cooked food or sweets during religious and social festivals or on any happy occasions?）

2．あなたの土地もしくは田舎で採れた果物や野菜を、近所の人と共有しますか？（Do you or your neighbors share fruits or vegetables grown on your own premises or village home?）

　コミュニティ共同のごみ処理事業に参加するかしないかというプロビット分析の結果によれば、信頼以外の互酬性、共有という指標のみが参加へのインセンティブを促す要因となっていることが分かった。ただし、この結果に関しても信頼指標がコモンズ参加に有意な影響を及ぼさない理由が信頼指標そのものの信頼性の問題であるという可能性は排除できない。

　また一方で、コミュニティによる自然資源の管理がうまくいくかどうかは、金銭的・時間的コストを払って自然資源を管理することの意義に関する明確な"理解"を要する。マッタとアラヴァラパティは、1997年にインドのタミル・ナブ（Tamil Nabu）という地方で行われた森林および水の保護を目的としたプロジェクト（Joint Forest Management; JFM）プログラムへの参加者を対象に、コミュニティ・メンバー内の"共通理解"という社会関係資本がコモンズ保全

に及ぼす影響について検証している (Matta and Alavalapati 2006)。JFM プログラムとは、日本政府も 100 万ドルの支援を行っている地域の植林プロジェクトであり、1997 年に始まっている。マッタとアラヴァラパティはプロジェクト参加者に聞き取り調査を行い、それらをデータ化したものを用いて、プロジェクトの意義に関する参加者の理解が参加者らのプロジェクトに対する評価にどのような影響を及ぼしているかを統計的に検証している。

その結果、プロジェクトがもたらす社会的便益（干ばつの防止、環境保全）を理解している人ほど、プロジェクトを高く評価する傾向にあることが分かった。この結果は、自然資源の共同管理がもたらす社会的便益に関する共通理解（知識の共有＝社会関係資本）がコモンズ参加に影響を及ぼすことを示唆している。

コモンズ利用者の間でどのような類の社会関係資本が形成されており、それがコモンズ利用にどのような影響を及ぼしているのか。日本国内のコモンズを対象とした研究の蓄積が求められよう。

4．選　　好

これまでの節では、外生的に決定された選好のもと、人々にコモンズ共同管理を促すインセンティブを与えるのにどのような制度、社会的環境が必要かという視点でレビューを行ってきた。しかしながら、コモンズ管理の経験自体が経験者の選好を変える可能性があり、共同管理の経験を通じて人々の選好が私益よりも公益により価値を置くような選好に変化する可能性がある。パットナムが指摘するように、合唱団、共同組合、スポーツ・クラブといった水平的な"市民的積極参加のネットワーク"への参加は、信頼、互酬性といった社会資本を形成する[7] (Putnum 1993)。市民的積極参加という行為が社会資本を形成する要因として、1 つには個人における選好の変化という要因が挙げられよう。労働力参加を例に挙げれば、過去に労働力参加した人はそうでない人に比べてその後も労働力参加する度合いが高い傾向にある。ヘックマンの定義に従えば、ある活動を経験した人が、そうでない人に比べて将来同じ活動を経験する度合いが高いこと（State Dependency）の理由の 1 つは、ある活動を経験する結果、当該の個人が直面する選好、価格もしくは制約を変えることにある[8] (Heckman

1981)。先の例でいえば、労働力への参加が当該個人の労働行為への選好をより強める結果、将来にわたって労働力参加が継続的に行われることになる。

　もしコモンズ管理への参加という活動が個人の時間選好率（Time Preference）を低下させる、つまり短期的利益よりも長期的利益をより重視する選好へと導くならば、集合行為を伴う活動が個人の選好をよりコモンズの長期的利益を重視するように"内生的"に変える働きをもつといえよう[9]。このような内生的選好モデルについては、最近では行動経済学の分野での実証研究が進みつつある。例えば、依田高典と後藤励は内生的選好モデルを用いて喫煙が時間選好率および危険回避度をどのように変化させるかを統計的に検証しており、その結果、禁煙成功が時間選好率を減少させる点が明らかにされた（Ida and Goto 2009）。彼らが用いたのは、以下の選択肢を利用したコンジョイント分析（Conjoint Analysis）と呼ばれる手法である[10]。

〈選択肢1〉
　賞金10万円、当たりの確率100％、待ち時間なし。

〈選択肢2〉
　賞金額、当たりの確率、待ち時間を問題ごとに変化。
　賞金額は、15万円、20万円、25万円、30万円。当たりの確率は、40％、60％、80％、90％。
　賞金が貰えるまでの待ち時間は、1ヵ月後、半年後、1年後、5年後。

　彼らは、直交計画法（Orthogonal Planning Method）を用いて賞金額、当たりの確率、および待ち時間に関する8通りのアンケート項目を作成し、その回答から各人の時間選好率および危険回避度を計算している。
　選択肢の中身は異なるものの、同じような枠組みで漁民の時間選好率を推定した研究としてはグエンの論文が挙げられる（Nguyen 2009）。グエンはベトナムの家計データと当該の家計のメンバーを対象とした実験アンケート・データを組み合わせて漁民の時間選好率と他の職種の人の時間選好率を比較し、漁民の時間選好率が他の職種の人よりも低い（つまり、より忍耐強い）ことを明らか

にした。ただし、グエンの研究ではなぜ漁民の時間選好率が低いのかという点については明らかにされていない。クローズドなコミュニティ内で管理されたコモンズで漁をする漁師において、コモンズの有効利用のために自ずと長期的利益を重視する選好が醸成されるとすれば、管理されたコモンズで漁をする経験年数に応じて時間選好率が低下すると予想されよう。[11]海のコモンズに限らず、山、川のコモンズ利用が当該コミュニティ・メンバーの時間選好率にどのような効果を及ぼすかという点はコモンズ管理の効率性を議論するうえで大変興味深い研究課題といえる。

5. 結　　　び

　本章では、国家による所有権付与、コミュニティが有する社会関係資本、コモンズ利用者個人の選好という3つの視点からコモンズ管理の効率性に関する数量分析研究の概観を試みた。もとより全ての文献を網羅しているわけではなく、あくまで筆者が重要だと思う文献に基づいてコモンズ数量分析の展望を行ったに過ぎない。まず第2節で指摘したのは、コモンズに関する所有権の定義の多様性であり、そこで示されたのは付与されている所有権の種類によってコモンズ利用の効率性は異なるという点である。誰に、どのような権利を付与すべきか、という政策上の課題は対象となるコモンズの種類に依存すると考えられ、この点を明らかにするためには地道なケース・スタディとともに数量分析に必要なデータの蓄積が必要であろう。また第3節で指摘したように、社会関係資本がコモンズ管理の効率性に及ぼす効果の検証は、指標そのものの信頼性という問題をはらんでいる。さらにパットナムが指摘するように、現在の経済的成功は数世紀前に形成された社会関係資本に帰する（Putnum 1993）。つまり、社会関係資本の形成は長い歴史的連続性の上に初めて実を結ぶことから、その意味で歴史的視点を含んだ長期的視点での研究が不可欠であろう。さらに第4節で紹介したように、近年、経済学における行動経済学の発展が著しい。そのような最新の手法を用いて、コモンズを有効に利用するうえでの個人の選好がどのようなプロセス（どのような活動を、どれだけ経験するか？）を経て"内生的に"決定されるかという点を明らかにすることは、農業体験を含む様々な自然

第9章　オープンアクセス・コモンズの数量分析

との協働の効果を評価するうえでも重要であると位置付けられよう。コモンズ研究において理論的、歴史的、数量的研究の融合が求められるゆえんである。

【注】
（1）　エリノア・オストロムは、コモンズ利用に関わる個人の選択に影響を及ぼす要因として、期待される便益（Expected Benefits）および期待される費用（Expected Costs）、コミュニティ内部の規範（Internal Norms）、割引率（Discount Rate）という要因を挙げている（Ostrom 1990, p. 37）。これらは、それぞれ本章で提示した所有権、社会関係資本、選好という3つの要因に対応している。
（2）　詳しくは、Schelling 1984、Ziliak and McCloskey 2008 を参照されたい。
（3）　より厳密なモデルについては、例えば Ostrom 1990 を参照されたい。
（4）　ここでは、所有権という言葉を「当人がコモンズを利用することに伴う利益および費用が全て当人に帰属する」といった意味で用いている。
（5）　コブ・ダグラス型の確率的生産関数は以下の式で与えられる。
$$\ln H = \alpha_0 + \alpha_1 \ln K + \alpha_2 \ln L + \alpha_3 \ln F + \alpha_4 \ln B + \varepsilon$$
ただし、H、K、L、F、B、ε は、それぞれ漁獲高、船の長さ（資本ストック）、労働サービス量（乗組員の数×操業週）、燃料費用、利用可能な魚の量（技術的条件）、および誤差項を表している。技術的費用非効率性および配分的費用非効率性の具体的な計算方法については、Schmidt and Lovell 1979 を参照のこと。
（6）　実際には、実験の信頼性は被験者の監視の度合い、選択バイアス、および文脈（インセンティブ、社会規範、判断の枠組み、過去の経験から拾ってきた教訓の組み合わせ）に依存すると考えられる（Levitt and Dubner 2009, Chapter 3）。したがって、実験結果を解釈する際には、実験のデザインによって実験結果が大きく左右されることに十分な注意を払う必要がある。
（7）　ただし、バングラデシュのダッカを対象としたパーガルらの研究によれば、団体活動（Associational Activity）が集合行為を促す要因であるという仮説は実証的には必ずしも支持されない。
（8）　このようなケースは、真の（構造的な）状態依存性（True (Structural) State Dependence）と呼ばれる。
（9）　当然のことながら、人々の選好の変化は多様な次元で測ることができる。本章では、特に時間選好率という側面に焦点を当てる。
（10）　詳しくは、Ida and Goto 2009、依田・後藤・西村 2009 を参照のこと。
（11）　漁師の時間選好率が低いという結果は、漁獲高の変動が激しい環境下において、不漁を耐え忍び好漁を待つ、という性向を反映しているのかも知れない。いずれの解釈が正しいかの判断は、さらなる実証研究に委ねたい。

【参考・引用文献】

依田高典・後藤励・西村周三 (2009) 『行動健康経済学——人はなぜ判断を誤るのか』日本評論社.

Berg, J., J. Dickhaut and K. McCabe (1995) "Trust, Reciprocity, and Social History," *Games and Economic Behavior*, 10(1), pp. 122-142.

Bouma, J., E. Bulte and D. van Soest (2008) "Trust and Cooperation: Social Capital and Community Resource Management," *Journal of Environmental Economics and Management*, 56, pp. 155-166.

Demsetz, H. (1967) "Toward a Theory of Property Rights," *The American Economic Review*, 57(2), pp. 347-359.

Glaeser, E., D. Laibson, J. Scheinkman and C. Soutter (2000) "Measuring Trust," *The Quarterly Journal of Economics*, 115(3), pp. 811-846.

Grafton, R. Q., D. Squires and K. J. Fox (2000) "Private Property and Economic Efficiency: A Study of a Common-Pool Resource," *Journal of Law and Economics*, 43(2), pp. 679-713.

Greene, W. H. (2008) "The Econometric Approach to Efficiency Analysis," in H. O. Fried, C. A. K. Lovell and S. S. Schmidt eds., *The Measurement of Productive Efficiency and Productivity Growth*, Oxford University Press.

Hardin, G. (1968) "The Tragedy of the Commons," *Science*, 162(13), pp. 1243-1248, reprinted in E. C. Bowen and B. R. Schneller eds., *Writing about Science*, 2nd edition, Oxford University Press, 1991.

Heckman, J. J. (1981) "Statistical Modeles for Discrete Panel Data," in C. Manski and D. McFadden eds., *Structural Analysis of Discrete Data with Economic Applications*, MIT Press, pp. 114-178.

Ida, T. and R. Goto (2009) "Simultaneous Measurement of Time and Risk Preferences: Stated Preference Discrete Choice Modeling Analysis Depending on Smoking Behavior," *International Economic Review*, 50(4), pp. 1169-1182.

Levitt, S. D. and S. J. Dubner (2009) *Superfreakonomics: Global Cooling, Patriotic Prostitutes, and Why Suicide Bombers Should Buy Life Insurance*, Harper Collons (望月衛訳『超ヤバい経済学』東洋経済新報社, 2010 年)

Matta, J. R., J. R. R. Alavalapati (2006) "Perceptions of Collective Action and Its Success in Community Based Natural Resource Management: An Empirical Analysis," *Forest Policy and Economics*, 9, pp. 274-284.

Nguyen, Q. (2009) "Do Fisherman Have Different Preferences ?: Insights from an Experimental Study and Household Data," *MPRA Paper*, 16012, pp. 1-39.

Ostrom, E. (1990) *Governing the Commons: The Evolution of Institutions for Collective Action*, Cambridge University Press.

Pargal, S., D. O. Gilligan and M. Huq (2002) "Does Social Capital Increase Participation in Voluntary Solid Waste Management ?; Evidence from Dhaka, Bangladesh," in C. Grootaert and T. van Bastelaer eds., *The Role of Social*

Capital in Development: An Empirical Assessment, Cambridge University Press, pp. 188-209.

Putnum, R. D. (1993) *Making Democracy Work: Civic Traditions in Modern Italy*, Princeton University Press. (河田潤一訳『哲学する民主主義』NTT 出版, 2001 年)

Schelling, T. (1984) *Choice and Consequence: Perspectives of an Errant Economist*, Harvard University Press.

Schlager, E. and E. Ostrom (1999) "Property Rights Regimes and Coastal Fisheries: An Empirical Analysis," in M. D. McGinnis ed., *Polycentric Governance and Development*, The University of Michigan Press.

Schmidt, P. and C. A. K. Lovell (1979) "Estimating Technical and Allocative Inefficiency Relative to Stochastic Production and Cost Frontiers," *Journal of Econometrics*, 9, pp. 343-366.

Ziliak, S. T. and D. N. McCloskey (2008) *The Cult of Statistical Significance: How the Standard Error Costs Us Jobs, Justice, and Lives*, The University of Michigan Press.

第10章
コモンズの類型と現代的課題

飯國芳明

　コモンズ論では、共同利用資源を過剰利用する状況が想定され、そのなかでいかに資源を持続的に利用するかが議論の核心をなしてきた。ギャレット・ハーディンの議論はもとより、エリノア・オストロムが提唱する枠組みにおいても然りである。

　しかし、本書のいくつかの章ではかつては伝統的なコモンズに分類されながら、今では資源の過少利用が問題となるコモンズの新たな局面が報告されている。草原や沿岸海域におけるコモンズの実態がそれである。また、草原コモンズにおいては野草資源の過剰利用ではなく、火入れ、放牧さらには採草といった人の手によるストックの維持管理をいかに持続させるかが草原再生の中心的な課題となっている。いずれも、従来のコモンズ論の枠組みを逸脱する実態である。

　現代におけるコモンズの変化を的確に捉えるためには、伝統的なコモンズ論を拡張したコモンズの捉え方が必要となっている。

1. コモンズ論が見落してきたこと

　エリノア・オストロムによれば、コモンズは「共同利用の資源（common-pool resource）」、すなわち、「潜在的な受益者（potential beneficiaries）をその利用から排除するためには多大の費用を要する自然あるは人工の資源系（resource system）」とされる（Ostrom 1990）。また、主流派の経済学においてもコモンズは common-pool resource として扱われるが、その財の特徴は排除不可能性と競合性に置かれる（マンキュー 2005）。

排除が容易にできない資源であるという捉え方は、たとえば沖合の海洋資源を考えるときに有効である。広大な海洋で特定の漁業者の排除は多大な費用が必要となる。費用便益の観点からみて、排除は成り立ち得ない。また、沿岸においても個人が特定の利用を排除することは難しい。コモンズ論の嚆矢となったギャレット・ハーディンが「コモンズの悲劇」で想定する放牧地でも同様の捉え方がなされている（Hardin 1968）。

　しかし、第5、6章で指摘した日本の代表的なコモンズとされる入会草原の放牧利用を想起するとき、排除ができるかどうかは必ずしも財・サービスの性質を決定する主要な要因とはいえそうにない。入会慣行のもとでは、入会地を管理する組織が形成されており、放牧地を柵や土塁で囲ったうえで駄番などの呼称をもつ草原の監視員を常駐させている場合が少なくなかった。このとき、牧柵は牛の管理がもっぱら目的とされており、域外者は結果的に排除されてきた。しかも、現代日本の草原利用における最大の問題は、草原の過剰利用ではなく、過少利用なのである。過少利用が問題になっている限り、利用者を排除する必要性はない。過少利用は当該資源が維持できなくなるという産業的な観点だけでなく、過少利用によって、自然の人為的攪乱が少なくなり、稀少な動植物が生育する二次的自然が失われる点で生物多様性のうえからも問題視されるようになっている。こうした過少利用問題は、コモンズを排除性の観点から捉えている限り、抜け落ちてしまう問題である。また、過少利用問題は牧野だけでなく、水利施設や里山などさまざまな局面で発生しており、この問題をコモンズの枠組みの中で正確に捉えることは、今後の共同利用資源の管理を考えるうえで欠かせない作業といえる。

　入会を含めた日本のコモンズに関して、ここ10年余りの間、さまざまな議論が展開されてきたが、コモンズの過少利用問題といったいわば負の側面については十分な研究が蓄積されてきたとは言い難い状況にある。日本のコモンズ論の主たる関心は、負の側面より、入会を含む伝統的なコモンズから将来の資源管理のあり方を見通す構図をいかに描くかに向けられてきた。井上真の「協治」論（井上2004）や環境社会学研究者による「重層的所有観」（嘉田1997）、「共同占有権」（鳥越1997）あるいは「新しい総有」（菅2008）などの新しい所有権の概念は、入会制度を参考に現代社会のシステムを組み替える糸口を見出そ

うとした成果であるが、議論の射程が将来にあるためか、現在のコモンズが抱える問題を的確に捉え、解決に向けた方策を探る研究は多くない。

近年では、コモンズの歴史や現状から次世代の社会像を見出そうとしてきた研究者集団の中にも、コモンズの負の側面に目を向ける論調がみられるようになっている。たとえば、下村智典は井上の協治論を受け継ぎながらも、「内部主体がコモンズの維持に消極的である場合、あるいはもっといえばコモンズの開発を積極的に進めたいという意思を有しているような場合、「協治」の原則は成立しないのではないだろうか」とし、これを内部主体を尊重する協治論の盲点であると指摘する。内部主体がコモンズの破壊者になる場合には、外部主体により大きな権利を付与すべきとの立場を示している（下村2011）。こうした議論の契機は、法社会学者の鈴木龍也がコモンズ研究に深く関わり、「入会権は地域的な資源への旧住民による既得権と化す。既得権化した入会権が環境保全のための市民的な取組の障害になっているということをよく耳にするようになった」点を指摘したことにある（鈴木2006）。とはいえ、コモンズの負の側面の分析はまさに端緒についたばかりの段階に留まっている。

本章では、過少利用でありながら、資源が維持できなくなっているという従来のコモンズ論からいえば逆説的な現象に焦点をあてる。その発現過程を排除性に限らない視点から捉え、より柔軟に現代のコモンズ論を捉え得る枠組みを検討するとともに現代のコモンズが直面する問題を解決するための方途を探る。

コモンズについては、すでに述べたようにさまざまな議論が久しく続けられてきたために、定義や位置づけなどが多岐に渡り、混乱を招きかねない事態となっている。そこで、本章では、オストロムの1990年の記念碑的な著作、*Governing the Commons* をベースにコモンズを捉え、コモンズ概念の再検討を行う。[1]

以下、第2節では、排除可能性だけではなく、資源の生産性を人為的に改良できるかどうかに着目し、コモンズを新しい視角から分類する。第3節では、コモンズが直面する現代的な諸問題の構造に焦点をあて、第4節では、現代的な課題にいかなる方策で対処すべきかを政策・制度面から検討する。

2. 資源の改良可能性からみたコモンズの分類

（1） コモンズ形成の契機

　過少利用でありながら、資源が維持できないという事態は、ハーディンが提起した過剰利用によって資源が維持できない事態とは対極をなしている。同じ草原（牧野）を想定しながら、これほどまでに異なった事態が現れる背景には、想定される草原と人の関わりの違いがある。ハーディンの想定する草原では、草資源は放牧の中止（休牧）によって自然資源が蓄えられ、資源量が回復すると考えられている。他方、阿蘇や三瓶草原では、もちろん、休牧による資源量の回復は想定されているものの、第5章や第6章でみたように、草原に火入れや放牧、さらには、採草といった人手が入らなければ、草原も草資源の維持もできない。したがって、ハーディンが想定する草原と阿蘇・三瓶草原における問題の現れ方の差は、資源量の回復に、人手、すなわち、労働の投入が必要かどうかにあることがわかる。

　従来のコモンズ論において、資源維持を図るための労働はさほど重視されてこなかった。また、それをコモンズ形成の契機とみなす立場も支配的ではなかったが、本章では、労働投入の量と資源の維持の関係を重視しながら、資源への労働投入をコモンズ形成の重要な契機とみなす立場をとる。言い換えれば、コモンズ形成の契機を排除可能性（および競合性）と資源への労働投入の2つの軸で捉えるのである。

　では、コモンズ形成を資源への労働投下の視点で捉えるとすれば、それはどのようなシナリオになるであろうか。以下、コモンズ組織形成の過程を単純化した形で描いてみたい。所有のあり方や生産の形態は歴史的に、また、地域的に多様であり一律に決めることのできるものではないが、コモンズの実態を大まかに整理し、見通しをよくするために、ここでは抽象的なモデルを指向した描き方を試みる。

　まず、コモンズの形成期に想定する社会・経済状況は前近代ないしは近代初期であり、当時の労働の基本単位は家族労働であるとする。すくなくとも自然資源を利用するコモンズの大半はこの時期に形成されているので、この仮定に

無理はないであろう。いま、家族単位で無主地に労働投入をして、土地の生産構造を改良し、土地の単位面積当たりの生産性が大幅に増大できるとしよう。この場合には、おそらく家族労働の投入がなされ、領主や地域共同体などの特別な介入がない限り、労働が投入された先の土地は家族の所有物（私有財産）になる。こうした例としては、個人の水田の開発や畑の改良、近隣の河川からの水路の設置などをあげることができる。他方、生産性がさほど増加しないとき、改良行為が行われるかどうかは、その家族が置かれている状況による。困窮の度合いが一定を超えている場合には、あえて痩せた土地の開墾も辞さない可能性はある。労働投入を行うかどうかは、それぞれの社会の状況によって規定されるものであり、あくまで相対的なものである。生産性向上による便益が投入される労働の評価を下回るとき、それを改良するための労働投入はなされないはずであり、その閾値はそれぞれの社会状況によって決まると考えてよいであろう。

　家族労働だけでは、十分な土地の生産性が確保できない場合でも、共同で作業を進めるとき、生産効率を大幅に引き上げることのできる技術がある。このとき、共同によるコモンズが形成される。第6章でみた三瓶草原はそうした事例である。

　三瓶草原は、水源がいずれも草原より低いところに立地しており、水資源が乏しい。また、この一帯は火山灰土の多い土壌であり、リン酸が吸着して植物が生長しにくい。加えて、強風のため、草木が育ちにくい環境にもある。このため、耕作地としても林地としても不適である。個別の農家にとってみれば、家族労働を投入して、土壌を改良するより野草をそのまま利用するほうが経済的であった。ただし、野草採取だけを継続すると、やがては草原が灌木に覆われ、森林となる。したがって、草原の場合、草原を維持するためには春先の火入れが必要となる。また、放牧牛を囲うための牧柵も欠かせない。

　火入れを行う際、林地や人家が隣接する場合には、防火帯づくり（輪地切り）が必要となる。野草地では牛1頭を飼養するために1ha程度が必要とされており、農家で数頭の牛を飼うとすれば、その防火帯づくりだけでも多大な労力を要することになる。この防火帯づくりを共同で行えば、その効率は大幅に増大する。図10-1はこのことを表している。ここでは、農家が個別に輪地切り

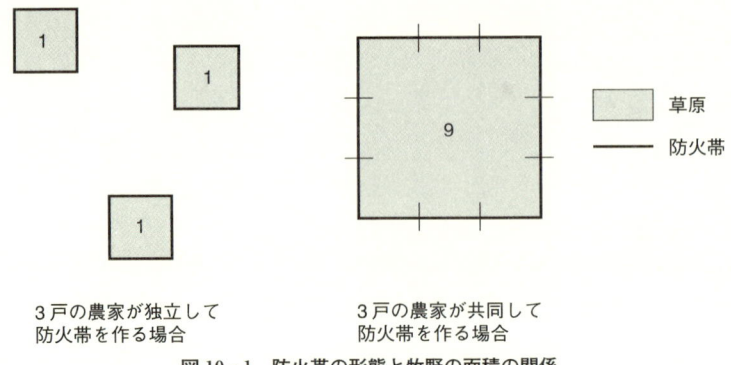

| 3戸の農家が独立して | 3戸の農家が共同して |
| 防火帯を作る場合 | 防火帯を作る場合 |

図10-1　防火帯の形態と牧野の面積の関係

出所：筆者作成

をする場合と合同でする場合の防火帯づくりの効率が比較されている。図からわかるように、もし、3戸が別々に1辺100mの防火帯を整備したとき、合計で3万m^2の火入れが可能となり、その面積の草原が確保できる。これに対し、3戸が合同で防火帯を整備すればその3倍の9万m^2の草原を確保できる。防火帯づくりは共同作業のほうが効率的であり、合理的である。実際、この種の作業は第5章でみたように集落総出で行われ、草原にはコモンズが形成されたのである。草原管理においては、牧柵の設置・維持さらには脱柵の管理についても同じことがいえる。

　共同作業がより効率的である事例は草原に留まらない。沖縄などにみられる特殊な漁法、石干見の場合にも見出すことができる。石干見とは岩塊やサンゴ石灰岩を半円や馬蹄形に積み上げた定置漁具である。上げ潮のときに接岸した魚類を退潮時に封じ込めて捕獲することを目的としている（田和2007）。図10-2は石干見の概略を示している。同図では黒い部分が石積みを表しているが、左の図のように、個別に石干見を複数設置しても魚にとっての逃げ道は少なくないため、多くの魚を捕らえることはできない。これに対し、これらの漁家が共同して巨大な石干見を完成すれば、魚は逃げ場を失い、漁獲高は飛躍的に高まる。したがって、協力するかしないかで歴然とした効果の違いを生む。

　石干見はサンゴ礁が形成するリーフ内に作られた。沖縄では、リーフが入会地として利用され、そこに作られた石干見は親族単位で維持され、共同利用さ

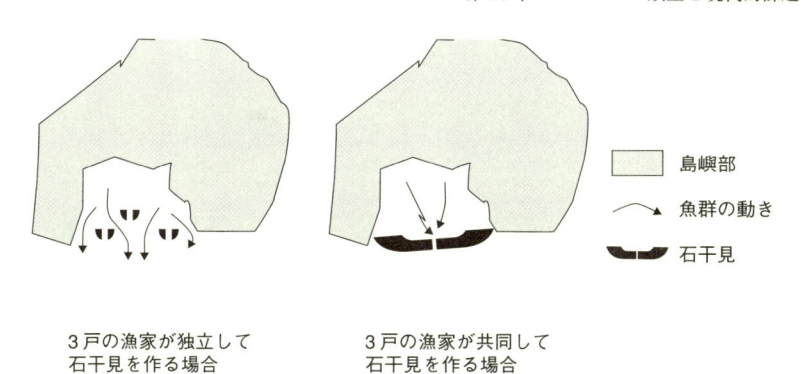

第 10 章　コモンズの類型と現代的課題

　　　　　　　　　　　　　　　　　　　　□ 島嶼部
　　　　　　　　　　　　　　　　　　　⌒ 魚群の動き
　　　　　　　　　　　　　　　　　　　▬ 石干見

　3戸の漁家が独立して　　3戸の漁家が共同して
　石干見を作る場合　　　石干見を作る場合

　　　　　図10-2　石干見の形態と漁獲高の関係
出所：筆者作成

れていたとされる（多辺田1990）。

　農業用水などの水利施設や伝統的な焼畑についても、同様の議論ができる。伝統的な農業のインフラの多くはこのタイプのコモンズであるといえる。

　草原や石干見の場合、資源獲得のためのストックが共同で形成されたものであるから、そこから生み出される財やサービスは当然共同で利用すべきものであり、コモンズが形成されることになる。また、人為とともに作られたストック（以下「人為ストック」とする）を維持管理するため、それに関わる組織の形成が不可欠となる。人為ストックの維持管理のための活動のいくつか（柵の補修や見回りなど）は、域外利用者の排除を容易にし、排除機能も併せ持つことにもなる。さらにいえば、組織内の資源の過剰な収奪を防ぐルール（休牧期間の設定など）を確立し、実施することもその組織の任務となる。こうした組織は草原の利用においては牧野組合となり、農業用水の利用では水利組合となった。

　人為ストックといっても、人手の入り方は一様ではない。石干見や水利施設などでは、自然資源の中にまったくの人工物が構築される。このうち水利施設の構築には膨大な労働投入量が必要とされることになる。これに対して、草原の人為ストックは草資源全体に及ぶものの、新たな人工物がつくりだされるわけではない。防火帯をつくって火を入れることで、草原に広く薄く労働が投入され、自然資源は原自然とは異なった二次的自然へと転換される。このように労働投入の形態はさまざまであるが、人手の入った資源なしには維持できない

点では共通している。以下ではこの種の資源を利用するコモンズを人為ストック型コモンズと呼ぶ。

　人為ストックが形成されないとき、人手を入れて資源を維持するのではないから、資源は採取の対象となる。すでに述べたように、海の資源がその典型例である。海の場合、石干見や栽培漁業などをのぞけば、資源の改良は難しい。したがって、資源収奪型になり、ハーディンが指摘するコモンズの悲劇が生まれる契機が発生しやすい。ここでは、いかにして外部からの資源の収奪を排除し、内部の適切な資源利用を実現するかという点に関心が集中する。そこで、他地域からの侵入者が資源を採取することを排除するための組織が形成されれば、コモンズとなる。以下では、これを採取型コモンズとする。

（2）　オストロムのコモンズ論における人為ストック

　人為ストックの存在やその重要性は、オストロムも認識していた。オストロムは資源をストックとフローに峻別し、ストックを資源系（resource system）、フローを資源単位（resource unit）と呼ぶ。たとえば、草原は資源系であり、そこから取得された草は資源単位である。また、資源系から資源単位を取得する過程は占用（appropriation）と呼ばれ、その主体は占用者（appropriator）とされる。家畜飼養者、漁業者などが占有者に相当する。

　このほか、オストロムは共同利用資源を供給する主体として、資源系提供者（provider）と資源系設置・管理者（producer）を挙げる。資源系提供者は、「共同利用資源の供給を手配する（arrange）」主体であり、企画や融資などを行う。資源系設置・管理者は「実際に建設、修理あるいは長期的に資源系そのものが維持できるような行動をとる」主体を指す。両者は一体化される場合も分離される場合もある（Ostrom 1990）。

　図10-3は、オストロムの描くコモンズの利用形態を図式化したものである。説明の便宜上、利用期間を2つの期に分けている。オストロムのコモンズ論では、第1期に資源系が資源系提供者によって立ち上げられた後に、第2期までに占用者（畜産農家など）は資源単位（草資源など）を占用（採取）し、他方で、資源系設置・管理者は資源系の維持（火入れや牧柵の修理など）に努める。図中横の矢印は、時間の流れを示しており、そのまま右の方向に続くことが想定さ

第10章　コモンズの類型と現代的課題

```
          第1期                          第2期
┌──────────┐                    ┌──────────┐
│ Resource │ → → → → → → → → → │ Resource │ → → →
│  System  │  ↑↓ ↑↓ ↑↓ ↑↓      │  System  │  ↑↓ ↑↓
│ (資源系) │                    │ (資源系) │
└──────────┘                    └──────────┘
    ↑
┌────────┐
│Provider│     Producer（資源系設置・管理者）
│(資源系 │
│ 提供者)│
└────────┘
```

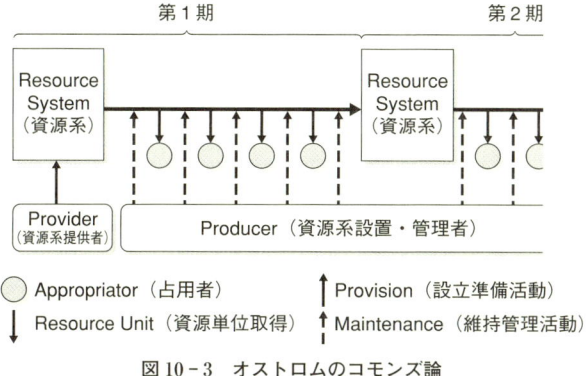

○ Appropriator（占用者）　　↑ Provision（設立準備活動）
↓ Resource Unit（資源単位取得）　↑ Maintenance（維持管理活動）

図10-3　オストロムのコモンズ論

出所：筆者作成

れている。この図では、資源系設置・管理者による資源管理が成功し、第2期の期首の資源系は前記と同様の資源量が確保されている状況が示されている。資源系の管理に十分な人手が準備できないときや資源単位の制限が不十分なときは、第2期の資源系量は第1期の資源系量を下回り、持続的な利用ができなくなる。

　このモデルで注目すべきは、オストロムが占用（利用）だけでなく、共同利用資源に関わる人為ストックの形成を重視しており、人為ストック創出・管理のための主体を2種類（資源系提供者と資源系設置・管理者）に分けて設定するといった細かな配慮がみられる点である。また、資源系設置・管理者の役割に「建設、修理」といった表現がみえるように、採取の制限を通じて自然資源を回復するだけでなく、資源ストックを人手によってつくりだし維持する形態が明確に意識されている。実際、日本の入会分析においては、マーガレット・マッキーンの分析を引用しながら、火入れや掃除刈り（イバラ刈り）などの作業を通してコモンズの資源が維持されている点が明確に記述されている。[2]

　この点は、ハーディンが提示した「コモンズの悲劇」とは対照的である。ハーディンのコモンズ論には、資源系提供者も資源系設置・管理者もない。占有者が過剰な資源単位の取得を行うことで、資源系のストック量は減少していくと想定されている。この過程を整理したのが、図10-4である。漁家などの占有者が自然資源の許容範囲を超えて資源単位の採取を行う結果、第2期の期首

211

```
        第1期                    第2期
┌─────────┐                  ┌減耗分┐
│Resource │ ············→   │Resource│
│ System  │                  │ System │
│(資源系) │                  │(資源系)│
└─────────┘ ↓ ↓ ↓ ↓          └────────┘ ↓ ↓
            ○ ○ ○ ○                     ○ ○
```

○ Appropriator（占用者）　↓ Resource Unit（資源単位取得）

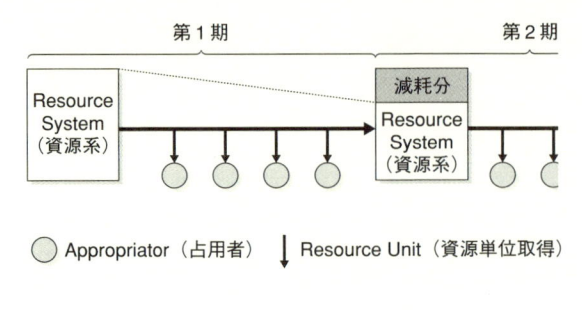

図10-4　ハーディンのコモンズ論

出所：筆者作成

には、資源系のストックは第1期のそれを下回り、資源系は枯渇する経路を辿る。

以上のように、オストロムは、資源維持のための人為ストックの形成の大切さを十分に理解し、その存在に対し十分な配慮を払っている。しかし、それをコモンズ形成の主要な契機としては捉えていない[3]。

（3）　コモンズ形成の論理

これまでの議論を踏まえると、前近代的な社会におけるコモンズの形成は仮説的に図10-5のように整理できる。まず、家族単位の労働投入で土地などの生産効率を十分に引き上げ得る場合には、家族労働が投入され、その所有となる。それ以外の資源系がコモンズ的利用の候補となる。このうち、共同で労働を投入することで、単位空間（土地や海など）当たりの生産性を引き上げることが可能なときコモンズが形成される。また、労働の投入先が主として人為ストックの場合、人為ストック型のコモンズが形成され、そうでない場合には採取型のコモンズが形成される。

いずれも構成員以外の利用の排除は大切であるが、前者の場合、すでに人為ストック管理のための組織が形成されているため、排除のための費用はさほど大きくない。これに対して採取型のコモンズの場合、資源の生産量を自然の回復力に依存しているため、利用の制限が生産性維持の主たる手段とならざるを得ない。排除活動については、利用者（漁家など）が沿岸海域の海洋資源を守

第 10 章　コモンズの類型と現代的課題

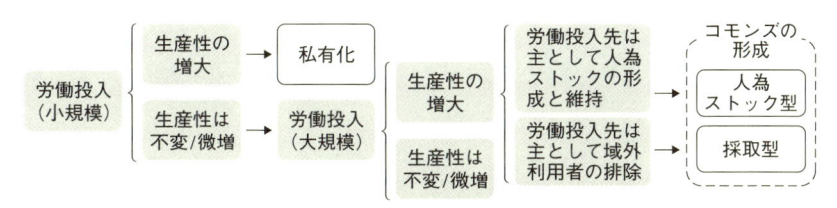

図 10-5　労働投入と生産性の分類からみたコモンズの類型

るために個別に域外の利用者を排除することも可能である。しかし、図10-1で述べたのと同様の論理で、排除活動も共同で実施し、監視する面積を拡大するほうが効率的であることは明らかであり、結果として、排除のための組織が形成される。こうして、人為ストック型であるか採取型であるかを問わず、資源管理のための組織が形成されると考えられる。ただし、採取型コモンズの組織は人為ストック型コモンズのそれと比較するとき、ストックの維持は自然任せであり、組織の活動内容はさほど複雑なものとはなりにくい。

なお、共同しても単位空間当たりの生産性を十分に引き上げることができないときには、個人のものでも、共同体のものでもない資源系となる。

3．コモンズの現代的課題

（1）　過少利用問題とその背景

現代日本における自然資源利用に関わるコモンズの大きな課題の1つは、本書冒頭にも述べた過少利用問題である。いうまでもなく、これは第1次産業の衰退にともなう資源利用の低下に主な原因がある。第5章、第6章で分析した草原では、利用量が著しく減少することで人為ストックの維持ができなくなり、ここから外部経済の問題が発生している。たとえば、牧野組合の場合、草原管理のために必要とされてきた放牧、採草、そして、火入れの作業は自然を適度に攪乱し稀少な動植物の生存環境を維持してきた。したがって、草原の利用が減ると草原ストックが縮小し、稀少な動植物も消滅してしまう。このとき、産業としての利用は決して過少ではないとしても、外部経済を考慮したときの利用水準は過少と評価されるのである（外部経済については、第6章を参照のこと）。

水利施設についても、同様の問題を見出せる。水利施設は、一部の農家が利

213

用を休止して管理を怠れば、水の流れがその近辺で滞留するため、水利施設全体が機能不全を起こしてしまいかねない。過少とされる原因は、下流域の利用が阻まれるからだけではない。流域の人々の居住空間を支える水路としての役割を増しつつある農業用の水路は、維持管理ができなければ、排水の滞留や害虫の発生の原因となる。生活環境の急速な悪化を考慮するとき、その利用水準は過少利用とされる場合が少なくない。

　いずれのケースも、第1次産業の衰退とともに資源の利用が低下すると、外部経済（不経済）の減少（増加）が引き起こされて過少利用問題を顕在化させている。

　過少利用問題は、草原や水路といった人為ストック型コモンズに限らない。沿岸海域の資源管理についても利用が低下し、過少利用問題が発現している。緒方（第2章）は、高知県の事例を取り上げて、沿岸海域では、漁業協同組合における組合員数の減少や高齢化が著しく、「かつては漁業だけでも海を過剰利用していたような地区において、漁業関係者の減少が急速に進み、資源の過少利用とも呼べるような状況が現出しつつあることを確認」している。沿岸海域で利用が過少とされるのは、ここでも産業として漁業が最適規模を下回っていることを意味しない。沿岸海域では、資源の乱獲や不法投棄といった問題が発生しやすい。沿岸といえどもその範囲は広く、資源利用の監視が容易でないからである。地域住民が沿岸海域の資源を頻繁に利用する状態があれば、地域に広く居住する漁業者のネットワークを通じて、資源系の持続性を脅かす事態を発見し、防ぐことが可能であった。しかし、利用者が激減した現状ではこの種の監視活動を維持できなくなりつつある。

　このように草原にせよ、沿岸海域にせよ、「過少利用」と判断される基準は畜産業や漁業の産業としての規模が適正かどうかだけではなく、むしろ、二次的自然を維持できるかどうか、あるいは、沿岸海域の資源を適正に監視し維持できるかどうかといった外部経済を含めた視点に求められている。また、いずれの場合にも、その水準は社会的に容認される水準を下回りつつある(4)。人為ストック型コモンズにおける人手と採取型コモンズおける監視の目が絶対的に不足する段階に入っているのである。

（2） 利用者の拡大を阻む制度的要因

　利用量が低下し、資源を維持・管理するための利用者が不足しているのであれば、その解決策として、伝統的なコモンズの構成員以外からも、資源の利用や管理に参加してもらう方法が考えられる。

　高橋（第5章）は、こうした事例として、阿蘇草原における草原ボランティアによる野焼き活動を紹介している。そこでは、草資源の管理労働をボランティアが補完し、過少利用の問題は緩和されつつある。同様の草原再生の運動は日本各地で高まりをみせており、全国的なネットワーク化も進んできている。今後の活動が期待されるところである。

　とはいえ、阿蘇草原のボランティア活動が例外的である点は否めない。阿蘇草原の場合、防火帯づくりが阿蘇の景観保全に寄与しているという手ごたえとともに、総面積が2万2000 ha を超えるといわれる広大な草原での作業が爽快感を呼びボランティアの支援活動の動機づけとなっているともいわれている。小規模な草原の防火帯づくりや水路の整備、さらには沿岸での違法漁業の監視作業などで、この種の手ごたえや爽快感が得られる保証はない。また、持続的な活動をボランティアだけに依存することは現実的でもない。

　資源を維持するための人手や資源を守るための目の数を本格的に確保するのであれば、資源管理だけでなく、資源利用にまで関わる人を増やすことが求められる。新たな資源利用者を増やすには、その利用権を既得権者以外にも配分する必要があるが、これまで入会権ないしは入会的な権利がこれを阻み、難しくしてきた経緯がある。

　入会権はよく知られているように、明治期に前近代的な社会構造を前提として確立された権利である。すなわち、大半の地域住民が入会地から野草、雑木、萱などを調達し、これを生活や生産に供する基礎的な資源として利用していた状況を前提に確立された。これらの資源は地域住民に必要欠くべからざる資源であったからこそ、入会権は地域住民に土地の排他的な利用を許す権利（物権）として規定されたのである。草原コモンズにおいては、古くから入会慣行がみられ、入会権は各地でみとめられてきた。

　海についても、同様の権利が存続してきている。ただし、その展開は入会権とはやや様相が異なる。古くは沿岸海域に面する村が専用漁場として入会的に

利用する慣習があり、これが明治時代に成立した漁業法により専用漁業権と呼ばれる権利として認められ、実質的に入会として存続した。その後専用漁業権は、1949年に新たな漁業法によって共同漁業権に切り替えられるが、入会権的実態としては存続し続けた。ところが、1962年の漁業法改正を契機に漁業権は「入会権性質を失った」との解釈が判例でなされた。これに対して緒方は第2章の分析において「地元漁業者の「我々の海」意識に基づく海の管理者として自覚があったために」「漁業権ないし地先権を根拠として、関係者が合意の上で協定を作り出すことで、ローカルなルールよる地域の秩序形成」が可能になったとし、沿岸海域においても入会権的な権利は現代に至るまで実質的に機能し続けている事例を紹介している。

　入会的利用を前提とする伝統的な権利の背景には、地域の住民の利用が優先され、域外者の利用を排除する思想がある。これは域内の住民の根幹を支えるコモンズの資源を確実に住民に分配するための一種の社会的な安全弁としての機能を支えるものであった。しかし、現代の地域社会は、入会権が成立した社会と比べると、著しく変容している。かつて入会的に利用されていた資源（野草、雑木、魚類など）は地域住民の大半の生活の糧とはなっておらず、域内の住民の権利を守る仕組みは、域内の資源の利用者数が急速に減少する状況下で、過少な利用を招く可能性を高めている。そればかりか、地域の資源であったはずのコモンズ資源が一部の利用者に独占的あるいは寡占的に利用されるケースも目立ってきている。われわれは、これを象徴的な表現で「一人入会」と呼んでいる。

　第6章で示した三瓶草原の事例では、一人入会の実態を如実に読み取ることができる。地域内の最大規模の畜産経営による放牧牛の総放牧頭数に占める比率は、1990年代末以降、その比率が7割前後の水準にあり、草原の利用は独占状態に近くなっている。この水準は2010年現在でも維持されており、周辺に草原の利用を希望する農家があっても容易に参入はできない。こうなると、草原は地域住民に共通の財産という性格が薄れ、私有財産に近くなる。かつての地域公共財が私的財に近づけば、その管理も景観や生態系維持といった公共的な観点を失い、過少利用問題が発生しやすい。

　沿岸海域において、「一人入会」問題は権利の「空洞化」として指摘されてい

る（第2章）。沿岸海域のような採取型コモンズの場合には、過少利用は自然資源の回復を促す意味から、むしろ、歓迎されるべき事態といえる。資源の採取量が減少すれば、資源の回復は容易になる。ただし、伝統的な利用が低下したからといって、そのまま問題が消滅するわけでない。すでに述べたように、その資源を監視する目が減少し、資源の維持が難しくなる。

　伝統的な利用がなくなった場合でも、新しい利用方法が見出され、新たな利用者を含めた資源の監視体制ができないわけではない。しかし、新たな利用者が伝統的な資源の利用者と対立するケースはしばしば見受けられる。

　こうした事例の典型は、ダイビング業である。沿岸海域では、一般に漁業資源が枯渇し、漁業者の利用は年々低下しているが、これに代わって観光業を生業としたダイビング業者が域外から参入する場合がみられる。地先の海と呼ばれる沿岸海域のコモンズは、域外からの利用を排除するタイプの採取型コモンズであるだけに、沿岸海域を実質的に支配してきた漁業者組織とダイビング業者などの新しい利用者の間の対立を生みやすい。採取型コモンズの組織に固有な排除的な行動やそれに基づく地域社会の入会的な排除ルールが機能し、新規参入者への適応を難しくしているのである（第2章および新保他2005参照）。また、先に指摘した実質的な地先権がそれを裏づけるものともなっている。

（3）　社会的責務を踏まえた権利の再編

　利用が低下したコモンズでは資源の過少利用が問題とされながら、その一方では、入会的な権利の存在から、資源の利用者が一部の住民に限定される形で権利の独占化（「一人入会」化）が進展している。

　こうした状況を突破する糸口を法社会学の研究者は、権利保有者が果たすべき社会的な責任水準の引き上げに見出している。

　たとえば、入会権について、鈴木は入会権が私権であることを確認したうえで、入会権も「一般の私有財産としての土地所有と同様の公共的な制約の下に置かれるのに加えて、地域の公共的な財産の管理を信託されているというような意味で一層強い制約の下におかれていると考えるべき」と指摘している（鈴木2006）。さらに「地域の公共財産たるにふさわしい管理をしていない場合には、例えば他の住民集団等からの代替的な管理を行うという提案を拒めない等の扱

い」があってもよいとする。

　また、緒方（第2章）は漁業権の行使規則に、漁業権の「適正な行使をするための責務を条件に」、「地区に住む漁民以外の一般住民にも行使規則を適用」する方法を提示している。沿岸海域の住民が漁業に直接関わっているかどうかを問わず、海資源の適正な管理に関わり、漁業集落が母体となった「新しい海の利用と管理」を目指すのである。本章の言葉でいえば、資源利用を監視する十分な目を集落全体で確保する手法である。単に権利者を増やすのではなく、一定の責務を課す点に鈴木との共通点が見出せる。

　こうした入会に対する責務の付与と権利の再分配は、コモンズ資源の管理のために喫緊の課題といえる。

4．コモンズ資源管理のための新たな政策・制度

　入会慣行に関わる権利の見直しは、コモンズが外部経済を含めた適切な利用量を回復するために欠かせない作業であるが、このほかにもコモンズの再生を促す新たな政策を導入する契機はいくつか考えられる。

　その第一は、外部経済に対する報酬である。すでに述べたように現代日本のコモンズの利用を過少とする背景には、コモンズ利用にともなって派生する効果（外部経済）がある。外部経済とは、財やサービスの取引を金銭の授受なしで行うものである。景観保全、生物多様性や資源利用の監視などがこれにあたる。これらの外部経済に対しては、これまで十分な報酬は存在しなかった。しかし、これらの機能が重視され、その機能の低下から過少利用が問題とされるようになると、これらの外部経済に対し適切な報酬を支払うことに十分な正当性を認めることができる。

　草原がもつ景観や生物多様性の保全機能に対する政府の支援はその一例である。この種の支援は欧州では20年以上前から制度化されており、環境直接支払いと呼ばれる形で支払われてきた。日本では、2011年度に始まる環境保全型農業直接支払は本格的な支払いの原型となりうる制度である。草原への支援はこれからの課題であるが、支払いの対象としての条件は十分に満たしている。また、沿岸海域の資源系保全の監視については、これを行う組織に対して一定

の支払を行う制度を考えることができる。資源保全に対する報酬であり、新保（第11章）が指摘する効率的な資源管理のための誘因となろう。支払いを前提とした海洋保護区（MPA）を全国の海に拡大するといった手法も考えられる。

　第二は、環境教育の場としてのコモンズの利用である。自治体などがコモンズの資源系保全に地域の住民が参加する場を提供し、中長期的にはコモンズの資源管理に必要な管理者や利用者を増やすこともできる。これは、人為ストック型コモンズにおいてとりわけ有効である。人為型ストックの形成には、すでに述べたように多くの人手が必要であり、地域住民が関わることのできる機会は少なくない。ストック形成に直接関われるだけに、活動後の達成感もある。この点は、採取型コモンズとは異なる。

　草原再生活動では各地で住民を巻き込んだ再生活動がみられるようになっており、行政がコモンズを教育の場としてこれを支援するケースは、着実に増えている。沿岸海域においても、高知県大月町柏島にあるNPO法人黒潮実感センターは、間伐材を海底に沈めてアオリイカの産卵場を造成してきた。これは沿岸海域における人為ストックの形成である。間伐材を使うことで海と森の関係も意識した格好の教育の場となっている。沿岸海域はしばしば里海と称されるようになっているが、人為を前提とした半自然が里山であるのであれば、産卵場のような人為ストックが蓄積されたときに名実ともに里海が形づくられ、採取が主体のコモンズも教育の場として多様な展開をみせるに違いない。

　第三は、資源管理を促す新たな産業の育成である。コモンズから取得できる資源を伝統的な方法とは新たな形で利用しようとする際、経済主体が十分な事業規模を確保できない場合には初期投資を公的に支援することができる。幼稚産業育成政策である。阿蘇でみられる野草のバイオマス利用への支援などがその好例である。バイオマスの事業は、その規模が大きく、公的な支援なくしては、成立し得ない事業である。公的な初期投資の支援が外部経済への支払いとともにコモンズの新たな資源利用を採算ベースに乗せるのであれば、公的な支援は正当化され得る政策となる。

　なお、これらの政策の見通しについては、フィールドの事例を踏まえつつ第12章で再論する。

【注】
（1） オストロムにはその後のコモンズ関連の論稿が少なくない。ノーベル賞受賞を記念した論稿（Ostrom 2009 など）もあるが、実証分析を踏まえながら基礎的な概念から体系的な考察を組み立てている点で Ostrom 1990 が優れており、本章ではこれに基づいて分析を進めることとした。
（2） このほか、Ostrom 1990 はコモンズが直面する問題を占用問題（appropriation problem）と提供問題（provision）の2つに大別している。前者は占用者間への資源単位の分配（草資源の採取面積の配分など）や空間的な配置（どこで採取を認めるか）をいかに決定するかという問題であり、後者は資源系の維持のための労働力投入をいかにして最適水準に保つかといった問題であるとする。資源系の維持に対する労働は、資源単位の占用量に反映しない（労働を投入しても、得られる資源単位は増えない）ため、不足する傾向にある。このギャップの解消が問題となる。
（3） Ostorm 1990 は第2章 Reflection on the Commons において、コモンズの基本問題の発生や対処方法を簡単なゲーム理論を用いて整理しているが、議論の出発点はやはりハーディンの提示したコモンズの悲劇にある。
（4） 外部経済の水準が維持できない背景には機械化の難しさもある。草原利用において、二次的自然を守るための防火帯づくり（輪地切り）が機械化されておれば、利用者が減少しようと草原の管理に問題は生じなかったかもしれない。しかし、実際には、高橋（第5章）述べているように、その総延長は 640 km にも及び、その大半は人手によるしかなく、利用者の数の低下が問題となって浮上している。

沿岸海域の利用についても、海域の監視がネットワークカメラなどで容易になり、その監視作業が自動化できれば、利用の減少は過少と判断されなくなるかもしれない。しかし、実際には海と人の接点にはさまざまな場所と形態があり、一律の監視システムが有効に機能する可能性は高くない。

【参考・引用文献】
井上真（2004）『コモンズの思想を求めて』岩波書店．
嘉田由紀子（1997）「生活実践からつむぎ出される重層的所有観——余呉湖周辺の共有資源の利用と所有」『環境社会学研究』3, 72-85 頁．
斉藤政夫（1979）『和牛入会放牧の研究』風間書房．
下村智典（2011）「コモンズの公共性」『LOCAL COMMONS（グローバル時代のローカルコモンズの管理ニュースレター）』15, 18-21 頁．
新保輝幸・諸岡慶昇・飯國芳明（2005）「森のコモンズ・海のコモンズ（2）」『海洋と生物』27(6), 579-587 頁．
菅豊（2008）「総有論」『社会的共通資本・コモンズの視角から市民社会・企業・所有を問う』早稲田大学 21 世紀 COE《企業法制と法創造》総合研究所, 56-90 頁．
鈴木龍也（2006）「コモンズとしての入会」鈴木龍也・富野暉一郎編『コモンズ論再考』晃洋書房, 221-252 頁．
多辺田政弘（1990）『コモンズの経済学』学陽書房．

田和正孝編(2007)『石干見』法政大学出版会.
鳥越皓之(1997)「コモンズの利用権を享受する者」『環境社会学研究』3, 5-14頁.
N. グレゴリー・マンキュー著,足立英之他訳(2005)『マンキュー経済学　ミクロ編　第2版』東洋経済新報社.
Hardin, G. (1968) "The Tragedy of the Commons," *Science*, 162(13), pp. 1243-1248.
Ostrom, E. (1990) *Governing the Commons: The Evolution of Institutions for Collective Action*, Cambridge University Press.
―――― (2009) "A General Framework for Analyzing Sustainability of Social-Ecological System," *Science*, 325, pp. 419-422.

第11章
海洋自然資源の長期持続的利用のためのコストの理論

新保輝幸

　本章では、第1章でサンゴの海の利用競合について検討する中で浮かび上がってきた地域社会のなかで大きな力を持つ漁業者の権威（＝漁業者集団の持つ一種の社会関係資本）の問題を念頭に、その形成の過程を理論的に攻究する。すなわち、まずコモンプール資源（Common-Pool Resource; CPR）の性質を検討し、その議論からコモンズ成立に関わるコスト、ないし CPR の長期持続的利用のためのコストという分析枠組みを提起する。そして、海洋自然資源の問題を検討するうえでこの分析枠組みが有用かどうかを確かめるために、まず海洋自然資源の特性を検討したうえで、歴史的に形成されたいくつかの漁場利用の形態の差違の分析にこの枠組みを導入する。その際に、海洋自然資源の資源としての特徴を踏まえ、漁場利用形態成立の歴史的な経緯を分析し、漁場の場合、コモンズのコストの中でも資源系の囲い込みコストが重要であること、漁場利用の権利の源泉たる漁場の用益事実、ないし利用実績の継続自体が囲い込みコストの投入に他ならないことを論じる。そのような分析を踏まえ、上で示した漁業コモンズの社会関係資本の形成に関わる見通しが妥当なものであることを確かめる。

1．漁業コモンズの社会関係資本の形成はいかになされたか

　第1章で議論した、造礁サンゴ群集生態系をダイビングで過剰に利用することにより生態系の劣化を招くという問題は、ツーリズムによる過剰利用（over use)の問題として捉えることができる。通常の環境経済学の理解では、このような過剰利用は、資源の所有権（ないし利用権）を適切に割り当て、あとは資源所有者の最適化行動に任せる所有権アプローチで解決可能であるとされている。しかし、確たる所有権が成立していない領域で新たに所有権を創設するというのは、それ自体さまざまな困難が伴い、実現が難しい場合が多い。

そのようななか、コモンズは、自然資源の過剰利用を抑制し、資源の持続的利用を実現する仕組みとして近年注目を集めるようになっている。すなわち、オープン・アクセスになりがちな自然資源に関して、（多くの場合、地域の地縁共同体を基盤とする）一定の利用集団が形成され、利用ルールを定めてその遵守を利用者に強制したり、資源を十全に利用できるよう一定の管理を行ったりする事例が、地理的・歴史的にさまざまなバリエーションをもって観察されている。

第1章で取り上げた柏島（かしわじま）の事例は、サンゴの海のコモンズ的利用という事例ではない。むしろ過剰利用を抑え、持続的利用のための仕組みをこれからどう作っていくべきかという観点で捉えられるべき事例である。しかしそのなかで、漁業者の持つ地域社会の中での伝統的な権威が、サンゴの海のダイビングによる利用を抑えることのできる力として機能しているという点を見てきた。そこでは、それを「柏島の海を占有し一定のルールの下で漁業を営んできた伝統的な漁業入会＝コモンズが育んだ一種の社会関係資本」ではないかと位置づけた。もう少し具体的、かつくだけた形で述べるならば、「あの海はあの漁師さんのナワバリであり、あの海のことは彼らが一番よく知っているし、あの海では彼らの漁、彼らの意見が優先されねばならない」という信憑が地域社会において広く共有されているという状況を想定している。同様の信憑は、日本各地の沿岸地域で観察できるのではないかと考えられる。そのような信憑は、どのようにして形成されたのだろうか。

おそらくは何よりもその海で実際に漁業をし続けることが肝要であり、その継続のために時に多くのコストを支払っても自分たちの海を守るという行為を積み重ねてきたという点が重要であると考えられる。そして、その「海を守る」という行為には、自分たちのナワバリからよそ者を排除するという行為も当然含まれていたのだろう。

ナン・リンによれば、「社会関係資本とは、なによりも、社会的ネットワークに埋め込まれた資源として定義できる概念」である（リン 2008, v 頁）。通常の理解では、社会関係資本は人びとの間の信頼関係や規範、ネットワークを指すが、「資本」の一分野として定式化することにより、何より「社会関係に投資する」という考え方が自然に出てくる。その投資とは、別に金銭の支出に限らず、人間関係をよくするためにあいさつなどの一定の行動をとるということも含まれる。そのように考えてくると、自分たちの海を守り、そこで漁業を継続する、そしてそのために一定のコストを負担するという行動が、一定の投資となって漁業入会の持つ社会関係資本を形成するということもあり得るということがわかるだろう。

このようなプロセスは漁業入会のみに生じるのでなく、おそらくコモンズ一般でも同様な社会関係資本の形成は起こり得る。そこでまず次節では、より一般的な観点からコモンプール資源を利用し続けるコストについて考えることから始めよう。

2．コモンズ成立に要するコスト（「コモンズのコスト」）の分析

（1） コモンプール資源（Common-Pool Resource; CPR）

コモンズにおいて利用の対象となる山野河海の自然資源——入会林野の薪炭や林産物、草などの資源、漁場や沿岸域の水産資源、等々——は、ほとんどの場合、ある種の再生可能資源である。すなわち、適度に利用する限り資源は回復し、長期にわたって利用することが可能である。そのため、資源の持続可能な利用量を見出し、その範囲の中におさまるよう利用をコントロールする必要がある。また歴史的に見るならば、そのような山野河海の自然資源は、個人の所有になじまない場合が多く、「所有が特定の個人によらないいわば共有の資源」、いわゆるコモンプール資源として保持されることが多かった（藪田 2004, 4 頁）。コモンプール資源は、排除（可能）性と競合性の２つの軸による財の分類軸から見ると、排除性が弱く（山野河海とはそういう場所である）、競合性が強いという性質を持っている（図 11 - 1 参照）。

排除性が弱い場合、その資源はオープン・アクセス状態になりやすいと考え

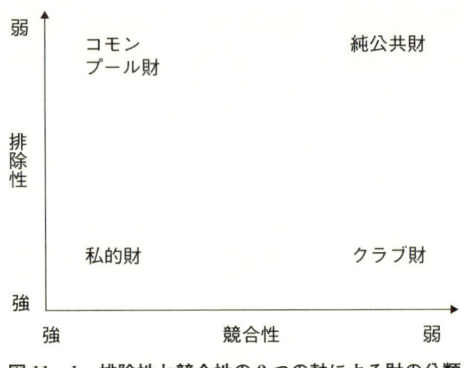

図11-1 排除性と競合性の2つの軸による財の分類

（縦軸：排除性　弱—強、横軸：競合性　強—弱）
- 左上：コモンプール財
- 右上：純公共財
- 左下：私的財
- 右下：クラブ財

られ、ハーディンのいう「コモンズの悲劇」に陥りやすい。しかし、そのような資源も、近隣の地縁共同体の成員の生活にとって必要不可欠な財を提供しているような場合、地縁共同体内部である種の利用ルールが成立して成員にそれが強制されるようになるとともに、必要な管理が共同体によって担われるようになる場合がある。

（2） コモンズの成立に要するコスト（「コモンズのコスト」）

このような形でコモンズが成立する場合、その母体となる共同体＝管理組織は、いくつかのコストを負担しなければならない。まず、排除性が弱い資源の利用を一定のコントロールの下に置こうという場合、（A-1）ある一定の範囲を明確に区切って資源系を占有し、部外者の利用を排除するとともに、共同体の成員に対しては利用ルールを強制するためのコスト、（A-2）管理組織が定めた境界や利用ルールが実効的に守られているかを監視するためのモニタリングコストが必要になる。これらをあわせて（A）資源系の囲い込みコストと呼ぶことにしよう。また、たとえば我が国の草地の場合、放置しておくと木本性の植物が優占して森林に遷移していくため、その草資源を有効に活用しようとする場合、毎年火入れをして野焼きを行い、遷移を止めて草本の発育を促す作業が必要になる。その際には、火入れに先立って延焼を防ぐための輪地切り、輪地焼きなど膨大な作業を行う必要がある。(1)このような種類の（B）資源系の維持・管理コストも資源の種類によっては管理組織が負担する必要がある。以

上、(A)(B)は、オープン・アクセス状態を避け、一定の利用ルールの下、有効に自然資源を利用しようという場合、必ず必要になるコストであると考えられる。

　原理的に考えると、これらのコストを負担し、自然資源を管理し利用するのは、共同体に限らず、個人でもかまわないはずである。しかし、資源系からの収益が比較的薄く、また広大な範囲に広がってその囲い込みのコストが比較的高くつく山野河海の自然資源に関しては、地理的に近い地縁共同体全体で管理することが合理的であったと考えられる。地域住民が日常的に入会うようなケースでは (A-2) のモニタリングコストを節約することが可能である。また、飯國が本書第10章において輪地切りの例で指摘したように、(B) の資源系の維持・管理コストも多くの住民が協力することにより大幅に合理化することができる。しかし集団で資源系の管理を行おうという場合、成員が納得する形で利用ルールを定めたり、成員間のコンフリクトを調停したりするための、(C) 利用管理組織の形成・維持コストが別途必要になると考えられる。(A)～(C) の3つはCPRの長期持続的利用のためのコストと考えることも可能である（これらは見方を変えれば「コモンズ成立に要するコスト」であるともいえる。以降これを「コモンズのコスト」と略記しよう）。

(3) 「コモンズのコスト」の節約

　ロナルド・コースは市場での取引コストを節約するために企業組織が生じると論じたが（コース 1992, 8-9頁）、それとパラレルな形で、(A)(B) のコストを節減するとともに広く薄く分担するためにCPR管理組織が生じると考えることができるのではないか。経済学では、たとえば湖の水産資源の乱獲を防ぐためには、単一の経済主体に所有権を設定し、経済主体の長期的な利益最大化行動により資源を管理させるのが有効であると考える。しかし実際問題としては所有権の設定自体が大問題であり、たとえば背後に強大な力を持つ国家や権力の存在が必要となる。田畑など、租税徴収を通じて国家財政の礎になるような領域ではきちんとした所有権が成立しても、資源からの収益が比較的「薄い」山野河海のような領域ではまず空間を囲い込み、領域の排他的利用を可能にすることから始めなければならない。その領域と重なる、あるいは近接する

地縁共同体が管理主体となれば、そのような囲い込みコストはかなり節約することが可能になる。たとえば、その資源のことを一番よく知るのは、やはり日常的にその資源を利用する地域住民である。日常の地域住民の資源利用は、お互いの視線にさらされながら（相互監視）、同時に資源の現状を把握（すなわちモニタリング）するということでもある。取引コストの節約が企業組織の発達を促したのと同様に、CPR管理組織の発生は（A）（B）のコストの節約と関係していると考えることは可能であろう。

（4） 集団のサイズと「コモンズのコスト」

しかし集団で資源系の管理を行おうという場合、節約されるコストとは逆に、成員が納得する形で利用ルールを定めたり、成員間のコンフリクトを調停したりするための、（C）利用管理組織の形成・維持コストが別途必要になると考えられる。たとえばマンサー・オルソンは、「集団的合意形成あるいは組織の確立は」「集団規模が大きければ大きいほど、より困難になる傾向があ」り、「組織化の費用は集団内の個人の数の増加関数である」と論じ、「集団成員間のコミュニケーション費用」、「交渉費用、および公式の集団組織を創出したり、職員を配置したり、維持したりする費用」の必要性を指摘している（オルソン1983, 40-41頁）。CPR管理組織に関しても、合意に参加しなければならない成員の数が多い（集団のサイズが大きい）ほど合意形成コストは大きくなると考えられる。しかし、この社会的合意コストは、ムラなどの既存の共同体がCPR管理組織に横滑りすることにより大きく節約することができると考えられる。

いま（A）〜（C）の3つの「コモンズのコスト」のうち、（A）（B）は集団のサイズが大きくなれば成員1人当たりが負担するコストはおおむね逓減していくが、逆に（C）は集団のサイズが大きくなるほど逓増していくと考えられる。いまこれらの関係を図11-2に模式的に描いた。右下がりの曲線が（A）＋（B）、右上がりの曲線が（C）である。これらを総計したCPRの長期持続的利用のためのコスト（A）＋（B）＋（C）はU字型の曲線になると考えられ、CPRの管理組織には条件に応じて一定の最適規模が存在することが予想される。[3]

オストロムは、歴史的・地理的にさまざまな時点・地点で生じたコモンズを

第11章　海洋自然資源の長期持続的利用のためのコストの理論

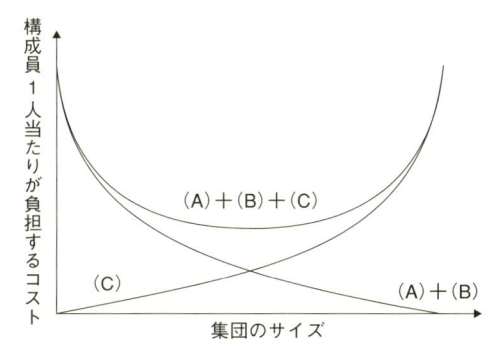

図11-2　「コモンズのコスト」と集団のサイズの関係の模式図

検討し、長期的に持続する CPR 管理組織から、以下のような設計原理を抽出した（Ostrom1990, p. 90）。

1．明確に定義された境界
2．（CPR の時間的・場所的・技術的）占用ルール、（管理に必要な労働、原材料、お金の）提供ルール、および地域的条件の間の調和
3．集団的選択の話し合い：運用ルールに関して最も影響を受ける諸個人がルール修正に参加できること
4．監視
5．段階的な制裁措置
6．紛争解決メカニズム
7．組織のための最小限の権利の（政府当局による）承認
8．入れ子状の組織：より大きなシステムの一部であるような CPR の場合、占用、提供、監視、強制、紛争解決、および管理行為が、多層にわたって入れ子状に組織されていること

いま1、2、4、5は、（A）資源系の囲い込みコストと関係し、2は（B）資源系の維持・管理コストと関係していることがわかる。また2、3、5、6、7、8は、（C）利用管理組織の形成・維持コストと関係し、このコストを節約するためのポイントを示していると解釈することも可能である。たとえば8の

「入れ子状の組織」というのも、集団のサイズが無闇に大きくなるのを避け、（C）のコストが増大するのを避けるための知恵であると考えられる。

（5）「コモンズのコスト」の規定要因と社会関係資本

最後に、「コモンズのコスト」の規定要因と1人当たりが負担するコストの関係を表11-1にまとめた。上記で議論した要因以外に、資源の観察困難性、資源利用の多様性、地域の社会関係資本の3つの視点を付け加えてみた。資源の観察困難性は、陸上の資源と比較して、水産資源やサンゴ礁など海洋自然資源に顕著な特徴である。この性質により資源の現状や持続可能な利用量を把握するのが困難になり、（A）のコストは格段に大きくなると考えられる。また、資源利用の多様性に関しては、たとえば単なる草資源として利用していた草原に関して、その景観や生物多様性の価値がクローズアップされたりするケースを想定している。[4] 利用が多様化すると、しばしば全く異なる利害や考え方を持つステークホルダーが生じるため、特に（C）のコストが極めて大きくなると予想され、しばしば資源の利用や管理に関して強いコンフリクトが起こる。これは、現代社会において伝統的な自然資源の利用が衰退し、新たな利用が勃興してきたときにしばしば起こる問題である。そのようなケースでは、CPRの利用や管理を通じて地域に蓄積されてきた社会関係資本——人々の間の信頼や規範、社会的ネットワーク——がしばしば問題の鍵になる。

（A）〜（C）のコストを負担すること、すなわち管理組織を形成して資源を囲い込み、維持・管理のための労働を行い続けることは、集団内の紐帯・信頼関係を高めるとともに、組織の外部に対して当該資源の利用に関して優先権がその組織にあるという観念——一種の規範——を形成する。このようなコストの支払いは、社会関係資本に対する一種の投資とみなすことができる。言い換えれば、CPR利用組織が（A）〜（C）のコストを支払って資源を利用し続けること自体が一種の社会関係資本への投資であり、歴史的に継続してきたCPR利用組織はしばしばそのような社会関係資本を組織内外に蓄積している。たとえば第1章で論じたように、伝統的な漁業者集団は、地域社会において海の利用に関し大きな権威を持っている場合が多く、しばしばその意見は法律を超えて地域社会に受け入れられることがある。このような権威も一種の社会関

第11章　海洋自然資源の長期持続的利用のためのコストの理論

	資源系の囲い込みコスト		資源系の維持・管理コスト	管理組織の形成・維持コスト
	資源のモニタリング(監視)コスト	管理組織による占有コスト		
資源のまとまりの空間的・時間的広がり	広がれば逓増	広がれば逓増	広がれば逓増	どちらともいえない
排除困難性	どちらともいえない	排除困難になれば逓増	どちらともいえない	どちらともいえない
資源の観察困難性	観察困難になれば逓増	観察困難になれば逓増	観察困難になれば逓増	どちらともいえない
資源利用の多様性	多様になれば逓増	多様になれば逓増	多様になれば逓増	多様になれば逓増
集団のサイズ	大きくなれば節約	大きくなれば節約	大きくなれば節約	大きくなれば逓増
地域の社会関係資本	大きければ節約の可能性	どちらともいえない	どちらともいえない	大きければ節約の可能性

表11-1　「コモンズのコスト」の規定要因と1人当たりが負担するコストの関係

係資本であると考えられる。経済状況の変化により資源を新たな形で利用する利用者が増加し利用秩序が崩れた場合、このような社会関係資本をうまく活かすことができれば、資源の持続的利用のための新たな利用秩序の形成へとつなげることができる可能性がある。

3．海洋自然資源の特性と最適利用の困難性

(1)　海洋自然資源の特性

　ここでサンゴ群集生態系や漁業資源といった海洋自然資源の特徴について見てみよう。第一の特徴は再生可能性である。すなわち、海洋生物によって構成される資源であり、何らかの利用を行い資源が消耗しても、その自己増殖力の限界を超えない範囲で適度に利用する分には資源が回復する。第二に、資源の存在する海洋という空間の特徴から、排除性が低く、競合する利用者を排除するには多大なコストを要することが多いという排除困難性、あるいはオープン・アクセス性という特徴である。第三の特徴は、外部連関性ともいえる性質で、（1）海藻や貝類などの固着性資源を除いて移動性を持ち、特にマグロ・

カツオといった移動性の高い魚類のような資源は資源自体が境界を越えて移動する、(2) 資源がその生活サイクルの中で形態を変化させつつ異なる場所を移動しつつ生育することが多く、その資源量が全く異なる場所の異なる条件に規定される場合がある、(3) さらにそれらの条件が海洋の大域的な条件変動と関連している場合があり（レジームシフトの問題）、資源が大域的な条件に規定されている場合がある、といった特徴である。第四に、海洋という空間の特性に起因するもので、資源の状況、特に資源の変化と人間の関与の関係が見えにくいという観察困難性という特徴である。

(2) 海洋自然資源の最適利用の困難性

　これらの性質が組み合わさると、資源の劣化や過剰利用の問題につながりやすい。たとえば、再生可能資源ということで持続的な利用を目指そうとしても、外部連関性や観察困難性という性質から、資源の維持や再生のメカニズムがわかりづらく、最適な利用量（あるいは汚染許容量）を見出すのが困難である。また仮に最適な利用量がわかったとしても、オープン・アクセス性／排除困難性という性質から、利用者全体としてその範囲で資源を利用するのにはやはり困難が伴うと考えられる。

　所有権アプローチによる解決を目指そうという場合も、海洋という空間の特質から所有権や管理権を設定しづらく、何らかの主体が責任を持って管理するには相対的に大きなコストがかかる。資源の態様にもよるが、多くの漁業資源はそのようなコストを集団によって負担する、集団的な管理によって利用されてきた。ただその場合も、観察困難性や外部連関性という性質から、資源の劣化の原因を特定するのが難しく、何らかの管理組織を形成し集団による管理を目指したとしても、集団の合意形成コストはかなり高くつく、などの隘路が予想される。

　このような海洋自然資源の特性は、CPRとしての特徴を満たしているとともに、CPRの長期持続的コストについて陸域の資源と異なるコスト構造を規定しているものと考えられる。漁業資源においては、資源系の維持・管理コストはあまり問題ならないことが多いため、次節以降では特に資源系の囲い込みコストに着目し、歴史的に展開してきたいくつかの漁場利用形態を取り上げ、

資源の特徴と漁場の利用形態、権利のありようなどを検討する。

4．漁場の利用形態とコストの関係

漁業資源の利用においては、海面や資源系の状況と同時に、漁法・漁具といった漁業技術や漁業の種類で、資源利用に関わるコストや最適な利用形態も変わってくる。そこで本節では、漁法・漁具といった漁業技術や漁業の種類、権利のあり方の違いにより漁業テリトリーを分類した橋村修の区分に依拠して、資源の特性と漁場利用の関係を検討する（橋村 2009）。

（1）　漁業テリトリーの区分

熊谷尚夫と篠原三代平は、経済学における資源の概念を検討するなかで、「人間が、社会生活を維持向上させる源泉として働きかけの対象となりうる事物である。（中略）働きかけの方法によっては増大するし、減少もする流動的な内容を持っている。欲望や目的によって変化する」という定義を紹介し、自然資源の対象と範囲が技術や経済社会の変化により大きく変化するという可能性を指摘している（熊谷・篠原 1980, 10 頁）。すなわち、さまざまな技術や、あるいは消費者の選好の変化により、資源の価値や利用形態は変化するため、何が価値ある資源かは、これらの要素とセットとして考える必要がある。特に前述の通り、多くの漁業資源は移動性を持つため、人間から資源の働きかけの手段や方法、すなわち漁法や漁具、漁業技術と密接に関連しており、これらの違いや変化により資源としての態様は変化する。たとえば後述のイサキ漁の事例でも、同じ場所でも時間や漁法・漁具の違いによって権利の内容は区別されている。漁場や漁業テリトリーの権利も、海面の空間的位置だけではなく、季節や時間、漁法・漁具を含む形で定義されることがあるという点には注意が必要である。

橋村は、（1）経済的価値が高く、位置固定・排他的独占的占有利用の必要性が高い漁場、（2）経済的価値が高く、位置固定・排他的独占的占有利用の必要性が低い漁場、（3）経済的価値が低く、位置固定・排他的独占的占有利用の必要性が高い漁場、（4）経済的価値が低く、位置固定・排他的独占的占

有利用の必要性が低い漁場という、経済価値、位置固定か不定か、排他的占有の有無に着目する二野瓶徳夫の分類を踏まえつつ（二野瓶1962, 3-4頁）、以下の3種類の区分から漁場利用の特徴を捉える枠組を提起した。すなわち、（1）漁場の権利からの区分（個人持ちの網代（アジロ）、漁村（浦）や村が領主への徴税負担のために沿岸を分割して占有する村（浦）持ちの地先漁場、一村に帰属しない複数の村や漁業者による入会漁場）、（2）「追う」漁業技術か、「待つ」漁業技術か、あるいはその組み合わせか、（3）漁場の形態の特徴（「点」の網代か、地先漁場のような「面」的な海面分割か、あるいは沖合の一本釣りや網漁のような「線」的に移動する漁業か）、の3つの軸である。これを踏まえ橋村は、漁場を（1）魚の集まるポイントでの網代漁場、（2）漁村が占有する沿岸の区画された地先漁場、（3）移動しながら魚を追う沖合漁場に区分し、九州西海岸地域の漁場を事例に、それぞれの特徴を検討した（橋村2009, 205-213頁）。

（2） 漁場の特徴と資源系の囲い込みコストの関係

ここでは、この橋村の区分を利用し、漁場の特徴と資源系の囲い込みコストの関係を分析する。表11-2に、橋村の挙げる網代漁場・地先漁場（沿岸を分割してできた漁場）・沖合漁場の特徴を整理したうえで（上半分）、囲い込みコストとその規定要因がどうなっているかをまとめた（下半分）。囲い込みコストを規定する要因としては、表11-1に掲げた（1）資源のまとまりの空間的広がり、（2）排除困難性、（3）観察困難性、（4）資源利用の多様性を検討した。（1）の資源のまとまりの空間的広がりに関しては、網代漁場が一定のポイント、地先漁場が一定の区切られた範囲、沖合漁場が地先漁場の広大な範囲となり、順に大きくなっていく。（2）の排除困難性は（1）の広がりとほぼ比例して、網代漁場、地先漁場、沖合漁場の順に大きくなっていくものと考えられる。（3）の観察困難性に関しては、海中の資源ということで全て観察困難であるが、やはり領域の広さ、および漁場の水深などに比例して、網代漁場、地先漁場、沖合漁場の順に大きくなっていくだろう。最後に（4）の資源利用の多様性である。沖合漁場の漁法は回遊魚の魚群を一網打尽にするタイプのものが多い。網代漁場では、定置網など一定のポイントに固定された漁具により回遊してくるさまざまな魚類を一網打尽にする漁法と、特定魚種を狙った漁法が営まれる。

第 11 章　海洋自然資源の長期持続的利用のためのコストの理論

	網代漁場	地先漁場（沿岸を分割してできた漁場）	沖合漁場
橋村が挙げている特徴（橋村 2009）			
空間的特徴	主に沿岸の魚の集まる天然漁礁→点	村の前海→面	外海、沿岸から離れた沖→線的移動
取り上げられている漁法	・大敷網（定置網）、建網など、固定した漁具による漁法 ・ぼら網、鯛網、ムロアジ刺網など、網を入れて行う漁法	・建切網、地引網、ワカメ採取など	・一本釣り ・八田網（巻網）、手繰網（小型底曳網）といった回遊魚を追う網漁など
漁法の特徴	魚を待つ漁法	魚を待つ漁法	魚を追う漁法
権利の態様	・「個人または網組の持つ権利になりやすく、村全体の所有物になりにくい」（橋村 2009, 208 頁） ・季節や漁法をめぐる利用の取り決めがある場合もある	・村が海面を分割して占有	・複数の村の共同利用（入会）→複数の村ないし個人による排他的占有 ・漁場や操業季節をめぐる細かい権利がある場合もある
備考	・空間的には地先漁場と重なる場合が多い ・潜水漁業もこの区分に入るが、漁法としては魚を追う漁業	・現在の第1種共同漁業権の対象である、ヒジキやフノリなどの海藻採取や採貝、あるいは肥料用の藻の採藻などもこの区分か（橋村 2009, 第 3-4 章）	・カツオ一本釣りなどで沖合のセやソネ（岩礁の浅瀬）に定点的な権利が成立している場合がある
筆者による整理			
資源のまとまりの空間的広がり	一定のポイント	一定の区切られた範囲	地先漁場の外側の広大な範囲
排除困難性	最も小さい	両者の中間	最も大きい
観察困難性	比較的小	両者の中間	比較的大
資源利用の多様性	特定の漁法	多様な魚種を狙う多様な漁法	特定の漁法
資源系の囲い込みコスト	比較的小	両者の中間	大
集団のサイズ	比較的小（個人・網組）	両者の中間（1 つの村）	比較的大（複数の村）

表 11-2　網代漁場・地先漁場・沖合漁場の特徴と囲い込みコストの関係

この沖合漁場・網代漁場では限定された特定の漁法が行われ、資源利用の多様性は一定の範囲に収まると考えられる。地先漁場に関しては、その海域の特性に依存するが、海域によっては多様な魚種を狙う多様な漁法が営まれていることが見て取れる（橋村 2009, 第3章表 3‐4）。

以上、規定要因の（1）～（3）に関しては、網代漁場、地先漁場、沖合漁場の順に囲い込みコストが大きくなっていく傾向がある。ただ（4）に関しては、地先漁場の漁法が多様な分、資源利用のモニタリングコストが大きくなり、囲い込みコストを押し上げる傾向があるかもしれない。しかし、全体としては、網代漁場、地先漁場、沖合漁場の順に囲い込みコストが大きくなっていくと考えてよいのではないだろうか。

これらの点を踏まえつつ、権利の態様と利用集団のサイズを考えよう。網代漁場は特定の個人や網組によって利用されるため、利用集団のサイズも比較的小さいと考えられる。それに対して沖合漁場は複数の村が入り合うため、利用集団のサイズは最も大きくなると考えられる。地先漁場は単一の村により利用されるため、利用集団のサイズは両者の中間になるのではないか。このように整理してくると、資源系の囲い込みコストが大きくなるにつれて、漁場を利用する集団のサイズも大きくなる傾向があることが見て取れる。

5．漁業テリトリーの形成と資源系の囲い込みコスト

（1）　一村専用漁場慣行の形成

日本民俗学の高桑守史は、「ムラ－ハマ－イソ－オキ－オクウミ（ヤマナシ）」（ムラ、ハマはオカ、イソ以降はウミ）という漁民の空間認識に対応させる形で、「ムラ－ハマ－チサキ（地先）・磯漁場－オキ（沖）・沖合漁場（入会）－オクウミ（ヤマナシ）」という形で漁場を区分し、陸地での村境の先を海にのばした線によって囲われ（距離は地域によって異なる）、それぞれの村によって占有される地先漁場と、その外に広がり、入会として誰が利用してもよい沖合漁場の2つの利用形態の異なる海域があるとしている[5]（高桑 1989, 128-129 頁）。このような慣行は一村専用漁場慣行と呼ばれる（浜本 1997, 20 頁）。このような地先／磯場と沖の区分は、近世にはすでに全国で行われ、中世にもすでに同様

の区分が存在したことが指摘されている(6)(白水2001, 34頁)。また、この一村専用漁場慣行は、現在の第1種共同漁業権の原型となっている(浜本1997, 20頁)。

一村専用漁場慣行は江戸時代に確立したといわれている。この慣行は、地域によってさまざまな違いはあったにしろ、「磯は地付き、沖は入会い」、すなわち船の櫂が海底に届く沿岸部は地元の漁村が独占して利用し(地付き)、それより沖合は自由操業(入会い)が許され独占利用できないという原則として理解されている(浜本1997, 20頁)。このような慣行は近世には広く存在したと考えられており、18世紀には幕府の法令(この場合漁場の相論をめぐる幕府の裁定原則)として文書(『律令要略』(寛保2 (1742)年)所載の「山野海川入会」)に残されている(7)。

しかしこの原則は、地先水面の境界を具体的に示すものではなく、「沖合と地先との境界は、その海村の慣行に委ねられていた」ため、しばしば境界をめぐってさまざまな紛争が発生した(片岡1997, 50頁)。上記の原則も、実は中世以来村々で漁場をめぐりさまざまなトラブルが起こり相論／争論を通じてそれを解決していく過程で生まれてきたと考えられる。

(2) 漁場の用益事実の持続と囲い込みコスト

海という空間は、その性質上具体的な境界線を海面上に引くことが困難であり、山アテなどの手段で自らの位置を確認する他はない(8)。また、境界の「史料的表現には曖昧な慣用句が使用」され、境界領域が不分明であることから(片岡1997, 50頁)、中世以来、海村同士の紛争がさまざまに引き起こされた。紛争はしばしば暴力／武力を伴い、境界侵犯の報復措置として、「海の場合には艪・櫂・網の労働用具を没収する慣行があった」(片岡1997, 51頁)。紛争が個人の行為が原因で発生しても、その責任はその個人が属する海村が請け負うことになった。すなわち「相論がある特定の漁師もしくは操業者集団に関することであっても、村の代表者が前面に出て」相論の場に向かうのである(定兼1989, 205頁)。この場合の相論は、漁場利用の権利をめぐり、当事者が領主や幕府などの上級権門に訴え出て、訴訟して争うということになる。武家の所領をめぐる相論の場合は文書主義に基づいて裁定されるが、村同士の山野河海をめぐる紛争は、「村の古老や近郷の証言によって解決が図られるのを特徴とした」

（藤木1989, 252頁）。そしてその相論の場で、権利の根拠として主張されるのは過去の漁場の利用実績——用益事実の持続——であった。中世においては、山野河海の占有と用益は、しばしば武力をも含む「村の自力」によって実現され、そのようにして積み上げられた先例が相論の場で力を持ったのである。藤木久志は「山野河海が上位の領有の体系に包摂されていることまでも否定しようというのではなく、その現場における当事者の占有の実現そのものが、まさしく近隣の村々（共同体）のあいだの、命をかけた用益事実の保全に委ねられていた」とし、「山野河海に関するかぎり、中世の村同士は、その用益をナワバリとして自力保全し、その用益事実を持続的に維持しうるかぎりにおいて、そこに村の権益と慣行を「先例」として主張しえた」という点を指摘している（藤木1989, 271頁）。そしてこのような形で行使される「自力」は、まさにこの時代、第2節で提起した資源系の囲い込みコストの中核をなしていたものと考えられる。資源利用をめぐる小競り合いが村同士の物理的な暴力／武力を伴う紛争に発展し、上級権力を巻き込んだ相論として解決を目指すという過程は、資源系の囲い込みのコストを村全体として負担しているものと解釈することができる。一定の広がりを持つ地先海面全体を占用し用益事実を継続する、すなわち囲い込みコストを負担することが可能な主体としては、この時代においては村サイズの集団が必要であったのかもしれない。

（3）　現代における漁場の利用実績の「権利」化の事例

　また、このような漁場の利用実績が先例となって権利の源泉になるという構造は、現在に至るまでさまざまに存在している。現代の事例でいうならば、たとえば葉山茂が紹介する長崎県小値賀島のイサキ漁の事例がある。[9] 小値賀島のイサキ漁は、昼間セ（瀬）やソネ（曽根）の周りで船を動かしながら釣り糸を引くイサキ昼間ひき縄漁、夜間にセやソネの周りに船をいかりで固定し水中灯で小魚を集め、その小魚を食べに集まるイサキを釣るイサキ夜間釣り漁の2種類が行われる。前者の漁はルールさえ守れば小値賀島の漁師は誰でも新規に参入することが可能だが、後者は、アジロと呼ばれる、独占的に使用する海上の特定の点がイサキ夜間釣り漁を行う漁師ごとに厳格に決まっており、その他の漁師は勝手にアジロを使えない（葉山2005, 107-111頁）。葉山によれば、このよう

第 11 章　海洋自然資源の長期持続的利用のためのコストの理論

な状況は 1970 年頃から段階を踏んで徐々に形成されたという。すなわちイサキ夜間釣り漁は小値賀島では 1970 年頃から営まれるようになり、非常に効率のよい漁法であったため、イサキ釣り漁師の大半はこの漁法に移行した。この漁法の特徴として、イサキのよく釣れるセやソネのアジロを一晩 1 隻の船が独占的に使うことがある。この漁を行う船の近くで同じ漁が行われると、水中灯の光が干渉し合ってイサキが釣れなくなるためである。1975 年頃まではアジロの利用は早い者勝ちで誰でも自由にこの漁を行うことができたが、やがてアジロに数隻の船が順番待ちをして並ぶという状況が現出した。順番待ちの間は漁をすることが許されず、漁師はひたすら自分の番を待つしかなかったが、自分の番が来たときに、たくさんイサキが釣れるという保証もなかったため、やがて漁師は盛んに新規のアジロを開発するようになった。このアジロ探しは、場合によっては 1 ～ 2 ヵ月かかることもあり、しかも見つけた場所も継続的に漁が行えるよいアジロかどうかはしばらく漁を続けてみなければわからなかったため、アジロは発見したものが優先的に使うという暗黙の了承が漁師の間に形成された。1985 年頃から、アジロは急速に個人が独占的に使うものに変化し、1990 年頃には小値賀町漁協の総会によりアジロを 1 週間に限って 1 人の人が独占的に使うことが認められた。しかし、この後漁船をアジロに固定をしたままにして、漁師本人は小舟で港とアジロを行き来する方法が一般化し、常に特定の個人が 1 つのアジロを使い続けるという状況が現出した。このような過程を経て、アジロは個人のものであるという暗黙の了承が漁師の間で共有されるようになった。現在ではアジロに船を固定しておくことはなくなったが、アジロを使うイサキ漁師はイサキの釣れない 4 月はじめからアジロで水中灯を照らし場所取りを行うなどさまざまな努力を行い、アジロへの権利を維持しようと努力している。葉山はこのような状況を、「アジロの占有は、アジロを使っているという事実によってのみもたらされるものである」とまとめている（葉山 2005, 111-114 頁）。また、小値賀島の漁師の内部では、アジロを利用できる漁師と利用できない漁師の間に当然対立があるが、ほかの地域の漁船がアジロを勝手に使うと、小値賀島の漁師達は集団でその漁船を取り囲み漁を妨害して漁場の外へ追い出し、個々の漁師のアジロへの権利を集団全体として擁護するよう振る舞うという（葉山 2005, 114-115 頁）。

この小値賀島の、集団の内部でアジロの利用実績が利用の優先権に移行する過程の事例は、集団内部で資源系の囲い込みがどのように進行するかを示していて興味深い。森村進の整理によれば、ジョン・ロックの『統治論』では、私的所有権の根拠として、（1）価値の創造：自分の労働によって価値を創造したものはそれを取有する権利がある、（2）功績：苦役に応じた報酬を労働したものは受けるに値する、（3）人格の拡張：自然の資源に自らの労働を投入した人は、対象を自己の人格が拡張したものとして正当に所有する、（4）生存と繁栄：各人が生存・繁栄するためには人が自然の資源を占有できなければならない、の4点を挙げられている（森村 1995, 44-45頁）。上記のアジロの優先権確立の過程はこの全てを含んでおり、集団内部である種の権利が確立していく過程としては妥当かつ普遍的なものであると考えられる。もう1つ重要な点は、アジロのように限定された空間で、囲い込み自体も、仲間内の競争ということで、アジロを発見しその場所で漁を継続するという比較的緩い条件で認められ、しかも集団外との紛争は集団全体として対処できるということで、囲い込みコスト自体は、漁師個人によっても負担できる程度の比較的低位に抑えられているものと見られる点である。

6．まとめと結論

　本章では、まず第2節でCPRの長期持続的利用のためのコスト（「コモンズのコスト」）として、（A）資源系の囲い込みコスト、（B）資源系の維持・管理コスト、（C）利用管理組織の形成・維持コストの3つのコストを定式化した。そのうえで、第3節では、海洋自然資源の一般的な特徴を検討し、海洋自然資源の場合は特に囲い込みコストが重要であることを見出した。そこで以降の分析の対象を囲い込みコストに絞り、第4節では橋村の分類による網代漁場・地先漁場・沖合漁場の3つの漁場利用形態を取り上げた。そしてその漁場利用の特徴を検討し、それぞれの漁場での資源系の囲い込みコストを比較検討した。その際に、囲い込みコストが大きくなるにつれ当該資源系を管理する集団のサイズも大きくなるのではないかという仮説を念頭に、歴史的に形成されてきた権利のありよう、特にその権利を保持する集団のサイズと、囲い込みコストの

関係を検討した。その結果、資源系の囲い込みコストが大きくなるにつれて、漁場を利用する集団のサイズも大きくなる傾向があることが確かめられた。コモンズのコストという分析枠組のうち、資源系の囲い込みコストの考え方は、漁業による海洋自然資源の利用形態を検討するうえで、一定の妥当性があると考えられる。

さらに、第5節では陸上の資源と異なる性質を持つ漁業資源の利用形態がどのようなメカニズムで形成されてきたかを概観した。漁場を占有し利用の権利を主張するためには、「自力」により、時に武力や暴力を伴う形で用益事実を保全し利用実績を継続することが重要であり、その過程自体、漁場を保持する共同体が資源系の囲い込みコストを負担していると解釈することができる。そして、そのような囲い込みコストの負担こそが、権利の源泉となり、地域社会のみならず政治権力に対してさえ自分たちの漁場を認めさせる原動力になることを見出した。歴史的には、そのようなプロセスが一村専用漁場慣行を生み、近代の漁業権までつながっていると考えることも可能である。

本章第1節では、その海で実際に漁業をし続け、その継続のために時に多くのコストを支払っても自分たちの海を守るという行為を積み重ねることが、該当海域が「彼らのナワバリであり、彼らの漁業、彼らの意見が優先されねばならない」という信憑を地域社会に形成し、それは一種の社会関係資本として見ることができるだろうという見通しを示した。中世からの漁場占有の慣行の形成過程から見て、このような見方にも一定の妥当性があるといってもよいのではなかろうか。

＊本章は、新保2010を大幅に改稿し、加筆したものである。

【注】
（1） このような草原維持に必要な作業については、本書第5、6章の他、図司2009などを参照のこと。
（2） 飯國は、1軒の農家が一辺1の正方形の形で輪地切りを行った場合、面積1の範囲を野焼きすることができ、3軒の農家が独立してこの作業を行うと面積3の範囲を野焼きすることができるが、3軒が協力すると、一辺3面積9の大きな正

方形を同じ労力で輪地切りすることができ、一気に3倍の面積の範囲を野焼きすることができると指摘した。
（3）　ジェームズ・ブキャナンとゴードン・タロックが示した同様の発想の図（費用を縦軸、共同行為をとるのに必要な個人の数を横軸とし、期待外部費用関数と意思決定費用関数を描き、合成するものである）を参考にした（ブキャナン・タロック1979, 74-83頁）。
（4）　たとえば、島根県三瓶山や阿蘇草原の事例。本書第5章、6章を参照のこと。
（5）　高桑に先立つ葛野浩昭は、昭和58（1983）年の福井県越前海岸の現地調査を元に、（a）「公海として各浦の漁師が自由に操業できる」沖浦空間、（b）「浦間そして、浦内の漁民間に所有や使用権の意識行使があり、これを陸地の土地所有制度や親方—子方制度等の社会構造が支えている」中沖空間、（c）「漁場に加えて、各浦独自の歴史的・宗教的意味を帯び、それ故に、女性を含む全村民の平等で共同な空間であり、また、小舟や板舟（イカダ）で現地を動き回って認識される」磯場空間の3つの区分を提起している（葛野1984, 104頁）。高桑の区分との対応を考えると、（a）は沖・沖合漁場に相当し、（b）（c）はイソやチサキ（地先）・磯漁場に相当するものと思われる。高桑はあえて（b）（c）をひとまとめにして捉えているが、（c）の磯場空間は場所としてはウニ・サザエ・アワビ・ワカメ・ノリなどの磯物が豊富な、われわれが通常想起するような「磯」——水際の石や岩の多い場所——であり、そこで行われるワカメ漁やウニ漁には女性も参加できるなど、興味深い特徴を有している（葛野1984, 104頁）。
（6）　藤木久志によれば、「中世には「両方山の懐内は、その浦にて漁仕る」とか、「磯海は陸地に就て進退せしむ」という、磯海＝浦の地先水面はその地元の浦のものとみなす」慣行が広く形成され、「浦々の習」、「浦々の大法」と呼ばれていたという（藤木1989, 260頁）。
（7）　定兼学がこの法令を抄出している（定兼1989, 207-208頁）。また丹羽邦男は、それに先立つ元文2（1737）年11月の「三奉行伺の上、評定所の御定書」においてすでに同様の「海川入会の争議裁許の基準規定」が成文化されていることを紹介し、これが「それまでの幕府裁定方針の集大成であり、各地海川入会の実態を反映したもの」と指摘している（丹羽1987, 93頁）。丹羽が掲出している12の規定から関係するものを紹介すると、「（1）磯猟は地付次第なり、沖は入会、（2）漁猟入会場国境差別なし、（3）村並の猟場は村境を沖へ見通し、猟場の境たり、（中略）（8）漁猟場の障りに成に於いては、藻草苅これを禁ず（後略）」などがある。また10〜12の規定は例外規定であり、海石・浦役永（租税や賦役の類である）を負担する浦方は「磯猟は地付次第」という原則の例外として村の前の地先の海へも入会うことができるという例について言及している（丹羽1987, 193-195頁）。
（8）　山アテとは、山ダシ、山ダメとも呼ばれ、「山や高木、岬の突端など、海上から目だつ陸上の標的物をいくつか重ね、重なった線を海上にのば」し、「観測定点の異なる、これら何本かの線の重なり具合により自分の船の位置や漁場の位置を確定する」、我が国の漁民の伝統的な「位置測定の技術」である（高桑1989, 128

頁）。
（9） 以下、この項の小値賀島のイサキ漁に関する記述は葉山 2005 による。

【参考・引用文献】
片岡智（1997）「近世海村の共同体規制——地先海面用益をめぐる個・集団・共同体」『歴史評論』567，49-64 頁．
葛野浩昭（1984）「海の地名と漁民の空間認識　越前海岸漁村社会調査第一次報告」『地名と風土』1，104-113 頁．
熊谷尚夫・篠原三代平編（1980）『経済学大事典　第二版 1』東洋経済新報社．
定兼学（1989）「近世漁場利用体系試論——備前国日生沖漁場相論を事例として」『瀬戸内海地域史研究』2，197-230 頁．
白水智（2001）「中世の漁業と漁業権——近世への展望を含めて」神奈川大学日本常民文化研究所奥能登調査研究会編『奥能登と時国家　研究編 2』平凡社，27-70 頁．
新保輝幸（2010）「海のコモンズの現代的可能性」『高知論叢』97，35-61 頁．
図司直也（2009）「入会牧野とむら」坪井伸広・大井雅利・小田切徳美編『現代のむら——むら論と日本社会の展望』農山漁村文化協会，121-131 頁．
高桑守史（1989）「海の世界」鳥越皓之編『民俗学を学ぶ人のために』世界思想社，126-145 頁．
二野瓶徳夫（1962）『漁業構造の史的展開』お茶の水書房．
丹羽邦男（1987）「近世における山野河海の所有・支配と明治の変革」朝尾直弘・網野善彦・山口啓二・吉田孝編『境界領域と交通』〈日本の社会史　第 2 巻〉岩波書店，173-213 頁．
橋村修（2009）『漁場利用の社会史——近世西南九州における水産資源の捕採とテリトリー』人文書院．
浜本幸生（1997）「漁協によるマリン・レジャーの管理・調整の必要とその合理性」浜本幸生・田中克哲『マリン・レジャーと漁業権』漁協経営センター，15-24 頁．
葉山茂（2005）「自然資源利用をめぐる社会的な規制の通時的変化——長崎県小値賀島漁業を事例として」『エコソフィア』15，104-117 頁．
藤木久志（1989）「村の当地行——ムラのナワバリ」永原慶二・所理喜夫編『戦国期職人の系譜』角川書店，251-274 頁．
森村進（1995）『財産権の理論』弘文堂．
藪田雅弘（2004）『コモンプールの公共政策——環境保全と地域開発』新評論．
Buchanan, J. M. and G. Tullock（1962）*The Calculus of Consent: Logic Foundation of Constitutional Democracy*, University of Michigan Press.（宇田川璋仁監訳『公共選択の理論——合意の経済論理』東洋経済新報社，1979 年）
Coase, R. H.（1988）*The Firm, The Market, And The Law*, The University of Chicago.（宮沢健一・藤垣芳文・後藤晃訳『企業・市場・法』東洋経済新報社，1992 年）
Hardin, G.（1968）"The Tragedy of the Commons," *Science*, 162(13), pp. 1243-1248.
Lin, N.（2001）*Social Capital: A Theory of Social Structure and Action*, Cambridge

University Press.(筒井淳也・石田光規・桜井政成・三輪哲・土岐智香子訳『ソーシャル・キャピタル——社会構造と行為の理論』ミネルヴァ書房,2008年)

Olson, M.(1965)*The Logic of Collective Action: Public Goods and the Theory of Groups*, Harvard University Press.(依田博・森脇俊雅訳『集合行為論——公共財と集団理論』ミネルヴァ書房,1983年)

Ostrom, E.(1990)*Governing the Commons: The Evolution of Institutions for Collective Action*, Cambridge University Press.

第12章
山野河海の持続的利用をめざして

松本充郎・新保輝幸・飯國芳明・高橋佳孝・緒方賢一

　本章では、自然資源の持続的利用を実現するために何が必要かという問題について、新保・飯國・高橋（佳）・緒方・松本がそれぞれのフィールドと理論的関心から、個人としての見解を述べる（論者ごとに見解が異なるため、全体としての意思統一はあえてしていない）。本書全体の到達点については、終章を参照されたい。

　まず、新保は、サンゴの海を持続的に利用するために、組織をどのように形成するかを考察する。サンゴが生育する海域は中央政府からみておおむね遠隔地であることから、議論の焦点は、漁業権ではなく、実際のフィールドでどのような主体が海の管理を担うことができるのかという点になっている。すなわち、漁協とダイビング事業者の関係をどのように構築すれば、サンゴの海の持続的な利用管理を実現することができるのか、そのための社会的コストを節約するために漁業者集団を軸とする社会関係資本をどのように活用すべきかを模索する。

　次に、飯國・高橋（佳）は、草原の持続的利用の可能性について、阿蘇と三瓶(さんべ)を比較しつつ管理の持続性という観点から考察する。日本に存在する草原の多くは人工的に形成された「ストック」であるが、過疎化と草原への依存度の低下から過少利用が起き、「ストック」の形成が不足していること（過少管理）を指摘し、入会(いりあい)権の再構築の可能性について検討する。

　そして、緒方は、海の持続的な利用関係の構築について、公でもなく私でもない「共」的な組織の再構築の可能性について考察する。海の利用関係には、

資源や空間の利用における競合もあれば過少利用もあることを指摘したうえで、管理責任を果たすことを条件として、「共」的組織の担い手を拡大し過少利用を克服する可能性について検討する。

最後に、松本は、河川および地下水の持続可能な利用について考察する。いわく、河川においては空間・水・アユの私物化が進み、地下水においては利用競合に関する調整原理が発展しなかった。その原因は、公共性概念が水利権・内水面漁業権に内在的な制約原理として検討されてこなかったことにあると指摘し、各々の文脈における公共性（地域的公序など）について考察する。

1. サンゴの海の持続的利用をめざして

第1章で取り上げた柏島（かしわじま）においては、新たな技術によって成立したスキューバ・ダイビングを中心とするツーリズムがサンゴの海の新たな利用形態として拡大し、伝統的な利用形態である漁業とある種の競合を起こすようになるとともに、自然環境にも負荷をかけるようになった。しかし新規の利用形態の内部では、なかなか自然資源の持続的利用を可能にするようなルールを成立させることができなかったうえ、漁業とのコンフリクトは、漁業者側によるダイビングポイントの閉鎖を通して自然環境により負荷をかける方向にダイビング産業を陥らせた。柏島のサンゴの海の持続的利用に関する課題は、ダイビング業者の機会主義的行動を押さえ、一定のルールに基づき、ダイビングの負荷を分散してサンゴ群集生態系に悪影響を及ぼさないようなダイビングを実現することであるが、皮肉なことに漁業者の持つ伝統的な権威（＝伝統的な漁業コモンズが育んだ一種の社会関係資本）がある意味そのようなルールの実現を阻む一要因になっているという状態である。

しかし、旧来の漁業コモンズの持つ社会関係資本は、海の利用を律する力を一定程度持っており、うまく活用すれば、海洋自然資源の持続的利用を可能にする新たな利用秩序の形成に役立てることができるだろう。

逆の言い方をすれば、漁業が衰退しスキューバ・ダイビングなどのツーリズム産業が勃興する地域で、新たに全くゼロから利用秩序を自律的に打ち立てようとすれば、第11章で述べたコモンズのコストを再び負担し、新たなCPR管

第 12 章　山野河海の持続的利用をめざして

理組織を形成していかねばならない。それはおそらく容易なことではないし、負担すべきコストもまた巨大なものになるだろう。このようなコストは、すでに漁村地域に存在する漁業コモンズの社会関係資本をうまく利用すれば大きく節約することができるだろう。そしてそのような事例は実際に存在する。

　ここで旧来の漁業コモンズの持つ社会関係資本が逆に海域利用の統合的ルールを生み出す力になっている沖縄県恩納村、および座間味村の事例を検討してみよう。[1]

（1）　沖縄県恩納村、座間味村における漁協を中心とした利用秩序の事例

　恩納村は沖縄本島の中心部、那覇市から車で1時間程度の場所に立地している。沖縄の本土復帰を機に1970年代から大型リゾートホテルの進出が相次ぎ、建設工事による赤土の流出や、ホテルによる特定海域の囲い込み（レジャーによる排他的利用を主張）などの問題が発生した。1968年には漁業者が漁船を連ねて海上デモを行うなど、ホテル側と漁業者側で大きな軋轢が発生した。このような対立を解消するために、村の仲介で海面利用調整協議会が立ち上げられ、恩納村漁協とリゾートホテルの間で海面利用に関する協定が策定された。

　そこで合意されたルールは、（1）漁村地域振興のルール、（2）地域連携のルール、（3）海の「自由利用」ルールの3つにまとめることができる。（1）はリゾートホテル側が漁業振興金を支出し、海ぶどうなどの新しい養殖技術の開発や施設建設、サンゴ礁海域の保全活動の原資とするものである。（2）は、ダイビング事業者が船を使用するときは地元の漁業者から必ず傭船する、ホテルがクルーザー等を購入する場合はそのキャプテンとして漁業者を雇用するなどのルールである。（3）は海洋レジャー側が沿岸域やホテルの前浜を自由に使用できる、というものである。海洋レジャー側は（1）（2）と引き替えに（3）を得る形であるが、（2）によって、レジャーのために運行される船舶は地元の海をよく知る漁業者が運航することになるため、サンゴ礁などの自然資源にあまり負荷をかけない形でレジャーが行われることが期待できる。漁業振興金はオニヒトデの駆除や排水検査などの環境保全活動へも支出されるため、その効果も期待できる。ただルール策定の前後でサンゴ礁の状態がどのように変化したかという科学的データは存在しないため、このようなルールが自然資

源保全にどの程度役立っているか確実なことはいえないが、地域社会として海洋レジャーによる負荷をコントロールする仕組みを有している分、柏島よりも進んでいる。この事例が浮き彫りにするのは、柏島同様漁業者集団が地域社会において一定の権威と実力を持ち、外来のツーリズム産業と拮抗し海面利用に関わる統合的ルール策定の中心的存在なった点である。

また沖縄県座間味村においてダイビング業者の組織（座間味ダイビング協会）が漁協と協力して、ダイビングや漁業を1～3年自粛しポイントを休ませる区域を設定する、重点区域を決めてオニヒトデの集中的な駆除を行うなどの保全活動を行っている[(2)]（原田他2007, 141-143頁）。座間味においては柏島を越える50以上の業者が営業しているが（2006年現在）、多くのダイビング業者が元漁業者であり、漁協組合員であったため、そのような協力関係は比較的スムーズに構築し得たようである[(3)]。

以上の恩納村と座間味村の事例、および第1章の柏島の事例は、ツーリズムによるサンゴの海の利用を調整し、保全と持続的利用のためのルールを構築するためには、その海を伝統的に利用してきた漁業者集団の理解と協力を得て、彼らが持つ地域社会における権威（＝社会関係資本）を活用することが早道であるということを示している。また恩納村のケースでは、ツーリズム側の得る利益が、漁業者、あるいは地域社会全体にうまく還元され、循環する仕組みができている点も注目される（妻他2007, 160-166頁）。

（2） 合意形成コストの観点から見た漁協とダイビング事業者の関係

主体間の合意形成コスト（一種の（C'）利用管理組織形成コスト。第11章参照）の観点から漁協とダイビング事業者（ないし観光業者）の関係のあり方を考察しよう。いま図12-1のように両者の関係を整理すると、恩納村のケースは（3）、座間味村は（2）になると考えられる。また徳島県牟岐町には、外部から来た業者が漁協と相談、漁協の100％出資で株式会社を設立し、コミュニティ・ビジネスの形でダイビング事業を行っている事例があり、これは（1）のケースに該当するだろう。（1）～（3）のケースでは、漁業者・ダイビング業者がともに団体を形成して交渉することにより、両者の間の合意形成コストは比較的低くなって海面利用のあり方に関しても合意に達しやすいと考えられる。

第12章　山野河海の持続的利用をめざして

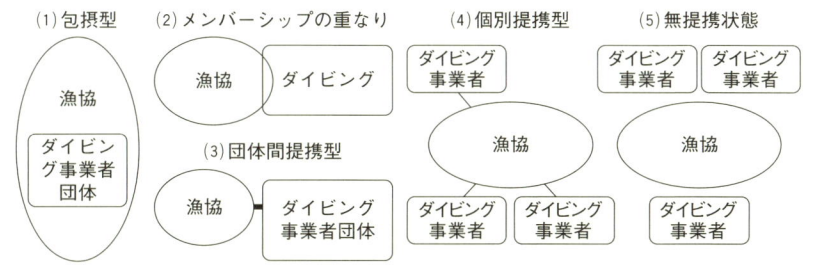

図12-1　漁協とダイビング事業者（ないしその団体）の関係に関する模式図

だがダイビング業者が1つにまとまらず各個に交渉を行う場合、合意形成コストは高くなり、しばしば（5）のような無提携状態に陥るだろう。柏島では大部分の業者が加入する団体は組織されているが、いくつかの業者がそれに加入していない。前述の通り、柏島の地先ではどの業者・団体もそのようなルールの合意には至っていない。漁業者側のダイビング業者への不信感という負の社会関係資本の存在のほかに、ダイビング事業者が1つにまとまっていない状態も、合意形成コストを高止まりにしているのだろう。また仮にある合意に達してもその合意の履行を監視するコストも高くなるおそれがある。漁業コモンズが持つ社会関係資本は、このような組織化や合意形成に関わるコストに影響を及ぼす。漁業者集団を適切なインセンティブの仕組みの中に位置づけることにより、コスト節約的な方向へ活用することが肝要であろう。

（3）　サンゴの海の保全と漁業者集団の社会関係資本

近年、我が国においてもサンゴの海の保全が注目されているが、国内のサンゴの海では、多くの場合その海を伝統的に利用してきた漁業者集団が存在する。サンゴの海の保全と持続的利用を図るルールを構築するためには、そのような伝統的な利用者集団の持つ社会関係資本をうまく活用すれば、第11章の議論でいう資源系の囲い込みコスト、利用管理組織の形成・維持コストを節約することも可能になる。そのためには、ツーリズムという新たな形の資源利用の果実をどのように地域社会に還元していくのかという点が鍵を握るはずである。

すなわち、伝統的な利用者集団の社会関係資本は、非常に長期の、場合によっては数百年にわたる囲い込みと利用・管理、あるいはそれに伴う争闘の結果

として蓄積されてきたものである。誰であれそれにとって代わり同じものを一から築き上げるには、大きな費用と、何より時間が必要になるだろう。疲弊し変容しつつある地域社会の現況を考えると、あまり現実的な解とは思えない。むしろこのような社会関係資本が時間とともに完全に消え去る前に賦活し、適切なインセンティブの仕組みの中に配置して有効利用していくことが肝要であろう。そのような意味で、漁業者集団が参画し、かつ漁業者を含む地域社会に利益が落ちるような形でサンゴの海の保全と有効利用を図っていくことは、その持続的利用を可能にするために重要なことであると考えられる。

(4) 新しい「コモンズ」的仕組みの構想

では、そのような新たな「コモンズ」的仕組みとして、どのようなものが構想され得るであろうか。ここでは、「海業」と海洋保護区（Marine Protected Area; MPA）の2つの観点から考えてみたい。

1) 「海 業」

「海業」とは、その提唱者・婁小波の定義によれば、「消費者ニーズを捉えて、漁村地域における海や漁村文化・伝統などを中心として地域資源をフルに使って価値創造する地域の人びとの新たな生業」であり、婁自身はその担い手として「漁村地域の人々、とりわけ漁業者」を念頭に置いている（婁2006, 72頁）。婁は全国各地の漁村を調査し、漁業者が漁業以外に海洋レジャーや漁家民宿、漁食レストランなど様々な業態を経営することにより漁家所得を高め、地域経済にもプラスの影響を及ぼしている事例が多くあることを見出した。そしてそのような漁業者の行き方に海業という名を与え、漁村地域の新たな生業として取り組んでいくべきものとして位置づけた。[(4)]なかでも、サンゴの海におけるスキューバ・ダイビングを中心とした海洋レジャーと漁協・漁業者集団の関係については、先述した沖縄県恩納村（婁他2007）、座間味村（原田他2007）の他、渡嘉敷村(とかしきそん)（婁2006）などの地域の事例を取り上げ、そのパフォーマンスを分析している。本章の文脈からみて重要なのは、漁業コモンズの社会関係資本の中心にある漁業者集団が、サンゴの海における海洋レジャーの経営に一定程度関与することにより、サンゴの海のレクリエーション資源の最適利用を実現する

可能性が高まるという点である。むろん海洋レジャー産業に従事するにしても一定の技術や資本、ノウハウが必要であり、個々の漁業者にとっては一定の参入障壁がある。しかし、第1章で取り上げた柏島の事例でさえ、漁業者やその子弟がダイビング案内業に従事するようになり、一定の世代交代が進むなかでダイビング・ポイント閉鎖の解除に至った経緯を考えるならば、利用競合の調整という面のみからみてもその有効性は明らかであろう。

2） 海洋保護区（Marine Protected Area; MPA）

次に、MPAは通常、漁業生産の維持・増加・回復や生物多様性と生態系の機能の保護を目的に一定の海域を保護するものであるが、しばしば禁漁区などの形で地域の漁業者の生業を制約するため、政府が法的な裏付けを提供しつつ、地域コミュニティが主体となって管理する（Community-Based Management）方式が主流となっている。すなわち第11章で海洋自然資源の性質を議論したが、それを踏まえるのならば、一片の法律をもって資源利用を制約してもその法律の執行のコスト（言い換えれば政府による囲い込みコスト）は非常に高くなり、たとえ中央政府といえども有効な管理を行うのは困難であって、地域のコミュニティが主体的に管理する方が効果的であるといえるだろう。筆者の知るところでは、MPAが有効に機能するためには、やはり第11章で提起した（A）囲い込みコストや（C）利用管理組織の形成・維持コストが必要になり、地域住民が管理委員会や自警団を組織してそれらのコストを負担している（≒そのような機能を果たしている）（新保他2011）。すなわちステークホルダーの間で合意を形成しつつ、合意されたルールをその区域で執行していく主体が必要なのである。我が国でも、サンゴの海の保全と再生のために、様々な主体が参画して協議会を組織するという事例がでてきている。そして、そのなかには通常は漁業者集団の代表が参画している。

MPA研究の知見からいえば、コミュニティが管理するにしろ、有効な保護を行うためには、海域を最も利用してきた漁業者に保護を徹底するためのインセンティブを付与することが必要である。それは、禁漁区の存在により周辺地域での漁獲が増えるというスピルオーバー効果に関する説明やその科学的データ提示であったり、スキューバ・ダイバーらのツーリズム客が落とす金銭の地

域住民への還元であったりする。そのような点を鑑み、漁業者集団へのインセンティブ付与の方法の1つとして、上記の海業のような行き方を組み込むことはできないだろうか。

3） 新しい「コモンズ」をめざして

　2010年名古屋で開かれた生物多様性条約（CBD）第10回締約国会議（COP10）において「各国が少なくとも2020年までに沿岸と海域の10％を保護区や、区域に基づく他の効果的な保全手段によって有効かつ公平に保全する」という合意がなされて以降、我が国でもMPAが一躍注目されるようになっている。今後MPAに関する法的整備や政策的取り組みが進むと予想されるが、我が国の海洋自然資源の保全には漁業者集団をその中にどう位置づけるかが決定的に重要である。限られたリソースの中でサンゴの海の保全を進めて行くには、そのような制度的な裏付けを整備するとともに、漁業者集団の社会関係資本をうまく活用していくことが肝要であろう。

　　　　（新保輝幸：本節は、新保2010の第4節を大幅に加筆・改稿したものである）

2．持続的な草原利用の再生条件

（1）　阿蘇草原と三瓶草原の比較

　本書では第5、6章で2つの草原をみた。阿蘇草原と三瓶草原である。この両者を比較するとき、その草原再生の動きには少なからぬ差異がみられる。阿蘇草原の活動は順調に拡大しているのに対し、三瓶草原の活動は停滞傾向にあることが否めない。この差異はどこから来ているのであろうか。

　差異を生み出すと考えられる原因の第一は、牧野の連続性である。阿蘇には入会集団が180程度あり、それが管理する草原は相互に連続している。したがって、1つの集団が牧野の利用を止めると、そこの防火帯づくりを隣接する集団が担わなければならない。図司は下荻の草集落を事例に、有畜農家のいなくなった6戸の集落でも野焼きボランティアを10～20名を受け入れて、46haの草原を管理している事例を紹介している。その背景には、上に述べた隣接牧野との関係があると指摘する（図司2009）。三瓶草原のように、草原（牧野）が独

第12章　山野河海の持続的利用をめざして

立しておれば隣接草原がないため、継続するかどうかは独立して決定できるし、それによる外部不経済（迷惑）も生じない。したがって、止めることも容易である。阿蘇草原の場合には、火入れの休止は近隣集団への迷惑となるので、「管理ができなくなれば、入会権を町に戻す」との意見さえ聞かれる。牧野が隣接しているがゆえに、権利と管理義務が一体化しているのである。このことが草原の荒廃を押しとどめている。

　第二は草原の衰退段階の差異である。第6章でみたように、1980年代の牛肉自由化のときに三瓶草原はすでに大半が放棄され荒廃しており、再生が難しい段階にあった。これに対し、阿蘇草原では自由化時点でもなお回復が容易な状態にあったとされる。草原はいったん灌木が茂るとそれを刈り取って回復させるには極めて多くの手間と時間を要する。衰退が一定以上進むと再生できないという意味で不可逆な性質を持っている。三瓶草原は早くからその分岐点を超えており、その再生には多大の労力が要るが、阿蘇草原は全体でみる限り、多くの牧野で、いまだ、分岐点には達していない。その差が再生の運動の成否にも影響した。また、入会権との関係でいえば、畜産業や放牧の衰退が遅い分だけ旧来からの入会権者が健在であり、伝統的な入会を基礎にした草原再生が容易であったといえる。

　第三は、やや観念的であるが、地域住民にとっての草原の価値の違いである。阿蘇草原には1000年以上の歴史と三瓶草原の100倍にもなる草原の規模がある。阿蘇地域および下流住民にとっては、まさに地元を象徴する存在であり、草原への思い入れは根強い。この価値観は草原を地域公共財と捉える素地を作り出し、本来、私権である入会権などによる私的な利用に一定の秩序を与えてきたと考えられる。

　とはいえ、第5章で述べられているように、阿蘇草原も今後5年程度で半数以上（55.4％）の牧野組合で草原維持が困難となると予想されている。三瓶草原でみられた課題に、阿蘇草原がやがて直面する可能性は少なくない。その課題には当然のことながら入会権の問題も含まれている。その適切な対応は三瓶草原だけではなく、阿蘇草原の今後を考えるうえでも避けて通れない課題である。

（2） 入会権の制度的改革

　三瓶草原における入会権の実態を経済学の視点からみるとき、2つの問題がある。1つは排除性の問題であり、いま1つは不確実性の問題である。

　第5、6章でみたように、現代の草原利用の問題は過剰利用ではなく、過少利用である。景観や二次的自然の保全を考慮したとき、経済的に決まる規模以上の利用が望ましい状況にある。したがって、利用は現在以上に拡大すべきであるが、他方で入会権の持つ排他性がこれを阻んできた。伝統的な入会を行っていなかった地域の住民の利用を拒む入会権の排他性は、畜産業や放牧の衰退とともに、「一人入会」的な状況を創出し、ボランティア活動の意欲を削いできた（第6章）。また、排他性が前面に押し出された結果、草原を利用する義務だけが強調され、本来は利用者が負ってきたはずの草原管理の義務が後退する仕組みともなっている（第5章）。

　こうした入会権の問題を解決する方法として法社会学の視点からは社会的責務を踏まえた権利の再編（第2、6章）が提起されている。これは、権利保有者が果たすべき社会的な責任水準の引き上げを目指すものであり、経済学でいえば基準点の引き上げを意味する。

　基準点（reference point）の考え方は、イアン・ホッジがイギリスの農業政策に関連して1989年に提唱した概念である。基準点とは、「農業者が農村環境保全に対してとるべきと期待される責任の水準」を指す（Hodge 1989）。基準点の考え方は、ダニエル・カーネマンらが提唱した基準利潤（reference profit）に基づいている。環境保全のための規制が入る前の利潤を社会が正常（normal）なものとして認識しているからこそ、規制に起因する損失への補償は正当化されるとする理解である（Kahneman *et al.* 1986）。

　基準点の理論は、ダニエル・ブロムリーとホッジとの共著論文で農村における新たな財産権のあり方へと発展させられる（Bromley and Hodge 1990）。この論文が発表された1990年当時、欧米の政府は農産物の生産過剰への対処や農村環境保全のための損失補償に伴う財政負担を増加させていた。ブロムリーらは、こうした負担を過剰であるとし、その原因を既存の農業者の財産権のあり方に求めた。既存の財産権が農業生産に優先権を与える形で付与されており、しかも、農業者を優遇する政策を誘導する権原（entitlement）となっているこ

第 12 章　山野河海の持続的利用をめざして

とに問題があるとする。そこで、基準点を引き上げ、農業者の財産権を制限する代替案を提示する。すなわち、地域社会が景観や生態系などに配慮した土地利用計画を設計し、農業者の財産権をその計画に抵触しない範囲に制限しようというのである。

　ブロムリーらの議論では、社会環境の変化と既存の権利付与のあり方の齟齬が基準点引き上げの起点となっている。このことは草原管理でも同様である。草原利用の低下が引き起こす社会的な変化と既存の財産権の間に少なからぬ齟齬が発生し、そのズレを埋めようとする議論が社会的責務の議論へとつながる。

　基準点の問題を入会権の議論に適用すれば、外部経済の引き上げが要請されている現状を考慮して、景観保全や二次的自然の保全を利用農家に義務づけることになる。この要請が十分に満たされない場合には、新規の利用者の容認も含めて利用のあり方を検討するといった手順が考えられる。いうまでもなく、新規の利用者についても保全義務については同様に要請され、草原全体の環境水準は向上し、外部経済も十分に供給されることが期待される。

　第二の問題である入会権の不確実性とは、入会権の存否の確認が容易にできないことを指す。入会権は土地利用に関わる権利であるが、入会権の存否を決定するための明確な要件設定がなく、登記制度もない。現在のところ、その存否を明確にするには利用や権利の経歴を詳細に整理するしかない。また、その資料の所在や資料がそもそもあるかどうかも不明である。このため、入会権の存否を決めるためには多額の費用（取引費用）を要することになる。

　三瓶草原では、権利の存否の決定を諦め、その存在を暗黙の前提として土地利用が進められてきた。権利の存否が明らかにされていないため、草原を利用するための権利はいつ変更されるかもわからない状況にある。こうした不確実性は、草原を維持するための投資、とりわけ、草原維持のためのイバラや灌木刈りへの投資を抑制し、放牧の拡大を妨げる。資本をいったん草原に投下してしまえば、草原に固定されてほかへの移動や引き上げが難しくなるからである。

　これらの投資は特殊化投資と呼ばれる（ミルグロム・ロバーツ 1997）。特殊化投資であっても、権利関係が確定しており、契約を明確に結ぶことができるのであれば、投資は妨げられることはない。入会権の存否を明確にする制度の検討が急がれるゆえんである。

(3) 草原利用拡大のための具体的な政策設計

　入会権の制度的検討のほかに検討すべき政策については、第6章でその枠組みを示している。以下では、事例をあげながら、やや具体的に支援のあり方を提示してみたい。

1) 直接支払制度の導入

　草原の現代的な課題の1つは、草原が持つ外部経済を十分な水準で維持できない点にある。外部経済とは市場では対価を受け取れない財やサービスである。外部経済でも、これを享受する主体が特定の企業などに限られるのであれば、その企業が供給元を企業内に取り込むことで問題を解決することができる。そのほかの場合、特に、外部経済を享受する主体が特定できず、一般市民である場合には、企業による取り込みは望めない。したがって、行政がこれを支援して十分な供給を支えざるを得ない。草原が持つ景観や生物多様性は明らかに後者の場合である。

　政府が外部経済の供給を促す手段には様々なものがあるが、農業では直接支払制度がとられることが増えている。ここでいう直接支払とは、政府などの公的機関から農業者への直接的な所得移転をいう。1990年代初頭からEUが農業政策に採用して以来農業政策の中核をなすようになっている。国際貿易ルール（WTOルール）に適合的であることから、政策は欧州に留まらず世界各地で採用されている。

　直接支払制度は、支払いのときに条件を付帯できる。この条件によって、政府は支払いを社会的な要請に沿ったものだけに限定することができる。ターゲティングと呼ばれるこの特質は、草原の外部経済の維持にも適用できる。実際、ドイツ・バイエルン州やスイスではアルプスの景観を守る草原管理にこの直接支払が支給されているほか、ドイツ・バーデン＝ヴュルテンベルク州では農家が草原の生き物の多様性を確認して直接支払を受給する制度もある。また、2014年から始まるスイスの農政改革では生物多様性への支払強化が盛り込まれ、直接支払の柱の1つとなっている。

　日本でも2011年度からは、環境保全をめざした直接支払制度が導入された。環境保全型農業直接支払と名づけられたこの制度では、カバークロップの作付

けや間作による農地の被覆度の向上、さらには、冬期湛水による生物多様性の増大や有機農業への直接支払などが組み込まれている。この直接支払は、環境保全に特化した支払であり、従来にはみられなかった制度である。今後、草原への適用が望まれるところである。

　環境支払とも呼ばれるこの種の支払いを本格化するには、政策の根拠となる法制度の整備が望まれる。現在の農業政策は1999年に策定された食料・農業・農村基本法に基づいて実施されている。この法律では、景観保全や伝統的文化の維持といった働きを「多面的機能」と呼び、これを農業保護政策の根拠の１つに掲げている。多面的機能は農業生産の維持によって守られるとされ、農業生産と環境保全のトレードオフ関係は農薬や畜産廃棄物といったもの以外には明確に言及されていない。農業生産と環境はもっぱら予定調和の関係にあると想定されているのである。こうした法制度が成立した背景には、食料自給率の向上と環境保全を矛盾なく政策の中に位置づけたいという意図がある。今後とも農業生産が広く確実に維持される環境であれば、この政策理念に問題はない。しかし、農業就業者の高齢化やリタイアによって農業生産の大幅な縮小が余儀なくされるなかにあって、生産と環境保全を一体とする考え方に固執すれば、守りきれない環境領域が現れることは避けられない。環境保全を現実に即して実施するのであれば、農業政策において生産と環境を分離（デカップリング）し、環境に軸足を置く政策の拡充が必要となろう。また、そうした政策を可能にするための制度設計も欠かせない[9]。

２）　環境教育の場としてのコモンズ利用の促進

　阿蘇草原では、ボランティアの受け入れを契機に、後継ぎ世代を野焼きに参加させるようになった牧野も出てきている。当然のことながら、ボランティア側にとっても高齢化は避けられず、世代交代は大きな課題である。野焼き作業にかかる安全性確保のガイドラインの整備は、慣れない牧野でのボランティア作業にはもちろんのこと、地元の新たな担い手育成の点でも有効なツールになっている。

　その一方で地元側も、2005年度より環境省の支援を受け、牧野組合員による草原の植物や地名、牧野利用の履歴などの調査を実施している（阿蘇草原再生

協議会 2007)。地元にとっては、牧野・草原環境の現状を見つめ直し、あらためて地域の宝として受けとめる良い機会であり、今後も毎年 2～3 牧野で実施していく予定である。とりまとめた調査結果をもとに「野草地環境保全実施計画」が立てられ、自らが草原管理に踏み出そうとしている牧野もある。今後、このような活動を支援し、効果を発揮させるためにも、それらの結果を土地の管理にフィードバックできる仕組み作りが必要である。

　いうまでもなく、草原管理者の高齢化が進んでいる現在では、子供たちや若者の参画が得られなければ、将来にわたってこの草原環境を引き継いでいくことは難しい。しかし、身近に草原環境のある阿蘇においても、現実には、子どもは草原を大切なものと意識せずに成長していく。そのため、「阿蘇草原再生協議会」の活動の一環として、環境省や地域の博物館を中心に牧野組合と連携して、子供たちをはじめとする阿蘇地域内外の多くの人々に草原環境を学習・体験してもらうプログラムを実施し、草原環境の重要性を理解し、参画意識の普及を図っている（高橋 2009)。そして、2009 年度からは「将来学校のカリキュラムの中に「阿蘇草原」を題材とした授業時間を設ける」という目標の下、阿蘇草原再生協議会の草原学習小委員会を主体に協議会構成員が様々な形で環境学習に関わる「キッズプログラム」の創設に着手している（阿蘇草原再生協議会 2009；2010）。

　さらに、牧野（草原）をツーリズム資源として位置づけ、エコツーリズムや環境教育の場として都市との交流事業を展開し、牧野の多目的利用を図る事例も増えてきた。地元牧野組合員の自発的な草原環境保全への意識が、このような学習プログラムへと発展していくことが望まれる。

3）　コモンズ資源を用いた新たな産業の創出

　草原コモンズの利用を進めるには、従来の形にとらわれない新しい産業の創出も必要となる。阿蘇草原では、草地保全ブランドの農産物の販売を始めるとともに、野草をバイオマス燃料とする動きが活発化している。

〈「草地保全」のブランド化〉

　「草地保全」のブランド化は、野焼き支援ボランティアを組織する（財）阿蘇グリーンストックの発足当初から始まっている。その先がけとなった「草原で

育った牛の肉を食べて草原を守る運動」では、都市住民がオーナーになり、阿蘇の地域特定種であるあか牛の繁殖母牛を増やすとともに、牛肉の消費拡大につなげていく「あか牛オーナー制度」というユニークなプログラムへと展開していった（山内・高橋2002）。

　2004年1月から開始された「あか牛オーナー制度」では、都市の消費者が草原の衰退とともに減少したあか牛繁殖牛のオーナーになり、草原の牛を増やすことを目指す。オーナーはその牛に名前をつけて、牧場と交流するのである。配当金などはなく、5年間、定期的にあか牛の畜産物を産地直送で入手して楽しむことができる。また、採草地（草刈り場）の再生に向け、環境省では2004年に野草堆肥を利用した農産物に特別に「草原再生シール」を貼る取り組みを始めた。現在は、野菜農家を中心に「草原再生シール生産者の会」が設立され、また、野草堆肥の利用を促すための「野草堆肥マニュアル・パンフレット」も作成された（高橋2009）。2007年度以降は、農林水産省の「農村景観・自然環境保全再生パイロット事業」の助成を受け、会の活動はさらに広がっている。

　草を刈って利用することの重要性をアピールし、人が生活するうえで最も身近な「食」に、それに付随した生き物の価値を重ねあわせることで、消費活動へ結びつけることができる。このような物や情報の交流は地域への帰属意識を高め、より多様なパートナーシップへと発展する可能性を秘めている。単に生産者と消費者という関係だけでなく、そこに「草原景観と種の保全」という意識が介在することで、持続性と発展性が担保できる。そのような活動への支援については、今後とも拡充が望まれる。

〈バイオマスの地産地消〉

　草の利用を考える場合、食料（Food）、繊維（Fiber）、飼料（Feed）、肥料（Fertilizer）、燃料（Fuel）という5つのFを利用できれば理想的である。もともと阿蘇の草利用には多様な形態があり、そのためにモザイク状の草地植生が形成されていた。しかし、現存する草原の多くでは春の野焼きのみが行われ、採草利用することが少なくなっている。草原を維持するための野焼きはとても大切な管理作業であるが、ただ野焼きだけを続けていると優占種のススキが一人勝ちをしてしまい、ススキに埋もれて随伴するほかの草花が生育できなくな

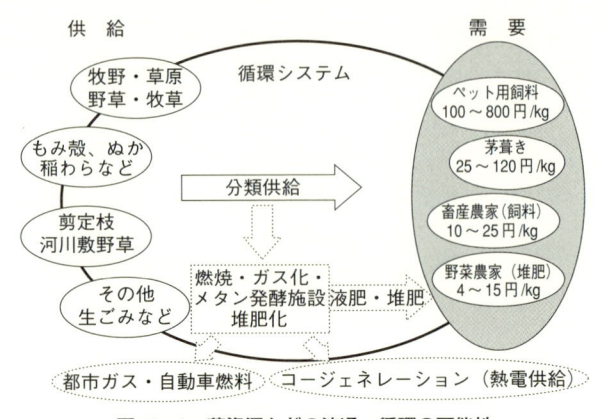

図12-2 草資源などの流通・循環の可能性
点線は、今後の技術開発を必要とする。

る。用途に応じて草を刈り取り、草本バイオマスの利用を進めること（図12-2）は、多様な草地生態系の維持にもつながる（中坊2006；高橋2008）。

そして、何よりも野草地の草はクリーンな資源である。欧州での調査によれば、栽培条件にあるススキの生産過程でのエネルギー産出／投入比は30を超える高い値で、省化石燃料型のエネルギー作物と位置づけられている（高橋2008）。この値は、小麦やナタネのそれを大きく上回っており、また、我が国の人工草地における寒地型牧草の採草利用の場合をもはるかにしのぐ。採取・播種・肥培管理を必要としない日本の半自然草地を使うことで、さらに高い化石エネルギー節約効果が望める。

広大な草原域を抱える阿蘇市では、草本バイオマス資源の利活用と草原文化、生活習慣、生態系サービス等の保全を両立させながら、事業として成立し、かつ環境にも優しいバイオマスエネルギーシステムを構築するための実験事業に着手している。市内の広大な原野に自生する未利用草本を対象に、採草・運搬システムを構築して収集を行い、エネルギープラント施設でガスに転換するものである。草本類のエネルギー化は国内ではこれまで例がないことから、これから得られるデータは、今後の草資源の利活用に向けた端緒となると考えられる。

この実験事業を契機に、2006年からは、阿蘇市内の若手農業者からなる野草

収穫・運搬のオペレータ組合が創設され、農閑期（秋〜冬）の新たな仕事が生まれたことにより、雇用の創出にもつながった。将来は、様々な植物バイオマスを運搬収集するコントラクターとしての組織へ発展することも期待されている。また、2010年度からは、ガス化発電の際に生じる燃焼灰を、農業用肥料に活用してもらうために、阿蘇市が一般販売を始めた（全国草原再生ネットワーク2010）。

　草原やそこに生息する生き物を守るための草刈作業が、このようなバイオマス産業活動に連携できれば、活動の持続性も担保できる。草は現代でも十分通用する貴重な資源であり、草原は地域固有の財産でもある。今後は、草の利用を核にして、イナワラやモミ殻なども含めた資源（バイオマス）を地域で見出し、新しい技術に昔の「使い回し」の知恵を取り入れて、用途に応じたきめ細かな利活用を図っていく必要がある（図12-2、高橋2008）。また、バイオマス利用は初期投資の大きな事業であり、経済ベースに乗るまでの期間については、政策的な支援がとりわけ重要となる。

（飯國芳明・高橋佳孝）

3．沿岸海域の過少利用の克服に向けて

（1）　沿岸海域における「管理」の必要性

　沿岸海域の漁場は、漁業者が漁業権に基づいて日々漁業権を行使して漁を行い、漁場を「利用」しているのであるが、単純に自然の恵みを収奪的に「利用」しているのではない。漁場近くの漁港の整備や密漁の監視、資源増殖のための種苗放流、魚礁の設置や藻場の育成など海中における環境整備、海岸の魚付林の整備、沿岸に流れ込む河川流域での植林などを行って、漁場が持続的に利用できるよう「管理」も行いつつ利用しているのである。沿岸海域の良好な環境は、漁業者が漁場を荒らさないようにするばかりでなく、さらに豊かにしていこうという努力があって維持されている面がある。むろん、漁業者が適正な管理をしていない海域においてはそうした良好な環境は失われてしまうし、漁業者の直接的な目的は「利用」であって「管理」ではないからあくまで漁業的利用の副次的結果として沿岸海域の現在の環境がある。現在の沿岸海域の状況を

「良好」とみるか、「劣悪」とみるか、見方によって大きく異なるであろうし、また地域ごとに管理状況が異なるために様々な評価があり得るであろう。ただここで銘記すべきは、日本の沿岸海域の大部分、特に共同漁業権が設定されている沿岸海域は、自然そのままの姿で存在しているのではなく、「利用」と表裏の関係でなされる「管理」の結果として現在の姿になっているということである。そして、漁業者が漁場維持のために沿岸海域を「管理」していることで、たとえば遭難者の救助が漁船によって素早く行われたり、清掃などによって海岸の景観が維持されたり、ダイバーが観察するに値する海中の生物環境の豊かさが維持されている、ということがもたらされるのである（むろん適正な利用と管理が行われないところでは逆の結果になる）。問題は、利用者である漁業者が急激に減少した現在、同時に管理者がいなくなりつつあることである。

　漁業権が免許される関係地区の漁業者が急速に減少し、地域における漁業の維持が危ぶまれる事態になっている地区が高知県内に存在し、当該地区の地先の海の管理をどのように行っていくかという課題が生じている。通常は漁業権を、漁場を利用する根拠として捉えるのであるが、権利者が減少し、権利行使としての「利用」がなされなくなったときに、権利を成り立たせる前提、沿岸海域を利用できる前提として、その海域が適正に「管理」されていなければならないということに気づく。そして、利用のための管理が行われなくなった後にも、程度の問題はあるが安全の確保や景観の維持といった沿岸海域の環境保全のための管理は必要である。関係地区の漁業者が減少し、沿岸海域の利用が過少状況になったということは、その沿岸海域の適正管理が危機に瀕しているということを意味しているのである。その打開策として、漁業権行使規則に基づく新たな利用秩序形成を関係地区と重なる漁業集落単位で行う可能性について検討した。漁業的利用が過少化していくなかにあっても、管理は行われ続けなければならず、漁業者だけが管理を負担するのではなく、管理の影響ないし恩恵を直接受ける漁業集落の人々にも一部担ってもらうという形での共同性の回復を、漁業者と一般市民が混住する今日の漁業集落に求めた。

　しかし、沿岸海域の管理者として期待される漁業集落の状況は、近年厳しさを増している。2008（平成20）年の日本の沿岸部には6298の漁業集落があり、その高齢化率は32.2%（国内高齢化率は23.1%）となっている（水産庁編2011, 77

頁)。漁村の人口は 2000（平成 12）年には 265 万人を超えていたが、2010（平成 22）年には 235 万人を下回っている。10 年で 40 万人、15％ も減少している。高齢化と過疎化が進行し、漁村の体力はどんどん失われている。漁業権行使規則を改め、漁業集落内での共同性によって沿岸海域のコモンズを管理することがどれだけの集落で可能か、今後検討すべき課題である。

　こうした状況のそもそもの原因は、いうまでもなく明治期以降連綿と続く中央重視の国土利用の結果としての都市部への人口集中である。高知県でも、県内人口の半数以上が県庁所在地の高知市とその隣の南国市に在住している一方、長岡郡大豊町は人口の半数以上が高齢者の「限界自治体」（大野 2008, 22 頁）となっており、都市部への人口集中と周辺部の過疎化、高齢化が顕著になっている。全国的にみても、3 大都市圏、とりわけ東京を中心とする関東地方南部に人口が集中し、各都道府県においても県庁所在地などの中心都市へ人口が集中している。その結果、都市から離れた農山漁村の人口は極端に減少し、地域間の人口バランスが崩れてきている。農山漁村の疲弊は限界に近づきつつあり、人口分散型のバランスのとれた国土利用のあり方について検討していくことが必要である。集中から分散へというこれまでと逆の流れを創出していくための戦略が求められる。

（2）　権利内実の空洞化への対応策

　漁業権はその沿革から、あるいは現行の漁業権の法的性質から考えても、今日でも入会権的性質を有している場合があり、牧野などの陸域の入会地における入会権と同様、タイトなローカルコモンズを支える権利である。そして、入会権や漁業権の現代的状況として、権利に基づく対象の利用が減少し、権利の内実が空洞化して形骸化した権利だけが残り、利用回復の可能性や他の新たな利用可能性を阻害するという問題が起こっている。

　利用回復を図って権利を内実あるものにしていくのが解決策であるが、権利内実が空洞化した入会権や漁業権は消滅させるべき、という考え方もあり得る。入会権を消滅させると、地盤の所有権が全面に現れ、個別の土地の所有権レベルでの管理が行われることになり、そこではそれまで入会権によって支えられていた一体的な土地利用は失われる。個別の土地利用が無秩序に行われ、過剰

利用になったり、利用が放棄されたりといった問題が起こっても、それを防ぐ手段もなければ回復させる手段もない、ということが起こり得る。沿岸海域の漁業権を消滅させれば、誰もが自由に利用できる海域になるが、管理者もいなくなるため、秩序ある利用を期待することができず、利用過剰が起こって結果的に誰も利用できない荒廃した海域になる可能性がある。入会地にしても沿岸海域にしても、コモンズを支える権利が消滅すれば、コモンズとしての管理が行われなくなるのは必定である。一定の広さを持つ空間の価値、たとえば生物多様性など自然環境の豊富さ、あるいは共同利用によって維持されてきた価値、たとえば牧野やサンゴ群落の景観などはたちまち失われていってしまう。そのような「コモンズの悲劇」が起こらないよう、コモンズを支える権利を消滅させるのではなく、権利内実の空洞化を克服して地域共通資源の維持を図るべきである。牧野においても、沿岸海域においても、決め手となる解決策は容易に見出せていないが、ボランティアの活用、地域の共同性の回復など、いくつか解決策となりそうな試みがなされつつある。今後の各地域での取り組みに注目していくことが必要である。

（3） 権利内実の空洞化と「共」的問題意識

　地域共通資源の過少利用と権利内実の空洞化について、沿岸海域を例にとって検討したが、過少利用と権利内実の空洞化は沿岸海域でのみ生じている問題ではない。本書においても、牧野における権利内実の空洞化が「過少利用」という面から検討されている（第3章）。牧野も沿岸海域も従来の入会の利用慣行が残っておりタイトなローカルコモンズという共通点を持つが、権利内実の空洞化と過少利用は入会関係特有の現象でもない。

　たとえば農地については耕作放棄、山林については管理放棄の問題が、権利内実の空洞化、過少利用の問題として一般に認識されるようになってきている。農地についてみると、そこに入会関係はなく、タイトなローカルコモンズとして捉えることはしないのが普通であるが、個別の地片としての農地ではなく集落全体といった集団的な観点から農地を捉えその「管理」を考える際には、コモンズとして捉えることも可能になる。[10]農地が所有者によって適正に利用・管理されず、周辺農地の営農に支障をきたしたり、利用権の設定などを拒んで周

第 12 章　山野河海の持続的利用をめざして

辺農地との一体的利用を阻害したりする、といったことがこうした捉え方から鮮明に浮かび上がってくる。山林についていえば、放棄されたままになって隣地との境界が不明になる、所有者の同意が得られず林道の設置などにおいて集団的な利用が阻害されるといった問題がある。これらの問題は、個別の農地、山林をみていてはみえてこない。集団的に、すなわち「共」的にどのように利用し管理すべきか、というコモンズ的問題意識にたってはじめてみえてくるものである。「公」でもなく「私」でもなく、「共」を重視するのがコモンズ論であるが、こうした面を考える際にコモンズ論が持つ「共」的視点は十分な有用性を持っている。

　沿岸海域や入会地における権利内実の空洞化は、比較的広い地域が対象となっており、また関係者が複数いることが多いため、空洞化の影響が「共」的、コモンズ的問題関心の対象となりやすい。一方、農地や山林については基本的には個別の所有者の問題であり、権利内実の空洞化は個別の当事者自身の問題としてそれはそれで仕方ないという面がある。しかし、耕作放棄地や管理放棄林の周辺部への影響を考えれば明らかなように、土地所有権は常に周辺の土地所有権と関連づけられて存在し、個別の土地所有権の個有の利害を超えた相隣関係にある共通の利害という面が必然的について回る。民法は 206 条で所有権を「所有者が自由に使用、収益、処分することができる」権利と規定しているが、上記のような相隣関係についても 209 条以下で規定し、「所有権の限界」を示してもいる。また、丸山眞男によると、末弘厳太郎は民法の講義で時効について「権利の上に眠る者は保護に値しない」という趣旨を含むものであると説明したそうである（丸山 1961, 154 頁）が、たとえば所有権についても取得時効（民法 162 条）が成立すると前所有者の所有権は失われることになり、このような場合には所有権の絶対性に対する制約としてみることもできる。

　こうした考え方が背景にあるかどうかはともかく、農地や森林に関する個別法の分野においては、近年、所有者の権利不行使、不作為に対するペナルティといえる規定が導入されている。森林法 10 条の 5 以下の分収育林に関する規定、2009 年に改正された農地法 30 条以下の遊休農地に関する措置の規定がそれである。いずれの規定も、所有者の不作為（管理放棄、耕作放棄）について、周辺部への負の影響が大きい場合に、所有者に代わる利用ができるよう権利設

定をしたり、所有者に代わる適正管理を行政代執行などによって行ったりすることができる仕組みである。両規定とも、現実には最終段階まで適用されたことがない規定といわれるが、そうはいっても規定として存在し、適用されれば実効力を持つものである。その意味で、こうした規定が存在することの意味は重い。2009年の改正農地法では農地所有者の「責務」（2条の2）が明確化されているが、こうした規定が法に盛り込まれること自体の意味を、再度検討していかなければならない。今後の研究課題として、権利内実の空洞化の実態を追うとともに、法理論的に権利の基本的性質の再確認、特に所有権の限界について検討する必要がある。

（緒方賢一）

4．河川・流域および地下水問題からみた法学的コモンズ論の展望

（1） 水問題再論

「日本の総人口は減少しつつあり、国内での生産活動も停滞しているが、水不足は（地域差はあるが）依然として概ね夏季の都市部で発生することが多い。その理由は、水の需給を調整する仕組みが十分に機能していないためである。

さて、水需給のミスマッチを解消する方法は、大まかにいうと4つある。①地下水の利用、②地表水の流出ロス等の削減（一般的にはダムや貯水池等の人工構造物の建設）、③水融通、④処理水の再利用・水利用の効率化・脱塩装置の導入である（Hanak et al. 2009, p.5）。

近年、水需給の調整手段が追加的に必要になる背景として、しばしば気候変動があげられるが、これだけではない。②ダム等のコンクリートの構造物の物理的耐用年数は70～80年であるが、1950年代以降に建設されたダムは2020年代以降に寿命を迎え、撤去・延命・更新・新規立地の判断を迫られる。

このうち、ダム等の大型の構造物の新規建設は、財政的にも社会経済的にも困難であり、環境影響からみても望ましくない。また、現状の技術を前提とすると、④のうち脱塩装置の導入はコストが高く、離島等の場合を除いて現実的ではない。このような状況の下では、水の需給の調整方法として、①地下水の利用・③渇水時の調整・水利権又は水取引・④処理水の再利用や水利用の効率

化が非常に重要になる」⁽¹¹⁾。

　このうち④は技術的課題だから、私自身の課題は、①地下水の利用・③地表水についての渇水時の調整・水利権または水取引に関する法制度の提案である。これらの法制度の機能は、海や草原において過少利用の調整であるのに対して、川のコモンズ・地下水においては過剰利用の調整である。

（２）　地表水の利用調整における天然アユ

　地表水の水利権は、河川法が適用ないし準用される河川において、河川法によって土地所有権から切り離されている⁽¹²⁾。そして、1997年改正前の河川法において、同法の運用が内水面漁業に与える影響は、（法技術的には流れを維持するための流量（維持流量）の確保が共通の課題だが）「利水」（「流水の正常な機能」の維持）の問題ではあっても「環境」の問題ではなかった⁽¹³⁾。

　また、1950年代に多くのダムが建設された際、漁業権侵害に対する漁業補償が行われた。この時期に結成された内水面漁協の多くは、必ずしも村落共同体を基礎とせず、漁業補償の交渉窓口として創設された。

　さらに、漁業法129条において漁協に課される「増殖義務」は、河川および流域の環境改善ではなく水産資源（アユなど）の放流と解釈され、漁協は補償を原資として放流を行ったが、費用に見合った効果が得られず⁽¹⁴⁾、放流中心の内水面漁業政策は行き詰まった。

　このようななかで、河川および流域の環境を改善し、天然アユを回復させるための運動が始まり、天然アユが返ってき始めたとき、「天然アユは誰のものか」という問いに突き当たった。感覚的には、「放流すると漁協のもの」だが、天然アユは漁協がダム設置者や農協・住民と努力してはじめて帰ってきたから「みんなのもの」ではないか⁽¹⁵⁾。

　天然アユを重視する場合、河川における維持流量の確保・河道の物的形状の維持・濁水の緩和策が問題になる。残念ながら、物部川のように上流の表土が流出しやすい場合には、濁水の原因を根本的になくすことは難しい。

　しかし、これらの問題を解決する方策は存在する。ダムのような構造物が存在すること自体を不問にする場合でも、河川法の運用改善による維持流量の確保（16条2項・23条、河川法施行令10条の2）・ダムの運用改善（47条）・産卵場

の人工造成（27条）のほか、水産資源保護法22条・23条・31条の運用変更によ(16)る魚道の設計方法の改善などがある（本書第3章、第4章を参照）。

　たしかに、自発的結社や地域共同体による運動は重要である。しかし、物部川の例にみられるように、運動の継続性は保証の限りではない。もちろん、ねじれ国会をみても、法制度の改正は容易ではない。だからこそ、国や公共団体が運用する法制度の改正だけではなく既存の法律の運用改善が、政策の継続性の観点から重要である。

　具体的には、水産庁・都道府県や内水面漁協は、漁業法129条の「増殖義務」＝「放流」という解釈をいい加減改め、天然アユを呼び戻すために河川と流域の環境全体に目を向け、河川法等の関連法令の運用を改善するために働きかけを行うべきである。

　奈半利川において、奈半利川漁協と電源開発との関係が良好であり、既存の制度の運用を改善する原動力となっている。このことに鑑みると、フォーマルな制度の欠陥を補完する仕組みとしてインフォーマルな運動の重要性を全て否定するのも間違っている。

　河川の問題に限っていえば、「河川の公共性・天然アユの公共性」の観点から空間や天然資源の「公共性」の意義を見直し、既存の制度を総点検して運用を改善するべきである。その上で、天然アユを回復させるには流域全体の協力が欠かせないことに鑑み、権原と配分——内水面漁協（組合員）とそれ以外の主体（遊漁者–住民）の間の配分——を見直すことが必要である。

（3）　地下水問題における地域的公序

　地下水には、土地への権利（土地所有権ないし地役権・賃借権などの利用権）を契機としてしかアクセスできない。そして、地下水は、物理的には土地の構成物であるから、土地所有権との関係が地表水よりも濃厚である（なお、地下水利用権の性格は第8章で論じた通り、利用権（用益権）であって所有権ではない）。

　日本において、地下水利用権の配分について、温泉権など慣習上の権利の扱いをめぐって訴訟が提起され、地下水利用権は相隣関係の延長線上にある地域的公序によって制限されることが示されたが、配分原理に関する議論は近年まで蓄積されてこなかった。

そして、人口の流動性が高まると、地域共同体は解体・消滅に向かう。そこで、地下水の持続的利用に強い関心を持つのは水道事業の事業主体であり、その多くは市町村である。しかし、市町村は、民法上の土地所有権に関する規定（207条）およびその他の国法との抵触を恐れて、（水道水源保護条例を除き）条例制定には非常に慎重である。そのため、あえて地下水保全条例を制定するのは、熊本市・宮古島市・与論町など地下水への依存度が著しく高い地方公共団体に限られる。

　さらに、地下水を持続的に利用するためには、地下水の汚染を抑制するとともに（南西諸島においては硝酸性窒素汚染）、安全採取量の認定と地域的公序を確認した公正な配分原理が必要である。しかし、汚染源の特定・汚染抑制策の支援・安全採取量の認定には、生態学・化学・水文学などの科学的知見が必要である（第7章、第8章）。

　結論として、水文学的知見を踏まえて、一般的・包括的な地下水法の制定を行い得るのは国である。たしかに、地域共同体や地方公共団体は重要であり、これらの機構の役割は決して無視すべきではない。しかし、こと地下水に関する限り、国の重要性は強調しても強調しすぎることはない。再処理水を用いて地下水の涵養を人工的に行う場合はなおさらである。

　いうまでもなく、地方公共団体が地域の自然環境の差異を踏まえて多様な法律施行条例を制定できるよう、国は枠組み的な法律を制定しなければならない。

（4）　河川・流域・地下水問題から法学的コモンズ論へ

　河川・流域・地下水問題が提起するのは、「河川および流域空間の公共性」・「天然アユの公共性」・「地表水および地下水の公共性」とは何かという問題である。

　しばしば、日本の土地所有権には、公共性の観念が欠落しているといわれ、だからこそ、たとえば、土地基本法はあえて土地について「公共の福祉」の優先性を確認する（2条）。この特徴は、コモンズ論の文脈でどのような含意を持つか。結論を先取りすると、「一人入会」（第6章）のような「ウルトラ私権」（私的性格が強調されすぎた権利）（鈴木2009）を作りだしたのではないかと考える。

　日本的な「土地に対する権利」（都市における土地所有権と入会のような非典型

的な支配権を含む）のひずみを浮き彫りにするためには、土地所有権概念の歴史的分析・発生論的分析・論理的分析という3つの分析を行い、「土地に対する権利」に関する議論全体の中でコモンズ論を位置づけることが必要ではないか。

　第一に、上杉慎吉以降の公法学は、私法秩序に対する公法秩序の独自性を原理的観点から主張しようとした。また、戦前の日本において、訴訟制度上、「公法」に関する事件は行政裁判所で処理され、「私法」に関する事件及び刑事事件は司法裁判所で処理された（大日本帝国憲法61条・行政裁判法）。このような状況下で、公共性概念は、それぞれの事件を処理する裁判所の管轄を振り分けるため、制度解釈のための道具概念として、公法私法二元論の枠組みの中で議論された[17]（田中1955；塩野1989）。

　そして、公法私法二元論の枠組みが前提となって私権と公権が峻別されたために、「公共性」は公権のみの属性とされ、「民事法上の権利＝私権」とされた（民法1条1項）。さらに、民法上の権利同士のぶつかり合いは、「民法＝私法」に押し込められ、「権利の濫用」の問題とされ（1条3項）[18]、その後は不法行為（民法709条）の問題とされた[19]（牛尾2006, 72-77頁）。

　国家が公共性の「唯一の」担い手であることを主張するなかで、土地所有権の概念において、個人が利用する土地への国家の介入を排除するためにあえて権利の私的性格が過度に強調され、結果として権利概念から公共性（ないし義務）の観念が追い出された。

　しかし、第二に、発生論的にみると、権利と権利のぶつかり合いを地域のレベルで調整する概念が相隣関係（民法209条以下）であり、コモンズ論にいう地域的公序である。言い換えると、権利概念は、地域共同体の中で権利を持つ個人と個人の権利行使が衝突するなかで自分の主張の正しさを裏付けるために主張するための理念であり、正しいからこそ国家によって法的に保護されるはずである（柳父1982, 149-172頁）。

　このように考えると、論理的には、公共性は不当な権利主張を排除するための概念として、権利概念に最初から含まれているはずである。権利は常に正しく行使されるものであり、誤って行使されたときには権利性を失うから、（言い古されたことではあるが）権利の濫用（民法1条3項）は理論的には概念として

矛盾を孕んでいる。そして、制度上、これらの概念が存続し続けているために混乱やひずみが生じやすくなっている。

　総括すると、日本では、歴史的に、公共性の担い手を標榜する国家から個人を守るための理念として権利概念から理念的制約としての公共性概念が排除され、かつ、個人同士の権利の衝突が「権利の濫用」と扱われ、権利の社会的性格が等閑にされた（川島 1949, 33-36 頁）。その結果、土地所有権概念から公共性概念が放逐され、入会の文脈でも「一人入会」のような「ウルトラ私権」が誕生したといえるのではないか。

　コモンズ論が提起する「自然は誰のものか」という問いかけ自体は、出発点として正当である。たしかに、河川の空間・水資源・水生生物をはじめとする問題の実態を個別に検討すると、河川という空間・水資源・アユの私物化というひずみがみえてくる。

　しかし、これらの特殊な資源を中心にいきなり所有（ひいては所有権）概念について見直すのは間違っている。まずは権利概念と公共性概念の関係を見直し、次に土地所有権をはじめとする所有権概念を見直す。そして、その一環として、対象となる資源の性格の違いを踏まえて、入会理論や公物法理論における公共的制約や管理責任の内容・程度、さらには資源に対する権原の所在と配分を見直すべきである[20]・[21]。これが法学的コモンズ論の今後の課題である。

（松本充郎）

【注】
（1）　以下、恩納村の事例については裵他 2007 による。
（2）　1998 年から 2001 年にかけて行われたダイビングポイントの閉鎖では、サンゴの被度などに一定の回復はみられたが、ダイビングが行われなくなって人の目が届かなくなり、オニヒトデの異常発生が見逃され（座間味では地元ダイバーによるオニヒトデ駆除が年間を通して毎日のように行われていた）、海域によってはその食害によって被度が減少した（谷口 2003）。人為的インパクトに弱いサンゴ礁生態系にあって、人の管理がなくなると資源そのものも劣化する事例として興味深い。
（3）　座間味村の人口は、柏島とは逆に、1980 年の 766 人が以降緩やかに増加、2005 年には 1045 人に達している。若者のUターン、ダイビングショップなどの増加に伴う転入などの要因が指摘されている。しかし、座間味村漁協の組合員数は、

2005 年時点で 91 名、うち専業は数名程度で、大半は宿泊業やダイビング業などを兼業している（原田他 2007, 134-136 頁）。柏島支所は 2004 年 11 月時点で 140 名程度であり、漁協の組合員数レベルでは座間味のほうが少ない。

（4） 婁およびその共同研究者らは、『月刊アクアネット』誌の「地域資源を価値創造する」という連載（2006 年 1 ～ 8 月号）で、海業の具体的な事例をまとまった形で紹介している。

（5） MPA の定義は一様ではないが、例えば最もよく引用される国際自然保護連合（IUCN）の定義では、「潮間帯と潮下帯における動植物、歴史・文化物を、法もしくはその他効果的な手段によって区域全体あるいは一部の環境において保全しておく区域」とされている。

（6） そのようなルールは、政府や地方自治体によって裏書きされていることが重要である。オストロムが長期的に持続する CPR 管理組織の設計原理として抽出した「7．組織のための最小限の権利の（政府当局による）承認」（Ostrom1990, p. 90）とはそのような点を指すのであろう。

（7） たとえば、環境省の石西礁湖自然再生事業に関連して組織された石西礁湖自然再生協議会（土屋 2010）、本書 7 章で紹介したヨロンの海サンゴ礁再生協議会などを参照のこと。

（8） たとえば大森他 2010 を参照。また研究者が MPA のスピルオーバー効果に関する知見を漁業者に浸透させる活動の 1 つとして、新保他 2011 では Immersion（没入）という活動を報告している。

（9） 食料・農業・農村基本法における多面的機能の捉え方や農業政策における「生産と環境のデカップリング」については、飯國 2011 を参照。

（10） 楜澤 2010。農地の自主管理制度として農業経営基盤強化促進法上の農用地利用改善団体を取り上げ、コモンズ論的視覚から検討を加えている。

（11） 日本における水問題の全体像については、松本 2011 において述べたことを繰り返し述べる。

（12） 河川法 2 条 2 項（河川の流水は、私権の目的となることができない）・6 条 1 項。

（13） 水生生物の生息環境の保全について、1997 年改正前の逐条解決では「流水の正常な機能」の維持に関する解説の中で言及されている（建設省新河川法研究会 1966, 23 頁）。これに対して、改正後の逐条解説では「流水の正常な機能」の維持だけではなく、「河川環境」の解説の中で言及されている（河川法研究会 2006, 22-23 頁）。

（14） びわ湖産アユが保持していた冷水病が天然アユにも拡散した（本書第 3 章・第 4 章を参照）。

（15） 法的には、放流であれ天然であれ河川で泳いでいる限り無主物であり、第 5 種共同漁業権によってのみ捕獲され（漁業法 23 条 1 項）、捕獲されてはじめてその人の所有物となる。

（16） 現状、この条文の主たる関心は川砂利採取の統制にあり、産卵場の造成にはない（河川法研究会 2006, 202-216 頁）。

第 12 章　山野河海の持続的利用をめざして

(17)　裁判機構が一元化された今、公法の独自性は抗告訴訟制度にのみ見出され、公法私法二元論は、制度上の問題としては一般的な意味を失っている。そして、従来、公法私法二元論において扱われてきた問題は、民事法の適用を個別法の明文規定によってどの程度まで排除するかという個別的な命題として再検討されている（小早川 1999, 146-156 頁；宇賀 2011, 63-69 頁；阿部 2011, 67-71, 193-232 頁）。
(18)　民法 1 条 1 項は、「私権は、公共の福祉に適合しなければならない」とし、「公共の福祉」を「私権」の外に置く。また、宇奈月温泉事件（大審院 1935 年 10 月 5 日判決民集第 14 巻 1965 頁）において権利濫用概念が導入され、戦後 1 条 3 項に盛り込まれた。そのため、公法私法二元論が制度上の問題として一般的な意味を失った今日でも、河川法 2 条 2 項などにおいて「私権」という概念が用いられている。
(19)　なお、公害問題において問題になったのは健康被害であり、財産権の衝突では救済されない。人格権・不法行為・受忍限度論から接近は、少なくとも公害法の文脈では正当である。
(20)　公物は、公用物と公共用物に分類され、公共用物は道路・河川・海浜・公園などを指す。公共用物の使用関係に関する議論が公物法理論である。近年、公物法理論は、前掲注 17 の観点および環境の観点から見直されつつある（小早川 1999, 156-159 頁；宇賀 2010, 445-449 頁；松本 2012a, 72-73 頁；松本 2012b, 82-83 頁）。なお、公共信託の法理は、（歴史的背景こそ異なるが）理論的には流水の占用の際の公共的制約に関する法理である（Sax *et al.* 2006, pp. 610-622）。
(21)　高層マンション建設による都市景観の撹乱が問題となる場合に、土地所有権を行使する際の相互的制約を「地域的公序」と表現することがある（吉田 2007, 89 頁はこのような観点を明確に押し出した国立マンション事件地裁判決（東京地方裁判所 2002 年 12 月 18 日判決・『判例時報』1829, 36 頁）を高く評価する。やや観点は異なるが本書第 8 章 1（3）注 7 も同旨）。筆者は、地下水については土地所有権との関係が密接であり河川の流水より公共的制約を相対的には弱めるべきだと考えている。そのため、地下水利用権についても土地所有権と同じ「地域的公序」という概念を用いて、権利行使が衝突するなかから生じる権利内在的な制約（＝公共性）を表現している。三浦 2007 も、明治以前の落村共同体の延長線上に今日の地方公共団体をとらえ、地域のルールとしての条例による規範形成を重視する点で議論の方向性は共通である。

【参考・引用文献】
阿蘇草原再生協議会（2007）『阿蘇草原再生全体構想』阿蘇草原再生協議会事務局.
―――（2009）『阿蘇草原再生レポート　活動報告 2008』阿蘇草原再生協議会.
―――（2010）『阿蘇草原再生レポート　活動報告 2009』阿蘇草原再生協議会.
阿部泰隆（2011）『行政法解釈学 I　補訂版』有斐閣.
飯國芳明（2011）「転換期を迎えた農業環境政策」横川洋・高橋佳孝編『生態系調和型農業形成と環境直接支払い』青土社.

井上真 (2004)『コモンズの思想を求めて』岩波書店.
宇賀克也 (2010)『行政法概説　Ⅲ　行政組織法/公務員法/公物法　第2版』有斐閣.
――― (2011)『行政法概説　Ⅰ　行政法総論　第4版』有斐閣.
牛尾洋也 (2006)「土地所有権論再考」鈴木龍也・富野暉一郎編『コモンズ論再考』晃洋書房, 59-92頁.
大野晃 (2008)『限界集落と地域再生』高知新聞社.
大森信・谷口洋基・小池一彦・L. M. Liao・保坂三郎 (2010)「日本のさんご礁水域に海洋保護区 (MPA) を設定するために――フィリピン，ビサヤ地域の海洋保護区を視察して考える」『日本サンゴ礁学会誌』12, 81-99頁.
河川法研究会 (2006)『逐条解説　河川法解説』大成出版.
嘉田由紀子 (1998)「所有論からみた環境保全――資源および途上国開発問題への現代的意味」『環境社会学研究』4, 107-123頁.
川島武宜 (1949)『所有権法の理論』岩波書店.
糊澤能生 (2010)「持続的生産活動を通じた自然資源の維持管理」『コモンズと法　法社会学』73, 有斐閣, 204-228頁.
建設省新河川法研究会 (1966)『逐条河川法』港出版社.
小早川光郎 (1999)『行政法　上』弘文堂.
塩野宏 (1989)『公法と私法』有斐閣.
新保輝幸 (2010)「海のコモンズを考える――サンゴの海のワイズユースの視点から」『2010年度日本農業経済学会論文集』244-251頁.
新保輝幸, ラウル・ギガ・ブラデシナ, 諸岡慶昇 (2011)「コモンズとしての海洋保護区とその持続可能性――フィリピン・ビコール地方タバコ市サンミゲル島の事例から」『農林業問題研究』47(1), 84-89頁.
水産庁編 (2011)『水産白書 (平成23年版)』農林統計協会.
図司直也 (2009)「入会牧野とむら」坪井伸宏・大内敏利・小田切徳美編『現代のむらむら論と日本社会の展望』農文協, 121-131頁.
鈴木龍也 (2009)「日本の入会権の構造――イギリスの入会権との比較の視点から」室田武編『グローバル時代のローカル・コモンズ』ミネルヴァ書房, 52-76頁.
全国草原再生ネットワーク (2010)『全国草原サミットがもたらしたもの――草原の保全と地域の持続的発展に向けて』全国草原再生ネットワーク.
高橋佳孝 (2008)「野草資源のバイオマス利用――畜産だけでない草利用の古くて新しい分野」『日草誌』53, 318-325頁.
――― (2009)「種の保存と景観保全――阿蘇草原の維持・再生の取り組み」『ランドスケープ研究』72(4), 394-398頁.
田中二郎 (1955)「公法と私法――我が国に於ける学説発展の一断面」『公法と私法』有斐閣, 1-17頁, (初出：1942年).
谷口洋基 (2003)「座間味村におけるダイビングポイント閉鎖の効果と反省点――「リーフチェック座間味村」の結果より」『みどりいし』14, 16-19頁.
土屋誠 (2010)「サンゴ礁を再生する――石西礁湖自然再生事業からの発信」『環境研究』158, 145-153頁.

中坊真（2006）「阿蘇発　草原バイオマスのカスケード利用」『資源環境対策』42(1)，86-90頁．
原田幸子・婁小波・新保輝幸・石田恭子（2007）「沿岸域のダイビング利用と管理問題——沖縄県座間味村を事例として」新保輝幸『サンゴの海のワイズユースをめざして——海洋環境資源の最適利用と資源管理に関する生物学的・社会科学的研究』（平成16-18年度科研報告書増補改訂版），133-144頁．
ポール・ミルグロム，ジョン・ロバーツ（1997）奥野正寛・伊藤秀史・今井晴雄・西村理・八木甫訳『組織の経済学』NTT出版．
松本充郎（2011）「地下水法の現状と課題——城崎温泉事件から紀伊長島町水道水源保護条例事件へ」『高知論叢』102，69-96頁．
——（2012a）「公物」北村喜宣・川崎政司・渡井理佳子編『行政法用語辞典』法学書院，72-77頁．
——（2012b）「公物の使用関係」北村喜宣・川崎政司・渡井理佳子編『行政法用語辞典』法学書院，78-83頁．
丸山眞男（1961）『日本の思想』岩波書店．
三浦大介（2007）「自治体の公物と住民」兼子仁先生古稀記念論文集刊行会『分権時代と自治体法学』勁草書房，161-188頁．
柳父章（1982）『翻訳語成立事情』岩波書店．
山内康二・高橋佳孝（2002）「阿蘇千年の草原の現状と市民参加による保全へのとりくみ」『日草誌』48，290-298頁．
吉田克己（2007）「景観利益の侵害による不法行為の成否」『ジュリスト』1332，83-84頁．
婁小波（2006）「海業（うみぎょう）の経済——漁業・漁村の危機と再生を考える」倉田亨編『日本の水産業を考える——復興への道』成山堂書店，54-75頁．
婁小波・原田幸子・新保輝幸・木下明（2007）「沿岸域の多面的利用ルールと管理主体のあり方に関する一考察——沖縄県恩納村の取組を事例に」新保輝幸『サンゴの海のワイズユースをめざして——海洋環境資源の最適利用と資源管理に関する生物学的・社会科学的研究』（平成16-18年度科研報告書増補改訂版），145-168頁．
Bromley, D. W. and I. Hodge (1990) "Private Property Rights and Presumptive Policy Entitlements: Reconsidering the Premise of Rural Policy," *European Review of Agricultural Economics*, 17, pp. 197-214.
Hanak, E., J. Lund, A. Dinar, B. Gray, R. Howitt, J. Mount, P. Moyle and B. B. Thompson (2009) *California Water Myths*, Public Policy Institute of California.
Hodge, I. D. (1989) "Compensation for Nature Conservation," *Environment and Planning A*, 21, pp. 1027-1036.
Kahneman, D., J. L. Knetsch and R. Thaler (1986) "Fairness as a Constraint on Profit Seeking: Entitlements in the Market," *The American Economic Review*, 76(4), pp. 728-741.

Ostrom, E. (1990) *Governing the Commons: The Evolution of Institutions for Collective Action*, Cambridge University Press.
Sax, J. L., B. Thompson, J. Leshy and R. Abrams (2006) *Legal Control of Water Resources*, Thomson West.

終章
展望：
フィールドから理論の見直し・政策提言、そして法制度へ

松本充郎・飯國芳明

　序章において、経済学者の視点から本書の内容が要約され、フィールドからの問いかけに応答しコモンズ論をどうつくりかえるか、また理論的・制度論的にどのように受け止めるべきかという問題提起がなされた。

　すなわち、これまでの経済学的コモンズ論は、主に草原や沿岸海域の水産資源を念頭に置き、自然資源の過剰の利用が問題となることを前提として、資源の排除性が低く競合性が高い場合に地域共同体の管理に適していると主張してきた。また、主に社会学者から「自然環境は誰のものか」という問いかけを通じて、所有論のレベルでの議論も行われてきた。

　前者に対して、本書の経済学的コモンズ論は、フィールド調査を踏まえて次のように応答する。たしかに、自然資源の過剰利用の問題は存在し、この場合には排除性・競合性が問題となる。しかし、草原（牧野）のように過少利用が原因で人為ストックの形成が不足する段階では排除性は問題にならない。また、水生生物採取のレベルの競合だけではなく生物の観賞も含めた空間の利用へと競合の内容が変質している場合もある。そこで、排除性・競合性の中味を再吟味するとともに、排除性・競合性に加えて新たな変数を抽出し、問題の類型（ひいては現実の理解）をより豊かにすることが必要である（本章第1節）。

　さらに、序章と後者の問題提起に対して、本書の法学コモンズ論から、これらの問題提起を理論的・制度論的にどう受け止めたかという応答を示す。すな

わち、法的には、権利概念の変更・制定法の改正（法律・条例）・制定法の解釈運用の変更・社会的対応という4層の対応がありうる。

　本書は、民法レベルの権利概念の変更については、理論的課題（ないし制度論的な長期的課題）として受け止めるにとどめ、個別制定法の改正・制定法の解釈運用の変更・社会的対応を制度論的観点から短期的・中期的に検討すべきだとする。そのうえで、草原・海・川・地下水の文脈でどのような法制度的改革が必要かを述べる（第2節）。

1. 経済学的コモンズ論の展望

　従来のコモンズ論において、コモンズは潜在的な受益者の排除がむずかしく過剰利用に陥りやすい資源として捉えられてきた。コモンズ論の代表的な論者であるオストロムは、コモンズを「潜在的な受益者をその利用から排除するためには多大の費用を要する自然あるは人工の資源系」とし、また、主流派の経済学においても、コモンズの特徴を排除不可能性と競合性に見出している。

　排除が容易にできない資源であるという捉え方は、たとえば沖合の海洋資源を考えるときに有効である。しかし、本書で紹介した入会草原の利用を想起するとき、排除ができるかどうかは必ずしも財・サービスの性質を決定する主要な要因とはいえそうにない。入会慣行のもとでは、入会地を管理する組織が形成されており、放牧地を柵や土塁で囲ったうえで駄番などの呼称をもつ草原の監視員を常駐させている場合が少なくない。監視員の役割は、コモンズの管理がもっぱら目的とされており、域外者は結果的に排除されてきた。しかも、現代日本の草原利用における最大の問題は、草原の過剰利用ではなく、過少利用なのである。過少利用が問題になっている限り、利用者を排除する必要性もない。

　過少利用は当該資源が維持できなくなるという産業的な観点ではなく、利用の減少によって、美しい景観が失われたり、自然の人為的撹乱が少なくなり、稀少な動植物が生育する二次的自然が失われたりするなどの点から提起された問題である。こうした外部経済に関わる過少利用問題は、コモンズを過剰利用や排除不可能性の観点から捉えている限り、抜け落ちてしまう。

終章　展望：フィールドから理論の見直し・政策提言、そして法制度へ

　そこで、本書のいくつかの章では、過少利用でありながら、資源が維持できなくなっているという従来のコモンズ論からいえば逆説的な現象に焦点をあてた。草原や沿岸海域がそうした事例である。たとえば、現代の日本の草原では、過少利用で資源が維持できないという事態が頻繁に観察されている。これは、コモンズ論の嚆矢となったハーディン論文が提起した、過剰利用によって資源が維持できないという草原の事態とは対極をなしている。同じ草原（牧野）を想定しながら、これほどまでに異なった事態が現れる背景には、想定される草原と人のかかわりの違いがある。ハーディンの想定する草原では、草資源は放牧の中止（休牧）によって蓄えられ、資源量が回復すると考えられている。これに対し、阿蘇や三瓶草原では、もちろん、休牧による資源量の回復は想定されているものの、草原に火入れや放牧、さらには、採草といった人手が入らなければ、草原には灌木が繁茂し、森林化が進み、草資源の維持もできなくなるという実態がある（第5、6章参照）。両者を比較すれば、ハーディンが提起する問題と阿蘇・三瓶草原で起こっている問題の差異を引き起こす原因は、資源量の回復に、人手、すなわち、労働の投入が必要かどうかにあることがわかる。

　本書では人手を加えた資源を人為ストックと呼んだ。人為ストックは、第8章においてオレンジ郡水区の地下水資源管理における帯水層の維持に関しても指摘されている。人為ストックは、資源管理のあり方を規定する要素である。その存在やその重要性については、オストロムも早くから注目している。オストロムの理論では占用（利用）だけでなく、共同利用資源にかかわる人為ストックの形成を重視しており、人為ストック創出・維持のための主体を2種類（資源系提供者と資源系設置・管理者）に分けて設定するといった細かな配慮がみられる。また、資源系設置・管理者の役割に「建設、修理」といった表現がみえるように、採取の制限を通じて自然資源を回復するだけでなく、資源ストックを人手によって維持する形態が明確に意識されている。オストロムは、資源維持のための人為ストックの形成の大切さを十分に理解し、その存在に対し十分な配慮を払っている。しかし、それをコモンズ形成の主要な契機としては捉えていない。

　本書では、阿蘇や三瓶草原の実態を踏まえて人為ストックをコモンズの形成のもう1つの契機として捉えた。前近代的な社会を想定するとき、家族経営を

単位とする経済では規模の経済がコモンズ組織を形成するための十分な契機となると判断されたからである。この種のタイプのコモンズには草原だけでなく、灌漑や石干見(いしひみ)なども属すると考えられる。また、人為ストックの形成を新たな軸として導入し、その有無からコモンズを人為ストックを有しない採取型コモンズと人為ストックを形成契機とする人為ストック型コモンズに大別した。この類型はコモンズが直面する課題の類型にも対応している。すなわち、過少利用が問題となる現代の日本において、採取型コモンズでは資源を監視する人の確保や新たな資源利用者との利害調整が主な課題となり、人為ストック型コモンズでは、人為的ストックの維持が喫緊の問題となっている。

いずれのコモンズの課題も外部経済という市場を通さない問題が絡んでいる。このため、問題の解決には新たな制度的枠組みづくりや政策手段が必要になってくる。たとえば、人為的ストックの維持を具体化するには、伝統的なコモンズから排除されてきた利用者の受け入れが可能な制度改革が必要となる。入会権の運用や付随した制度の改革などがそれにあたる。また、沿岸海域でみられるような採取型コモンズでは新旧の利用者の利用を調整する制度や沿岸海域の住民を確保して資源利用を監視できる体制を維持するための制度などの創設が必要となる。

もっとも、これらの措置は、伝統的なコモンズが壊れてしまっている場合であり、そうでない場合には、旧来の管理利用を維持発展させる制度が適している。また、伝統的なコモンズが弱体化する過程にあっても、第1、11章で実証的に議論しているように、コモンズを支えた共同体は社会関係資本を通じて、資源を律する力量を備えているケースは少なくない。海域管理の事例でいえば、コモンズの長期持続的利用のためのコストとして、資源系の囲い込みコストや資源系の維持・管理コストを節約できる可能性を秘めている。したがって、こうした社会関係資本を適切に取り込むための制度設計も欠かせない。その際、第9章が指摘する数量分析が重要になる。社会関係資本は人と人のネットワークであり、不可視な資本である。社会関係資本がどの程度蓄積されており、いかに機能しているかという情報を体系的に収集し計測する作業は今後の制度設計の前提であり、急務となっている。

このほか、日本のコモンズでは利用の低下に伴って外部経済への対処が課題

となっている。外部経済への対価を補償する仕組みである直接支払制度は有力な対処法であるが、その具体的なあり方は第2章や第12章において述べた通りである。

また第2章では、現代的な競合の状況を類型として示した。すなわち、沿岸海域における伝統的な利用者（漁業者）に新しい利用者（ダイビング業者）を加えて、それぞれの利用の強度を強弱で区分した4つの類型である。そこでは、伝統的な利用が強固に残る次元、新しい利用が支配的になる次元、両者が競合する次元、さらにいずれの利用も低下してしまっている次元が整理されている。

この4類型に人為的ストックに着目した2つのコモンズ類型（人為型と採取型）を掛け合わせると、8つの類型を得る。いうまでもなく、この8つの類型は試論の域をでない。また、やや形式的でもある。しかし、これらの類型は伝統的なコモンズ論から逸脱する局面を捉えるために、利用強度の強弱、資源系の新規利用者の参入、さらには人為ストックの有無といった新しい軸を導入して得られた類型であり、的確な事実認識を促す契機としては有効であろう。

現代のコモンズが抱える問題への的確な対処は、コモンズの多様性とダイナミズムを捉えたうえで、類型や段階ごとに対応できる制度や政策手段を設計するという手堅い手順が欠かせない。フィールドと理論が融合した研究の深化が望まれる。

（飯國芳明）

2．法学的コモンズ論の展望

（1） コモンズ論が提起した問題の法学における位置付け

既存のコモンズ研究の多くは、「自然は誰ものか」という問いから、いきなり制度論を展開しようとしてきた。いわく、自然資源を持続的に利用するために、「所有」をどのように観念し、所有権を配分すべきか（嘉田1998）、あるいは、「所有ではなく管理について検討すべきではないか」（井上真2004）。

たしかに、コモンズ論からの「自然は誰のものか」という問いを出発点として、所有概念を見直すべきだという主張は重要な問題提起である。また、草原の入会・地先の漁場・放流アユ・地下水（温泉）の問題に着目することによっ

て、これまでの入会理論が入会権の「私的性格」を強調しすぎたことによるひずみがもたらしたもの——入会権・水利権・漁業権から公共性概念が放逐されたことによる自然環境の私物化という問題——が鮮明に浮かび上がる。

しかし、「……は誰のものか」と問いかける場合、その対象である「草原・海・川・地下水」は、排他的な支配が困難な空間に存在する。その対象に成立するのは、第2章および第8章で検討したように所有権ではなく利用権（用益物権）と利用権に付随する管理責任である。

さらに、第12章第4節で指摘したように、日本において、権利に内在する制約としての公共性概念の考察が土地所有権行使の相互衝突（相隣関係。民法209条以下）からは進まず、現実に存在する政府が主張する「公共性」との対抗関係のなかで論じられ、権利の「私的性格」が強調されることが多い。[1]また、債権との対比において物権（所有権）の絶対性が強調され、権利に対する公共的制約や管理責任の検討が立ち遅れた。

さて、ここから生じた理論的なひずみを民法全体の体系から見直すとすると、論理的には、入会権（263条・294条）だけではなく、民法1条・206条（所有権）・207条（土地所有権）なども見直しの対象となる可能性がある。

ところが、日本では、（前述の通り、権利に内在する制約の検討が十分に行われず、）権利濫用という概念が判例法上定着し、民法1条3項に盛り込まれた。また、土地所有権についても、高層マンション建設などによる都市景観の撹乱行為に関する法的評価は、論理的には土地所有権の行使が衝突する場合の限界（前述の相隣関係）の問題である。しかし、判例法上は、都市計画法・建築基準法（・景観法）が定めた手続きに則り、違反に先立って条例を制定したかどうかという問題として扱われており、これをもって民法全体を見直そうという機運は短期的なスパンでは存在しない。[2]

総括すると、入会理論が入会権の「私的性格」を強調しすぎたという問題は入会理論固有の問題ではなく、日本の実定法制度およびその解釈において権利概念から公共性概念が放逐され、物権を債権との対比で「絶対的」としたという権利概念の構成全般にかかわる理論的問題である。[3]だからこそ、民事法上の権利概念全般を見直す際には、入会権・水利権・漁業権だけではなく土地所有権やよりメジャーな用益権も含めて議論する必要がありそうである。しかし、

終章　展望：フィールドから理論の見直し・政策提言、そして法制度へ

（中長期的にはともかく）現時点において土地所有権や入会権については民法改正の動きはない。

（2）　本書の提案

このようななかで、本書は、フィールドにおいて認識した政策的課題と、政策的課題から抽出した理論的問題を踏まえて、法理論的・制度論的観点からおおむね2つの提案を行っている。まず、法理論的観点からは、所有（権）の概念ではなく権利概念全体と公共性概念の見直しを⁽⁴⁾、制度論的には、短期的・中期的な選択肢として民法および既存の個別法の解釈・運用の改善と個別法（特別措置法を含む）の改正・社会的対応を、それぞれに提案する（物権概念や所有権概念の見直しは長期的課題とすべきだ）⁽⁵⁾。制度論的な提案は下記の通りである。

新保は、海の利用・管理を題材として、社会関係資本形成のコストという観点から、漁業集落という既存の機構を再生させるための構想を示す。具体的には、第一に、漁業者集団のもつ社会関係資本などを活用し、漁業と、ダイビング案内業などの新しい産業の利用調整を行いつつ両者の発展を図る「海業」という沿岸地域の新しい生業のあり方を提起する。第二に、既存の社会関係資本が存在する場合には、漁業者とダイビング事業者の間の自主的協定という行政のかかわらない仕組みを利用することもありうるという点を指摘する⁽⁶⁾。第三に、社会関係資本の有無にかかわらず、自然公園法・自然環境保全法・自然再生推進法・漁業法に共通の「海洋保護区制度」を創設することによる、自然資源の持続的利用の実現を説く。これら3つの仕組みは組み合わせ可能であり、地域の実情に応じてよりよい（あるいは可能な）方策を探っていくべきであろう（第1章、12章）。

飯國は、草原の入会において、一人入会による過少利用・過少管理の発生や、NPOの支援によってかろうじて草原が維持されている実態を克明に描いた。そして、高橋（佳）が指摘する権利の裏返しとしての責任（ないし義務）という問題に対して、理論的観点から基準点の見直し（管理責任の引き上げ）と、不動産登記法の改正による取引費用の軽減を提案する。また、草原のもつ外部経済に着目した直接支払制度の充実とそれを可能にする法制度の整備の必要性をあわせて指摘する。法制度の整備とは、現行の農業政策を規定する食料・農業・

農村基本法にある農業生産と環境保全の一体的な推進を意図した多面的機能論の厳密な運用を緩和し、生産政策と環境政策の次元を切り離す（環境デカップリング）ことを意味する(7)（第12章）。

なお、前者については、すでに同様の観点から、入会権の登記が認められるような不動産登記法の改正が必要だとの問題提起が行われている（鈴木2009）。この提案自体は非常に重要だが、入会権の存否において実務的に問題になるのは、登記を行うための要件事実の認定であり、民法・個別法・特別措置法において要件事実を明確化することが今後の課題である。この課題が解決されない限り、現場に課され続ける事実認定の負担（取引費用）は軽減されないと思われる。本書の議論の方向性も同じであり、今後は要件事実の認定を少しでも簡略化する必要がある。

緒方は、まず、従来型の漁業者同士の水産資源採取における競合とともに、漁業が行われている海域でダイバーが生物観賞のために同じ海域に潜水するという利用の競合が存在する（漁業優位とレジャー優位の両方がある）ことを指摘する。次に、地方の少子高齢化により漁業行使権の権利主体である漁協の構成員が激減し、漁場の監視という管理責任を果たせなくなりつつあるという過少利用・過少管理の実態を浮き彫りにし、沿岸海域の利用形態を4つに類型化する(8)。そして、それぞれの類型ごとにインフォーマルな社会関係である「共」的組織のあり方——既存の地域共同体を維持するか組み替えるか——について考察する(9)。

たとえば、「過少管理」への対策として、漁業権の権利主体が管理責任を果たすことを前提に、（離島漁業交付金制度と組み合わせて）組合員本人だけではなくその家族による権利行使を促す仕組みを漁業権行使規則に盛り込むべきことを主張する(10)（第2章）。

高橋（勇）・松本は、まず、アユなど指標となる水生生物の生息環境に配慮して、河川法23条の流水占用許可において必要な維持流量を確保し、水産資源保護法22条・23条上の義務である魚道整備を行うべきであるとする。また、内水面漁業権に関する規定である漁業法127条の増殖義務の解釈を変更し、増殖義務の内容を種苗放流ではなく天然アユ回帰のための流域環境づくりを中心に切り替えるべきことを主張する(11)（第3章、第4章）。

そして、新保は、宮古島および与論島にならい、次のような地下水の硝酸性窒素汚染対策を提言する。第一に、地下水の富栄養化防止という農家にとって分かりにくい目標から、サンゴ礁再生という目に見えやすい目標に切り替える。第二に、家畜排せつ物の管理の適正化及び利用の促進に関する法律および与論島のような独自政策により家畜排せつ物のたい肥化を推奨する。第三に、サトウキビ栽培において施肥の時期と量を適切に管理することにより、肥料節約と収量増加による収入増加の誘因を与える（第7章）。

さらに、松本は、地下水の持続的利用のために最も望ましいのは、地下水利用権の配分原理と安全採取量について、国レベルの包括的な地下水法において規定することだが、地域に固有の事情に対応するため、地域的公序の延長線上にある地下水保全条例も認めるべきだと主張する（第8章）。

3. 結　　語

そもそも、「何が資源か」は時代によって異なる。たとえば、日本の温暖で比較的雨が多い気候条件の下では、植物の生態系の極相は森林である。第5章および第6章で扱った「草原」は、農業生産のための肥料や農耕用の牛馬に与える飼料を調達することを目的として、人間が火を入れて人工的に「牧野」として形成されたものである。

やがて、農業において化学肥料が普及し農業用の機械が普及すると、「牧野」の資源調達の場としての意義は（当事者にとっては非常に重要であり続けているが）社会から忘れられていった。しかし、「草原」の生態系が森林にない豊かな生命の揺りかごとして機能してきたことが発見され、「牧野」を「草原」として維持する必要性が議論され始めた。

しかし、牧野も草原も人為的に形成されたストックである。そして、ストックを形成するためには組織が必要である。組織は、社会関係資本によって結合されたインフォーマルな地域共同体・自発的結社でも、フォーマルな行政組織でもありうる。

新保が指摘するように、社会関係資本に裏打ちされた組織の形成・組み換え・維持には費用がかかる。そして、岡村が指摘するように、社会関係資本の

形成などの費用がいくらかかるかが計量されてはじめて、人手がどれだけ必要か・どのように実現できるかがわかる。

第2章において緒方が示した4類型論は、現時点では沿岸海域の利用・管理の文脈における試論にすぎないが、コモンズ論全体の認識を豊かにし、その主体のあり方を含めたたたき台を提示している。

本書では、そのためにフィールドを確認し、現実に起きている問題が何かを知ることから始め、既存の理論と摺合せることによって、理論の見直しを経済学的・法学的観点から行った。そして、理論的な見直しを踏まえて、運動論ではなく制度的な提案と問題提起を行い、これによってフィールドへの還元を試みた。本書が示したわずかな展望が、コモンズ論を少しでも理論的に深め、フィールド上の問題解決への礎となることを強く願い、展望の結びとしたい。

(松本充郎)

【注】
(1) たとえば、事業認定（土地収用法20条3号）の取消訴訟などにおいて事業の「公共性」が論じられる。
(2) 国立マンション事件最高裁判決は、一般論として景観利益は景観法によって法的に保護されうるが、本件では条例制定が工事着工後であったために景観利益の侵害方法に違法性はないとした（最高裁判所2006年3月30日判決・『最高裁判所民事判例集』60(3) 948頁）。
(3) 本書が考える経済学的コモンズ論の対象と法学的コモンズ論の対象には、重複部分もあるがずれもあり、都市景観の問題は、前者には入らないが後者には入る。
(4) 井上達夫は、「公共性とは何か」という問題を「法の公共性」（正統性の問題）と「法における公共性」（正当性の問題）に分けて分析し、後者について公共的理由の基底性を主張し、公共的理由の規制理念として正義概念を位置づける（井上2006。本書が扱うフリーライダー問題は後者の問題である）。本書において、松本は井上の立場を支持するが、緒方は後者について手続的公共性論を支持するものと思われる。理論的観点からの権利概念の見直しは、今後の課題としたい。
(5) 社会的な対応はインフォーマルな制度（社会制度）による対応であり、それ以外の3つの対応はフォーマルな制度（法制度）による対応であり、オストロムも類似の問題設定を行う（Ostrom1990, p.53）。本書は4つの対応の合わせ技を重視するが、どの対応を重視するかは論者によって異なる（たとえば、松本は法制度的な対応をより重視するが、緒方は社会制度による対応をより重視する。この違いは、注4の法における公共性（正当性の問題）における立場の違いにおいて

終章　展望：フィールドから理論の見直し・政策提言、そして法制度へ

　　　　顕在化する）。
（6）　もちろん実際には、交渉を仲介したり、効力を裏書きしたりする形で行政（特に地方自治体）が関与する場合もあり得る。
（7）　食糧・農業・農村基本法は、国民生活等の安定・向上を図ることを目的として（1条）、まず、「食料の安定供給」（2条）、食料生産以外の農業が持つ「多面的機能の発揮」（3条）という理念を掲げ、次いで、「農業の持続的な発展」（4条）、「農村の振興」（5条）を謳う。そして、国や公共団体の「食料、農業及び農村に関する施策を総合的かつ計画的に推進」する責務を課す（7条・8条）。たしかに、法令の解説書は、2条と3条を並列している（高木・松原 2007, 25-26 頁）。しかし、条文を読む限り、「総合的かつ計画的に推進」される対象は「食料、農業及び農村に関する施策」であり、飯國が本書第 12 章 2（3）1）で指摘するように農業政策と矛盾する（ないし無関係な）「多面的機能」の維持に関する問題意識は読み取れない。
（8）　飯國はこの4類型に人為型と採取型の2種類をかけ合わせ、8類型の認識枠組みとすることを提案する。本章第2節を参照。
（9）　高橋（勇）は、漁獲規制の困難さから魚類の採捕者が漁場の管理者になるという内水面漁業権の概念に矛盾を感じており、緒方の方向性とは一致しない。
（10）　漁業法上、都道府県知事は、漁場計画を策定し、漁業権に基づく漁業に対して免許を行う（10 条・11 条）。漁業権の免許は、免許の必要性と公益性（免許が漁業調整その他の公益に支障を及ぼさないこと）という2つの要件を充足する場合に行われる。緒方が指摘する漁業権行使規則の改正は公益性要件の読み替えとセットで行われるべきである。
（11）　高橋（勇）が指摘するように、天然アユ派の漁協が行う事業のうち、産卵場整備は「増殖」に含まれるが、親アユ確保のための漁獲規制・禁漁区設定や産卵保護のための産卵保護区域の設定・産卵保護期間の延長などは「増殖」には含まれない。また、ダムの運用改善は、論理的には、河川法 23 条だけではなく電気事業法の改正によって行うことも可能である。

【参考・引用文献】
井上達夫（2006）「公共性とは何か」井上達夫編『公共性の法哲学』ナカニシヤ出版, 3-27 頁.
井上真（2004）『コモンズの思想を求めて』岩波書店.
嘉田由紀子（1998）「所有論からみた環境保全――資源および途上国開発問題への現代的意味」『環境社会学研究』4, 107-123 頁.
鈴木龍也（2009）「日本の入会権の構造――イギリスの入会権との比較の視点から」室田武編『グローバル時代のローカル・コモンズ』ミネルヴァ書房, 52-76 頁.
高木賢・松原明紀（2007）『食糧・農業・農村法入門』全国農業会議所.
Ostrom, E. (1990) *Governing the Commons: The Evolution of Institutions for Collective Action*, Cambridge University Press.

あ と が き

　本書『変容するコモンズ——フィールドと理論のはざまから』は、この10年あまりの間、高知大学人文学部社会経済学科の何名かの教員が進めてきたコモンズに関する研究の現時点での成果をとりまとめたものである。(1)以下、本書の研究の経緯について、述べておきたい。

　著書の一人、飯國は従来から自然科学系の研究者と文理融合型の共同研究を進めてきたが、1999年に飯國が進めていた山地酪農に関する研究の一環として、新保とともに島根県三瓶山のフィールドに入り始めたのが、一連の研究の契機になった。三瓶山では、高橋佳孝（第5章担当）が1990年代の後半から草原の再生活動に主体的に関わっていた。三瓶山の活動は、当初もっぱら中山間地域の活性化の手段として草原再生の活動が注目されていたが、その後、再生活動の重点は次第に二次的自然の保護へと移って行く。活動の主眼が移行する中で、高橋が第5章で指摘する管理と利用の分離が三瓶草原で顕在化してきた。すなわち、入会権が多様な主体による草原の管理や利用を難しくするという実態である。そこで、草地生態学研究者である高橋から飯國に入会権を現代的な視点から見直しができないかとの問いかけがあり、2001年に高知大学に着任した吉岡祥充氏（民法・法社会学、現龍谷大学）を代表とする研究会が組織された。この研究会には、吉岡氏の他、龍谷大学法学部の池田恒男氏、鈴木龍也氏、牛尾洋也氏（ただし、池田氏は当時東京都立大学）らの法学研究者が参加し、経済学をベースとする飯國・新保と議論を戦わせることになった。2003年には、この組織を母体とする科研費が採択され、阿蘇草原と三瓶草原の両者を比較する形で分析が本格化する。2004年からは、松本・緒方が高知大学に着任し、現在のコモンズ研究会の陣容がほぼ整った。科研を資金源とする研究は3年に渡って行われたが、(2)助成期間終了後もコモンズに関わる研究は高知大学人文学部周辺で継続された。その間、阿蘇草原の調査には図司直也氏（農業経済学、法政大学）が加わり、実態の理解を深めた。また、草原再生の運動としての側面

の調査については、公益財団法人阿蘇グリーンストックの山内康二氏および認定NPO法人緑と水の連絡会議の高橋泰子氏から強力なサポートを得ることができた。

　以上は、いわば山のコモンズの研究に関わる経緯であるが、海のコモンズに関する研究は、編著者の一人新保が組織した高知県の柏島に関する文理融合型研究を端緒としている。1998年、第1章にも登場した魚類生態学者神田優氏（現NPO法人黒潮実感センター）が、フィールド・ミュージアムを立ち上げるために柏島に移り住んだ直後、活動の一環として開催した第1回海洋セミナーに、新保が何の気なしに参加したことがきっかけといえばきっかけなのだろう。セミナー自体は東京大学の魚類生態学の研究者をスピーカーとして招いたかなり学術的なものであったが、その番外編としてセミナー修了後に一人の「おんちゃん」（高知県では年配の男性をこう呼ぶ）がこのような活動に対する不満を述べる大演説を行ったことにより、柏島の美しい海をめぐってさまざまな問題があることに新保は気づくことになった。その後、神田氏の誘いもあり、1999年には同じ人文学部の友野哲彦氏（環境経済学、現兵庫県立大学）や三浦大介氏（行政法、現神奈川大学）、当時高知大学農学部に在籍していた深見公雄氏（海洋環境保全学）や神田の恩師である山岡耕作氏（魚類生態学）、鹿児島大学水産学部の婁小波氏（漁業経済学、現東京海洋大学）などのメンバーを糾合して、研究プロジェクトを立ち上げることになった。もちろん神田氏もこの研究プロジェクトに参画し、以降、高知大グループの柏島での調査研究を現地から強力にサポートしていただくことになる。2000年度からは科研費も採択され、柏島の海の問題について自然科学と社会科学の両面から研究を行っていった。このような自然科学者との共同研究により、新保はたとえ環境経済学的アプローチをとるにしろ自然資源の保全を研究するためには当該自然資源に関する生態学等の知見が必要不可欠であることを学ぶこととなった。本書第1章で取り上げたようなサンゴ群集の劣化の問題は、それまで環境経済学がよく扱ってきた公害やゴミ問題等とはかなり様相の異なる微妙なメカニズムによって発現しており、自然科学者との適切な協働なく取り組むと問題の本質を捉え損なう危険が大きい。

　また、当時柏島で問題になっていた漁業とツーリズムのコンフリクトの問題

あとがき

を考えるために、上述婁氏とサンゴの海をツーリズムで活用している漁村地域をいくつか調査して歩いた。そのような調査を通して感じたのは、それらの地域を覆う、ある「空気」である。地域によって立場によって、そのようなあり方を肯定する人あり、眉をひそめる人ありで、さまざまな意見があるのだけれど、ただ「漁業者が海を優先的に利用するのは当然のことだ」という信憑——一種の規範——は、それらの地域では多くの人たちに共有されているように見えた。目には見えないけれど、確かに感じるこの「空気」は一体何なのだろう？　そのような素朴な疑問が、新保をコモンズ研究へ向かわせる原動力となった。そして、そのような規範が地域のサンゴの海の利用秩序を大きく規定しているように見て取れたことから、この目に見えないものを形のあるものとして学問的に表現し、自然資源の持続的利用のための社会的仕組みを形成するために有効利用できないかという問題意識を抱くに至ったのである。(3)

　その後柏島に関する研究は、2004年頃から松本・緒方両名の参加を得てさらに広がりを見せるとともに、サンゴ礁／サンゴ群集生態系の保全と最適利用という観点から、前述の深見氏や野島哲氏（海洋生態学、九州大学）、中西康博氏（土壌肥料学・地下水環境学、東京農業大学）らとの鹿児島県与論島のサンゴ礁劣化問題に関する研究（本書第7章参照）や、諸岡慶昇氏（開発経済学、高知大学総合科学系黒潮圏科学部門）らとのフィリピン・ビコール地方の海洋保護区の研究などにもつながっていき、それらは互いに比較・参照する形で発展している。

　また柏島における調査研究の必要上、柏島の漁協とその漁業権の問題を攻究していた緒方は、2009年頃から高知県漁協など県内他漁協の調査にも乗り出すようになり、本書第2章で展開されるような、海のコモンズに関する過少利用問題を見出すことになったのである。

　川と地下水の問題についての経緯であるが、先述吉岡氏の指導学生であった川中麻衣氏（2003年4月に高知大学人文社会科学研究科修士課程に入学）は、物部川の利用と管理をめぐる問題について調査研究を開始、物部川漁協・土地改良区・農協・物部川の明日を考えるチームなどのヒアリング調査を開始した。その過程で川中氏は本書第4章執筆の高橋勇夫からも河川とアユに関わる自然科学的な知見や物部川の流域保全活動の特徴について、教えを受けるようにな

った。04年3月の吉岡の転出後、04年4月に飯國の指導学生となった川中氏は、同時期に人文学部に着任した松本、緒方とともに物部川に関する研究を展開するようになった。05年3月の川中氏の修士課程修了後は、松本が川中の研究を半ば引き継いだ。2008年にそれまでの研究成果が『水をめぐるガバナンス——日本、アジア、中東、ヨーロッパの現場から』（蔵治光一郎編、東信堂）の一部として刊行されるまで両名の共同研究は続き、それ以降は松本が研究を継続している。

また、松本は2005年3月から上記の与論島に関する調査研究に加わるようになり、研究対象を地下水法に拡大、沖縄県宮古島の調査や2010年度のアメリカ・カリフォルニア大学バークレー校への留学を経て、本書第8章のような形で研究を結実させた。

2010年度にはこれまでの研究成果を書物の形にまとめようという作業が具体的に開始され、その一環として、岡村にコモンズ数量分析の先行研究に関するサーベイを依頼し、本書の執筆メンバーがすべて揃うこととなった。

以上の研究は、科学研究補助金や高知大学による助成のほか、2004年度からは高知大学人文学部からも助成を受けた。またこの出版に関わる経費も人文学部から助成を受けている。文末に関連する研究助成を列記し、関係各位へ感謝の意を表したい。特に、陰に陽にいただいた人文学部によるバックアップは、私たちの研究を進める上で大きな助けになった。前学部長根小田渡氏、現学部長小沢萬記氏をはじめ、すべての学部構成員に御礼を申し上げたい。なかでも、本年度でご退職される青木宏治氏（憲法）に関しては、本書の出版作業と時期が重なったため、紀要『高知論叢』の退職記念号への寄稿がかなわなかったことが一同心残りである。本年度特任教授を辞して高知を去られる諸岡慶昇氏ともども、本書をご退職の餞として捧げたい。

また、困難な出版事情のなか、本書の出版を引き受けていただいたナカニシヤ出版と、非常にタイトなスケジュールにもかかわらず精力的に編集作業を進めていただいた担当の酒井敏行氏、遠藤詩織氏には、最大限の感謝の言葉を贈りたい。

最後になりましたが、我々がそれぞれのフィールドで調査するにあたっては、

あとがき

地元の研究者の方やNPOの方、市町村や県、漁協等関連組織の担当者の方々、なにより住民のみなさんにはさまざまな形でお世話になりました。みなさま方の協力がなければ、この研究も成り立たなかったと思います。ここに記して、心よりの感謝の意を表す次第です。ありがとうございました。

【注】
（1）　高知大学では、この数年の間に何度か組織の改編があった。新保・飯國は、2004年に設立された文理融合型の独立研究科である黒潮圏海洋科学研究科に異動し、人文学部とも連携して新たな教育・研究に取り組むことになった。その後、研究組織と教育組織の分離が行われ、教員は新たに作られた研究組織（学系）に所属し、教育組織となった人文学部に出動する形をとることになった。そのため、著者紹介のページには、飯國・緒方・岡村・新保・松本の2012年3月現在の「正式な」所属を記載しているが、全員同時に人文学部にも「所属」している。
（2）　研究成果は、2005年度末に科研費の研究成果報告書として報告されたほか、その成果の一部が、龍谷大学のメンバーにより2006年に『コモンズ論再考（龍谷大学社会科学研究所叢書）』（鈴木龍也・富野暉一郎編著、晃洋書房）として公表されている。
（3）　この問題意識からの思索はいまのところ第11章のような形にまとめたが、その過程では、高知大学のコモンズ研究会のみならず、浅野耕太氏（環境経済学、京都大学）の主宰する科研費の研究会においても、赤尾健一氏（環境経済学、早稲田大学）をはじめとするさまざまな方にコメントをいただき、少しずつ考えを練っていった。また岡村誠氏（ミクロ経済学、広島大学）には、本章の元になる草稿をお読みいただき、非常に有益なコメントをいただいた。
（4）　その後何度か高橋勇夫をコモンズ研究会へ招き、河川とアユの問題についてのレクチャーを仰いでいる。

2012年3月7日

執筆者を代表して
新保輝幸

【関連する研究助成】

〈科学研究補助金〉
1999年度〜2000年度
基盤研究（B）（2）「山地畜産を軸とした環境保全型アグロフォレストリ・システムの確立」（研究代表者：飯國芳明、課題番号11460103）

2000年度〜2002年度
基盤研究（B）（2）「高知県柏島水域における海中生物の生物多様性の保全と活用：地域振興の視点から——生物学的・社会科学的アプローチ」（研究代表者：2000〜2001年度 三浦大介、2002年度 新保輝幸、課題番号12480164）

2003年度〜2005年度
基盤研究（B）（2）「コモンズにおける資源管理ルールの再構築」（研究代表者：吉岡祥充、課題番号15380154）

2004年度〜2006年度
基盤研究（B）「サンゴの海のワイズユースをめざして——海洋環境資源の最適利用と資源管理に関する生物学的・社会科学的研究」（研究代表者：新保輝幸、課題番号16310028）

2005年度〜2007年度
基盤研究（B）「生態系調和型農業への政策転換と日本版GAPの構築に関する総合的研究——西南日本とドイツの比較に基づく環境支払いプログラムの策定に向けて」（研究代表者：横川洋、課題番号17380137）

2006年度〜2011年度
特定領域研究『持続可能な発展の重層的ガバナンス』「臨界自然資本の識別による環境リスク管理」（研究代表者：浅野耕太、課題番号18078004）

【関連する研究助成】

2009年度〜2011年度
基盤研究（B）「サンゴの海の生態リスク管理——住民・研究者・自治体の協働メカニズムの構築」（研究代表者：新保輝幸、課題番号 21310029）

2010〜2011年度
若手研究（B）「日米水法の比較研究——流域環境の総合的健全化の観点から」（研究代表者：松本充郎、課題番号 22730105）

2010〜2012年度
基盤研究（C）「沿岸海域および河川流域の『共』的管理に関する法学的研究」（研究代表者：緒方賢一、課題番号 22530009）

基盤研究（B）「〈立法理学〉としての立法学の法哲学的再編」（研究代表者：井上達夫、研究課題番号：21330001）

〈日本学術振興会〉
2003年度〜2007年度
日本学術振興会人文社会科学振興プロジェクト研究領域Ⅱ（4）「水のグローバルガバナンス」（研究代表者：中山幹康）

平成21年度日本学術振興会優秀若手研究者海外派遣事業・常勤研究者「日米の水ガバナンスに関する比較法的研究——治水・利水・環境の総合的考慮に向けて」（研究代表者：松本充郎、派遣者番号 21-2202）

〈総合地球環境学研究所〉
2004年度〜2006年度
プロジェクト 5-1「地球規模の水循環変動ならびに世界の水問題の実態と将来展望」（研究代表者：鼎信次郎）

〈高知大学関連〉
2001年～2002年
高知大学教育改善推進費（学長裁量経費）「高知県柏島水域の自然資源の保全と活用：地域振興の視点から——生物学的・社会科学的アプローチ」（研究代表者：新保輝幸）

2004年度～2009年度
高知大学部局横断プロジェクト年度計画研究経費「海洋生態系の解明とその資源の持続的有効利用」（研究代表者：諸岡慶昇）

〈高知大学人文学部関連〉
2004年度～2009年度
「人文学部研究プロジェクト」
2010年度
「人文社会科学部門研究プロジェクト（キーワード型）」
「黒潮圏における社会・経済と自然・環境」（研究代表者：大石達良）

高知大学人文社会科学系長裁量経費
『コモンズ神話の解体——自然資源の持続的利用をめざして（仮題）』（研究代表者：緒方賢一）

索　引

あ行

アクセス権　190
アジロ　238-240
網代　234
　網代漁場　236, 240
阿蘇　9, 16, 103, 242
アソシエーション（自発的結社）　16
アユ　67, 69-70, 73, 75, 77, 83, 92, 271, 284
　天然アユ　11, 14, 67, 72, 76-78, 94, 97, 100, 267-269, 284
ある特定の所有地に入る権利
　（→アクセス権）
安全採取量　180, 182, 184, 269, 285
一村専用漁場　23, 31, 33
　一村専用漁業慣行　23-24, 30, 236-237, 241
イバラ刈り　137, 139
入会　43, 118-119, 204, 216, 218, 236, 242, 253-254, 264, 269, 271, 282
　入会い　23, 237
　入会慣行　24, 204, 218, 264, 278
　入会漁場　234
　入会権　23, 43, 58, 84, 110-111, 123, 127, 129, 138-140, 176, 205, 215-217, 245, 253-256, 263, 280, 282, 284
　入会地　106, 115, 127-129, 131, 133, 139, 204, 208, 215, 263-265, 278
　漁業入会　7, 9, 22, 36
　一人入会　138-139, 216-217, 254, 269, 271, 283
　林野入会　7, 23
　海面の入会的支配・所有　24, 30
インセンティブ　15, 160, 162, 188-189, 191, 193, 196, 199, 249-250, 252
　インセンティブ・システム　15

ウスイロヒョウモンモドキ　125
海業（うみぎょう）　250
ウルプロジェクト　161
沿岸海域　43-44
大敷網　32
大月町　25
　大月潜水部会　26
　大月地区ダイビング業者部会　26, 29
　すくも湾ダイビング大月地区部会　27, 29
オープン・アクセス　7, 21, 23, 224-225, 227, 231-232
おかずとり　16, 83, 144, 148
沖合漁場　234, 236, 240
オキナグサ　125
オストロム（Elinor Ostrom）　7-9, 13, 23, 146, 203, 210-212, 228, 272, 279
オニヒトデ　147, 161, 248, 271
オミナエシ　125
オルソン（Mancur Olson）　228
温泉権　169-170, 173, 183, 268
温泉法　175
恩納村　247-248, 250
　恩納村漁協　247

か行

海水温の上昇　69, 89
外部経済　10, 14-15, 36-37, 40, 126, 218, 278, 280-281
外部連関性　231
海面利用調整、海域利用調整　29, 31, 37
海洋自然資源　14, 35, 230-232, 240-241, 246
海洋保護区（Marine Protected Area；MPA）　250-252, 272
過剰漁獲　31

過少利用　　9-10, 12, 60, 126, 205, 214-215, 267, 278
過剰利用　　9-11, 14, 16, 38, 181-182, 223-224, 267, 278
柏島　　11, 19, 24, 27-40, 45, 219, 224, 246, 249, 251
　　柏島漁協　　25-26, 31, 48, 51
河川法　　67, 69, 75-76, 79, 268, 284
家畜排せつ物処理法　　156
褐虫藻　　20-21, 146
カワウ　　90
環境教育　　219, 258
環境負荷　　146
環境保全型農業直接支払
　　（→直接支払制度）
関係地区　　51, 62
慣行　　171
観察困難性　　230, 232, 234
慣習　　43, 169-170, 172-173, 176, 182-183
　　慣習法　　9
管理権　　190
紀伊長島町（紀北町）　　12, 168-169, 177, 181
技術的費用非効率性　　192, 199
基準点　　254
競合性　　14, 167, 225, 277
協治　　35
共的管理　　36-37
協働　　114, 162
共同利用資源共同利用の資源（CPR；コモンプール資源）　　8, 14, 23, 223, 225, 230, 279
漁獲規制　　90, 94, 99
漁業協同組合（漁協）　　50-51, 85-86, 100, 267
　　小値賀町漁協　　239
　　恩納村漁協　　（→恩納村）
　　柏島漁協　　（→柏島）
　　神戸川漁協　　85
　　座間味村漁協　　272

　　すくも湾漁協　　26-27, 34, 37
　　内水面漁協　　73-74
　　物部川漁協　　（→物部川）
漁業
　　漁業集落　　43, 49
　　漁業テリトリー　　233
　　漁業紛争　　31
　　漁業法　　23-24, 30, 44, 57, 74, 84, 216, 267
　　沿岸漁業　　191
　　自由漁業　　33
　　商業的漁業　　33
　　内水面漁業　　85
漁業権　　23-24, 29, 34, 44, 51, 57, 74, 77, 84-86, 95-96, 216, 241, 245, 267, 282, 284
　　漁業権行使規則　　56, 63
　　共同漁業権　　44, 51, 53-57, 216, 237
　　専用漁業権　　57, 216
　　私的漁業権　　191
漁場利用　　223, 232-233, 237, 240
魚道　　93
禁漁区　　251
空洞化　　216
（NPO法人）黒潮実感センター　　37-38
権利　　270-271, 283
　　権利の濫用　　270-271, 273, 282
合意形成コスト　　228, 232, 248
公共信託　　273
公共性　　15, 37, 77, 268-271, 282-283
工業用水法　　174-175
公水条例　　173, 176
高知県清流保全条例　　76, 79
公物　　271, 273
公法私法二元論　　270, 273
コース（R. H. Coase）　　227
コーディネータ　　117
国立公園　　124, 135
個人活動上のレベル　　190
コスト　　280

索引

個別漁船漁獲割当（→（譲渡可能）個別漁船漁獲割当（IVQ））
Community-Based Management　251
コモンズ　7-8, 10, 12, 14, 21-22, 36, 118-119, 147, 223-226, 228, 250
　コモンズのコスト　227-228, 230, 240, 246
　資源系の囲い込みコスト　13, 223, 226, 229, 232, 234, 236, 238, 240-241, 249, 251, 280
　資源系の維持・管理コスト　13, 226-227, 229, 232, 240, 280
　利用管理組織の形成・維持コスト　13, 229, 249, 251
　コモンズの悲劇　7, 9, 22, 143, 147, 159-160, 226
　コモンズ利用者への所有権の配分を通じた私企業化　191-192
　エコ・コモンズ　35
　漁業コモンズ　11, 13, 15, 223, 246, 249-250
　採取型コモンズ　210, 280
　人為ストック型コモンズ　210, 280
コモンズ論　13, 17, 21
　「海のコモンズ」論　16, 22, 24, 35
　人類学的コモンズ論　37

さ行

財産区　170-172
財産権　190
再生可能資源　8, 225
再生可能性　231
採草　103, 105, 110, 125
最適利用　232, 250
里山　10
座間味村　28, 247-248, 250, 271
　座間味村漁協　271
　座間味ダイビング協会　248
産業育成　219
サンゴ礁　16, 21-22, 143-148, 160-163, 230
サンゴ礁生態系　11, 14, 16, 20-21, 36, 223, 231, 246, 271
サンゴの海　11, 15, 21, 36, 144, 223-224, 250, 252
三瓶山、三瓶草原　9, 16, 123, 127-128, 242．
　三瓶牧野委員会　131
産卵場の造成　73, 77, 94, 99
CPR（コモンプール資源）(→共同利用資源)
　CPR管理組織　8-10, 227-228, 272
CVM（仮想状況評価法）　40
時間選好率　197-199
私権　44, 217, 253, 270
　ウルトラ私権　15, 269, 271
資源
　資源ストック　8-9, 14
　資源単位　8
　資源利用の多様性　230, 234
　自然資源　7, 195
資源系　8-9
　資源系設置・管理者　8, 210
　資源系提供者　8, 210
　資源系の維持・管理コスト（→コモンズのコスト）
　資源系の囲い込みコスト（→コモンズのコスト）
持続的利用　8, 17, 21, 23, 224, 231, 246
自治公民館　160
湿原　108
私物化　75, 77, 271, 282
社員権説　58
社会関係資本　13, 15, 36, 160, 162, 189, 192-196, 198-199, 223-225, 230-231, 241, 246, 248-250, 252, 280, 285
集合的選択のレベル　190
種苗放流　85, 92, 95, 284
硝酸性窒素　149-151, 155, 159-160, 169
礁池　16, 22, 146-147
（譲渡可能）個別漁船漁獲割当（IVQ)

299

191
譲渡権　190-191
植林地　108
所持　23
所有権　15, 129, 132, 190, 224, 227, 232, 271, 281, 283
　土地所有権　172, 182-183, 268, 270, 273, 282
自力　238, 241
人為ストック　209-214, 219, 277
人工草地　106, 108
信頼ゲーム　193-194
水位の低下　69, 71-72
水産業協同組合法　50
水産資源保護法　74-75, 79, 93
水質汚濁防止法　76, 79
水道水源保護　181
　水道水源保護条例　168, 173, 175-177, 180-181, 183
水道法　174
水利権　71, 77, 267, 282
数量分析　12, 187
スキューバ・ダイビング　11, 21, 24, 246
裾切り　156
ストック　168, 210, 245
スピルオーバー効果　251, 272
生物多様性　19-21, 106, 108, 126, 204, 218, 230, 251, 256-257, 264
　生物多様性条約（CBD）　252
石西礁湖自然再生協議会　272
絶滅危惧種　107
選好　188-189, 196-199
占用　8, 22, 210-211, 238, 279
　占用者　8, 210-211
草原　9-10, 14-15, 103, 256
相互監視　228
造礁サンゴ　19-20, 145, 147
増殖義務　73-75, 85-86, 96, 267-268, 284
総有　36, 49
　総有説　58

相隣関係　16, 181, 183, 270
相論　237-238

た行

堆肥　116, 259
ダイビング圧　28
ダイビング案内業　24, 34
ダイビングスポット、ダイビングポイント　11, 24, 28-29, 45, 271
濁水　69-72, 78, 267
玉野井芳郎　16, 22
ダム　69-73, 76-79, 87, 97, 266
タロック（G. Tullock）　242
地域共同秩序　47
地域的公序　172, 181-183, 269-270, 273, 285
地縁共同体　7, 13, 224, 227
地下水　9, 11-12, 15, 143, 146-149, 151-152, 154-155, 157-159, 163-164, 167-169, 281, 285
　地下水保護管理条例　169
　地下水保全条例　16, 173-176, 179, 181-182, 285
　地下水利用権　168, 172-174, 176, 180-182, 268
地先漁場　234, 236, 240
地先権　24
地付き　23, 237, 242
直接支払制度　15, 256, 281
　環境保全型農業直接支払　15, 218, 256
ツーリズム　11, 223, 246
低島　148, 163
手続　178, 181
渡嘉敷村　250
豊岡市　12, 170, 172

な行

奈半利川　11, 97
ナワバリ　238, 241
南西諸島　11, 143, 145, 147, 149, 151, 163

二次的自然　209
野焼き　9, 103, 105, 110, 226

は行
ハーディン（Garrett Hardin）　7, 9, 22, 35, 143, 147, 159, 204, 211, 279
バイオマス　258, 261
廃棄物処理及び清掃に関する法律（廃掃法）　174, 177-180
排除困難性　231-232, 234
排除性　14, 167, 225, 231, 277
排他権　190-191
配分原理　180-182, 269, 285
配分的費用非効率性　192, 199
白化　144-146, 148
火入れ　126, 130, 137, 226
被度　38, 147, 163, 271
ビル用水法　175
フィーニィ（D. Feeny）　9, 23
富栄養化　11, 20, 143, 146, 148-151, 153, 159, 161-162
　富栄養化物質　143, 148, 163
ブキャナン（J. M. Buchanan）　242
物権　215
　物権法定主義　175-176
防火帯　137
法の適用に関する通則法　31, 38
放牧　103, 105, 110, 125, 127, 132, 136
放流　73, 75, 268
牧野　258
　牧野組合　110
補償　73, 267
　損失補償　74
ホッジ（I. D. Hodge）　254
ボランティア　114, 126, 136, 139
盆花　108

ま行
宮古島　151-153, 155, 162

宮古島市　12
宮古島地下水水質保全対策協議会　152, 162
牟岐町　248
モニタリングコスト　227, 236
物部川　11, 67, 101, 267
　物部川漁協　72, 76, 78
　物部川方式　67-68, 72, 78-79
　物部川21世紀の森と水の会（森と水の会）　72-73, 78
　物部川の明日を考えるチーム　72, 76-79

や行
山アテ　242
用益事実　13, 223, 238, 241
与論島　11, 16, 143-151, 153-154, 156-161, 164
　与論町　150, 155
　ヨロンの海サンゴ礁再生協議会　16, 144, 161, 272

ら行
離島漁業再生支援交付金　62
隆起珊瑚礁　143, 148-149
利用管理組織の形成・維持コスト（→コモンズのコスト）
利用競合　11, 13, 223
利用秩序　15, 231, 246
利用ルール　226
冷水病　69, 73, 90
レクリエーション資源　10, 21, 250
レジームシフト　232
ロック（John Locke）　240

わ行
輪地切り　9, 103, 126, 207, 226

【著者紹介】（執筆順）（2012年3月現在）

新保輝幸（しんぼ・てるゆき）　序・1・7・11・12章
1964年生まれ。京都大学農学部卒業、同大学院農学研究科博士課程修了。博士（農学）。現在、高知大学教育研究部総合科学系黒潮圏科学部門教授。環境経済学。『農林業の外部経済効果と環境農業政策』（共著、多賀出版、1995年）、『自然資本の保全と評価』（分担執筆、ミネルヴァ書房、2009年）、他。

緒方賢一（おがた・けんいち）　2・12章
1970年生まれ。早稲田大学法学部卒業、同大学院法学研究科博士後期課程中退。修士（法学）。現在、高知大学教育研究部人文社会科学系准教授。民法・法社会学。『地域農業の再生と農地制度』（分担執筆、農文協、2011年）、「改正農地法に対応した農業委員会の活動強化に向けて」（『農政調査時報』566、2011年）、「漁業権による沿岸海域の管理可能性」（『高知論叢』98、2010年）、他。

松本充郎（まつもと・みつお）　3・8・12・終章
1971年生まれ。東京大学法学部卒業、上智大学大学院法学研究科博士後期課程満期退学。修士（法学）。現在、高知大学教育研究部人文社会科学系准教授。行政法・環境法・法哲学。『公共性の法哲学』（分担執筆、ナカニシヤ出版、2006年）、『水をめぐるガバナンス』（分担執筆、東信堂、2008年）、他。

高橋勇夫（たかはし・いさお）　4章
1957年生まれ。長崎大学水産学部卒業。博士（農学）。たかはし河川生物調査事務所代表。『ここまでわかったアユの本』（共著、築地書館、2006年）、『天然アユが育つ川』（築地書館、2009年）、『アユを育てる川仕事』（共編著、築地書館、2010年）。

高橋佳孝（たかはし・よしたか）　5・12章
1954年生まれ。岩手大学大学院農学研究科修士課程修了。博士（農学）。現在、独立行政法人近畿中国四国農業研究センター上席研究員。専門は草地の利用・管理。『里山・遊休農地を生かす』（共著、農山漁村文化協会、2011年）、『生態調和的農業形成と環境直接支払い』（共編著、青山社、2011年）、『自然再生ハンドブック』（分担執筆、地人書館、2010年）、他。

実践する政治哲学
宇野重規・井上 彰・山崎 望 編

喫煙規制、外国人参政権から、教育、環境、平和、安全保障まで、現代世界の直面するさまざまな難題に政治哲学が解答を与える！　身近な実践的問題を素材に政治哲学の最前線へと誘う。

三一五〇円

交響する社会
井手英策・菊地登志子・半田正樹 編

「経済」「政治」「社会」はいかにして調和しうるか。市場の暴走を防ぎ、市場と国家と共同体が交響した社会のあり方を、マルチエージェント・シミュレーションと実証研究をもとに考察する。

三七八〇円

公共性の法哲学
井上達夫 編

公共性、それは正義である――巷に溢れる「公共性」言説の欺瞞性を抉りだし、公共性概念の哲学的再定位に挑む！　多元的社会における法の公共性、法における公共性を問う共同研究の成果。

三六七五円

環境と経済を再考する
倉阪秀史 著

環境問題に配慮しつつ経済成長を達成することは可能なのか。「外部性」や「持続可能性」などのさまざまな概念を再考するなかで、地球環境との共存をめざした新しい経済ルールのあり方を考察。

二三一〇円

表示は二〇一二年四月現在の税込価格です。

変容するコモンズ
フィールドと理論のはざまから

2012 年 4 月 23 日　初版第 1 刷発行　（定価はカヴァーに表示してあります）

編　者	新保輝幸
	松本充郎
発行者	中西健夫
発行所	株式会社ナカニシヤ出版

〒 606-8161　京都市左京区一乗寺木ノ本町 15 番地
TEL 075-723-0111
FAX 075-723-0095
http://www.nakanishiya.co.jp/

印刷・製本＝創栄図書印刷
©T. Shinbo and M. Matsumoto 2012
Printed in Japan.
ISBN978-4-7795-0647-5　C3033

本書のコピー，スキャン，デジタル化等の無断複製は著作権法上での例外を除き禁じられています。本書を代行業者等の第三者に依頼してスキャンやデジタル化することはたとえ個人や家庭内の利用であっても著作権法上認められておりません。

飯國芳明（いいぐに・よしあき） 6・10・12・終章

1958 年生まれ。島根大学農学部卒業、京都大学大学院農学研究科博士課程単位取得退学。博士（農学）。現在、高知大学教育研究部総合科学系黒潮圏科学部門教授。『生態調和的農業形成と環境直接支払い』（分担執筆、青山社、2010 年）、『自然資本の保全と評価』（分担執筆、ミネルヴァ書房、2009 年）、『日本農業と農政の新しい展開方向』（分担執筆、昭和堂、2008 年）、他。

岡村和明（おかむら・かずあき） 9 章

1971 年生まれ。広島大学経済学部卒業、大阪大学大学院経済学研究科博士課程後期単位取得退学。博士（経済学）。現在、高知大学教育研究部人文社会科学系准教授。労働経済学、応用計量経済学。『リストラと転職のメカニズム——労働移動の経済学』（分担執筆、東洋経済新報社、2002 年）、"Inter-Temporal Labour Force Participation among Married Women in Japan"（分担執筆、*Japanese Economic Review*, 62(4)、2011 年）、他。